ज़िंदगी ज़ीरो माइल

(घुमक्कड़-कथा)

ज़िंदगी ज़ीरो माइल

संजय शेफ़र्ड

हिन्द युग्म

ISBN: 978-93-92820-43-4

प्रकाशक :
हिंद युग्म
सी-31, सेक्टर-20, नोएडा (उ.प्र.)-201301
फ़ोन- +91-120-4374046

मुद्रक : विकास कम्प्यूटर ऐंड प्रिंटर्स, दिल्ली
कला-निर्देशन : विजेन्द्र एस विज

पहला संस्करण : 2023
मूल्य : ₹299

Zindagi Zero Mile
A novel by *Sanjaya Shepherd*

Published By
Hind Yugm
C-31, Sector-20, Noida (UP)-201301
Phone- +91-120-4374046
Email- sampadak@hindyugm.com
Website- www.hindyugm.com

First Edition: 2023
Price: ₹299

दुनियाभर के उन घुमक्कड़ों को समर्पित, जो घर से निकल तो गए, पर उन्हें पता नहीं था कि जाना कहाँ है! वे हमेशा रास्ते में ही रहे।

सीमा शफ़क़ मैम और मृदुला शुक्ला दी को, जिन्होंने मुझे दुनिया में सबसे ज़्यादा प्रेम किया।

अनुक्रम

खंड 1

ईश्वर मर चुका है

। ਤਰੰਗ

ਮੈਂ ਜ਼ਿੰਦਗੀ ਦਾ ਰਾਹੀ

कथा से पहले

"ईश्वर ज़िंदा है, दुनिया का सबसे बड़ा झूठ है! हम लोग अपने अंदर के मर चुके उसी ईश्वर को हर रोज़ ज़िंदा करने की कोशिश में हैं। हम अपने अंदर के मर चुके बच्चे को ज़िंदा करने की लड़ाई लड़ रहे हैं। यह एक तरह से, ईश्वर के विरुद्ध मेरी तरफ़ से युद्ध की घोषणा है।"

यह कहते हुए लड़के की आँखें नम हुईं, दो बूँद आँसू टूटे और चेहरा पत्थर की तरह बिलकुल सख़्त हो गया।

नदी में खड़े संन्यासी ने देखा कि महज़ लम्हे भर में ही किस तरह से लड़के के सख़्त चेहरे के रंग में उदासी घुल गई है। वह देर तक अपनी जगह पर खड़ा उस लड़के के प्रतिपल बदलते भावों को टटोलता रहा। फिर कुछ पल ठहरकर पूछा, "क्या तुम उदास हो?"

"नहीं, उदास नहीं मैं बस नाराज़ हूँ। मेरी नाराज़गी मेरे उस ईश्वर से है जो मर चुका है। उसे हमारी चीख़-पुकार सुनाई नहीं देती। वह पत्थर बन चुका है।" लड़के ने एक साँस में कहा और अपने जीवन को पन्ना-दर-पन्ना पलटना शुरू कर दिया।

संन्यासी को लड़के की बातें अजीब लगीं, बावजूद इसके वह देर तक उसे सुनता रहा। हालाँकि लड़के की कही गई बात का कोई भी सिरा उसकी पकड़ में नहीं आया। दो डुबकी गंगा में लगाने के पश्चात वह पत्थर की सीढ़ियाँ चढ़कर नदी से बाहर निकला।

ऋषिकेश में सुबह का मौसम बहुत ही सुहाना था। संन्यासी ने अपने गीले कपड़े भी नहीं बदले और लड़के की बातों को नदी के मुहाने पर बैठकर देर तक सुनता रहा। बीच-बीच में उसके मन में कई सवाल भी उठे। ऐसा लगा जैसे कि वह किसी अनपढ़ी-अनलिखी किताब की एक लंबी यात्रा पर है और

शब्दों के सम्मोहन में एक बार खोने के बाद उसमें डूबता चला जा रहा है।

"क्या यह सचमुच कोई पुस्तक-यात्रा है?" संन्यासी ने सवाल किया। अपने इस सवाल के साथ संन्यासी मानो किसी अन्यत्र दुनिया में प्रवेश कर गया हो! आस-पास के भीड़-भरे कोलाहल में उसे एक गहरी चुप्पी तैरती दिखी, जो देर तक दोनों के मध्य बनी रही।

लड़के के जीवन का सच संन्यासी को भ्रामक लगा। एक संदेह की स्थिति उत्पन्न हुई और वह सच और भ्रम के बीच का जो मामूली-सा फ़र्क़ होता है उसे भी भूल गया। फिर कुछ देर बाद उसने पाया कि इस यात्रा में कई मोड़ हैं और जीवन के एक अध्याय के ख़त्म होने और दूसरे के शुरू होने से पहले रास्तों के बीच आए कई तरह के ठहराव और विलगाव हैं। लेकिन शब्दों के सम्मोहन से बाहर निकल पाना आसान नहीं।

किसी के जीवन अथवा किसी के जीवन की किताब के मध्य से होकर गुज़रना एक बेहद मुश्किल काम है। इस दौरान बहुत कुछ अपना भी याद आने लगता है, इसीलिए किसी की आत्मकथा पढ़ने से आमतौर पर इंसान डरता है। आत्मकथा में कहानियों जैसा प्रवाह नहीं होता है हालाँकि आत्मकथा भी एक लंबी कहानी है, पर कई जगहों पर टूटती है और इसमें जीवन कम, बिखराव ज़्यादा होता है।

इस वक़्त वह संन्यासी सच और सपने के बिलकुल मध्य में खड़ा है। बीच-बीच में उसका सम्मोहन टूटता है। दो ख़ाली हाथ अपनी ही देह-आत्मा को बार-बार टटोलने की कोशिश करते हैं। "यह कोई सपना तो नहीं? सचमुच, यह कोई सपना तो नहीं?" वह दो बार सवाल करता है और अपने भीगे कपड़े बदलते हुए कुछ देर बाद अपनी दुनिया में लौट आता है।

लड़का कहता है, "नहीं, यह सपना नहीं। बस हम दोनों के मध्य समय की एक मोटी दीवार है जिसे मैं तोड़ने की कोशिश कर रहा हूँ।" और फिर संन्यासी का हाथ पकड़कर अपने जीवन की बियाबान पगडंडियों पर बेख़ौफ़ निकल पड़ता है। संन्यासी का सवाल कहीं बहुत पीछे छूट जाता है।

...मैं अपनी अनलिखी किताब का पहला पन्ना पलटता हूँ...

01

प्रेम और लगाव

इस कहानी की शुरुआत किसी के जीवन नहीं बल्कि दो लोगों की मृत्यु के विछोह के साथ शुरू होती है। मैं जीवन चाहता हूँ और मेरी दादी और मेरी प्रेमिका की मृत्यु के बाद एक रात घर से निकल पड़ता हूँ। महीनों तक चले एक लंबे भटकाव के बाद ऋषिकेश पहुँचता हूँ जहाँ मेरी मुलाक़ात एक संन्यासी से होती है।

कुछ हद तक तो मुझे यह जीवन समझ में आता है, पर मृत्यु को लेकर मैं अब भी सहज नहीं हूँ। संन्यासी मुझे समझाता है कि जन्म और मृत्यु जीवन की बहुत ही सहज प्रक्रियाएँ हैं। बावजूद इसके, मैं मृत्यु के विछोह से नहीं निकल पाता। और मेरा यह विछोह ही ईश्वर के प्रति विद्रोह में बदल जाता है।

मैंने संन्यासी से कहा, "जो बातें उस रात हम दोनों ने ईश्वर से की थीं अब उसका कोई गवाह नहीं है। मैंने दादी का हाथ पकड़कर मद्धम आवाज़ में कहा था और उनका सिर कंधे से सरककर मेरी छाती पर आ गया था। मेरा मुँह उनके कान के बिलकुल नज़दीक था। इतना नज़दीक कि वह मेरी हर साँस सुन सकती थीं।"

उन्होंने पूछा था, "क्या सचमुच ईश्वर मर चुका है?"

मैंने बिना वक़्त गँवाए 'हाँ' कहा था और मेरे इस एक 'हाँ' से दादी के जीवन की सारी उम्मीदें टूटकर बिखर गई थीं। अपनी आश्वस्ति के लिए एक बार उन्होंने फिर से अपनी कही बात को दोहराया कि क्या सचमुच ईश्वर मर चुका है? अपनी ज़ुबान पर अडिग मैंने दुबारा 'हाँ' कहा था।

पल भर में ही दादी की आँखें पथराईं और वह लकड़ी के बने एक ताबूत में परिवर्तित हो गईं।

दादी के लिए उनका ईश्वर ही सब कुछ था। अपने ईश्वर की मौत की

ख़बर सुनने के बाद उन्होंने अपना प्राण त्याग दिया। यह तक़रीबन आज से पंद्रह साल पहले की बात है। मौत के चार घड़ी पश्चात उन्हें वैदिक मंत्रों के साथ अग्नि को सौंप, उनकी चिता की बची राख को गड्ढा खोदकर खेत की सबसे बंजर मिट्टी में दबा दिया गया। जिस पर कुछ महीने बाद मैंने उन्हीं तुलसी के पौधों को उगते देखा था जिन पौधों की वो पूजा करती थीं।

मेरी दादी ईश्वर के प्रति पूर्ण आस्था और श्रद्धा रखने वाली एक धार्मिक महिला थीं, बावजूद इसके ईश्वर ने उन्हें छीन लिया। उस वक़्त मेरी उम्र महज़ सात साल रही होगी। यह घटना मुझे इसलिए याद है क्योंकि मेरे पिता को लगता था कि दादी ने अपनी मौत के पश्चात तुलसी का जीवन पाया है इसलिए दादी की बरसी के दिन वह उस तुलसी के पौधे की पूजा करते हैं। उस दिन सपरिवार एक जगह पर एकत्रित होकर अपनी नम आँखें लिए उनको हम सब याद करते, श्रद्धांजलि देते और उन तमाम प्रार्थनाओं को दोहराते हैं जो वह अपने जीवन के अंतिम दिनों में अक्सर किया करती थीं।

उस रात उनकी चिता की राख पर छोटे-छोटे जीवों के पैर के निशान मिले थे। दरअसल, मान्यता यह थी कि मरने के बाद जिस योनि में इंसान दोबारा जन्म लेता है, उसके पैरों के निशान राख पर बन जाते हैं। ये सब जब हुआ तब मुझे ज़्यादा कुछ मालूम नहीं था। जब मैंने स्कूल जाना शुरू किया तो अक्सर सोचता, दादी अगर तुलसी नहीं बनी होंगी तो कौन-सा जीव बनी होंगी ? और कई छोटे जीवों के नाम मेरे ज़ेहन में अनायास ही उतर आते थे।

वह फ़ुर्सत भरे दिन थे। उन दिनों मेरी माँ के पास दादी से जुड़ी सैकड़ों कहानियाँ थीं। जब कभी मुझे नींद नहीं आती तो वह दादी की ही कही कोई कहानी सुनाकर मुझे गहरी नींद में सुला देती थीं। इस तरह मैं कभी अपनी दादी तो कभी अपनी माँ की कही कहानियों को सुनकर बड़ा होता गया।

जीवन से इतर हर बच्चे का अपना एक स्वप्नलोक होता है। मेरे बचपन का स्वप्नलोक मेरी दादी की रहस्यमय दुनिया थी। मैंने अपना शुरुआती जीवन उन्हीं के पास, उन्हीं की बनाई रहस्यमय दुनिया में जिया था। वह कहती थीं कि गौतम, तुम इस दुनिया के सबसे प्यारे बच्चे हो! उनकी बातें सुनकर मेरी आँखें चमक जाती थीं, जैसे उनमें उम्मीद की रौशनी घुल गई हो।

वह अब नहीं रहीं तो मेरी आँखों की चमक भी धीरे-धीरे मद्धम पड़ने लगी है। मेरा वह स्वप्नलोक अब एक अँधेरे कमरे में तब्दील हो गया है। इतना अँधेरा कि कभी-कभी मुझे मेरी हथेली तक नहीं दिखाई देती है। बावजूद इसके मैं उसी अतीत के अँधेरे में अक्सर भटकता रहता हूँ।

दादी को इस दुनिया से गए हालाँकि एक लंबा अरसा हो गया और वर्षों से माँ ने मुझे दादी की कही कोई कहानी भी नहीं सुनाई है। नींद उचटी-उचटी-सी है। मानो कि एक उम्र बीत गई हो और अच्छे-से सो नहीं पाया हूँ। हर लम्हा उम्र पर भारी है, हर ख़्वाब तन्हा-तन्हा-सा नज़र आ रहा है। मेरे मन में वर्षों से ठहरी हुई एक उदासी है जो परस्पर गहरी होती जा रही है। मैं इस उदासी को मारना चाहता हूँ, पर डर है कि कहीं ख़ुद न ख़त्म हो जाऊँ!

मैं अपनी आँखें बंद कर, अँधेरे का हाथ पकड़कर, एक बिलकुल ही अज्ञात और बियाबान रास्ते पर निकल पड़ा हूँ। मेरी उम्र की इन छोटी-छोटी पगडंडियों पर दूर तक फैला सन्नाटा है। मुझे नहीं पता कि जाना कहाँ है? अथवा पहुँचना किस जगह पर है? शायद यही घुमक्कड़ों और लेखकों का जीवन होता है जिसमें सब कुछ अप्रत्याशित होता है।

"तो तुम घुमकक्ड़ हो?" एक सवाल के साथ संन्यासी की गहरी ख़ामोशी टूटी।

"एक लेखक भी... और जन्म से ही।" मैंने संन्यासी को जवाब दिया। "मैं एक जन्मजात घुमक्कड़ हूँ। यह बात पहली बार मेरी दादी ने ही मुझे बताया था और घुमक्कड़ी के सारे संस्कार भी मेरे अंदर उन्हीं का दिया हुआ है। परंतु ये वर्षों पुरानी बातें हैं। मैं लंबे समय के बाद एक बार फिर से उन्हीं रास्तों को ढूँढ़ने का प्रयास कर रहा हूँ जो उम्र के साथ कहीं खो गए थे। एक लंबा वक़्त ज़ाया करने के बाद दोबारा घुमक्कड़ी की दुनिया में लौट रहा हूँ और वर्षों बाद जब उसी घटना को फिर से दोहरा रहा हूँ तो समय लोहे की तरह मेरी आँखों में पिघलता प्रतीत हो रहा है। मानो कि मेरी आँखों के आँसू शीशा और फिर दर्पण बन गए हैं। अब मैं अपने अतीत को बहुत ही स्पष्ट रूप से अपनी आँखों में तैरता देख सकता हूँ। मैं ही क्या, मेरी इन आँखों में उतरकर कोई भी मेरी कहानी को आसानी से पढ़ सकता है।"

संन्यासी ने मेरे चेहरे पर एक नज़र डालते हुए हुलिए का मुआयना किया।

(यहाँ से मैं ख़ुद को इस पूरे परिदृश्य से अलग करता हूँ। आगे की मेरी इस यात्रा में सिर्फ़ वह लड़का है और संन्यासी है। दोनों की ही अपनी-अपनी यात्राएँ हैं, अपनी-अपनी भूमिकाएँ हैं और अपना-अपना जीवन है। मैं होकर भी इस कहानी में मैं कहीं नहीं हूँ। यहाँ से मेरी भूमिका बदलती है और एक लेखक में परिवर्तित हो जाती है। हम सब अपने-अपने जीवन की किताब में महज़ एक चरित्र ही तो हैं। मैं भी अपने जीवन की इस संपूर्ण किताब में महज़ एक चरित्र हूँ।)

गोल चेहरा, उत्सुक आँखें, घने लंबे गंदे बाल, उम्र तक़रीबन बाइस साल के आस-पास रही होगी। बातें किसी बुज़ुर्ग जैसी मगर अधपकी, अधकचरी। चेहरे के इतने बदलते भाव कि कोई भी सामान्य इंसान संशय में पड़ जाए। लेकिन भ्रम की स्थिति से कोसों दूर। क्योंकि इन सबके इतर लड़के के चेहरे का एक स्थायी भाव उदासी भी था।

आश्रम में बैठे संन्यासी ने एक नज़र उसके हुलिए पर डाला, चेहरे का फिर से मुआयना किया। लड़के की आँखों में वर्षों के ठहरे हुए आँसू थे जो बहने को आतुर दिखाई दे रहे थे। कुछ देर देखने के पश्चात संन्यासी ने अपना कंधा मोड़कर नज़र को नदी की उठती-गिरती लहरों पर ऐसे टिका लिया जैसे कि वह उस लड़के की आँखों में उतरने से बूरी तरह से डर गया हो। गंगा नदी का तेज़ बहाव मानो, सारे तटबंधों को तोड़ जाने को बेताब हो। लेकिन इस डर को संन्यासी ने लंबे समय तक अपने चेहरे पर क़ाबिज़ नहीं होने दिया।

कुछ देर बाद वह लड़का अपनी जगह से उठकर उस संन्यासी के और क़रीब पहुँच गया। संन्यासी ने अपनी शॉल को उतारकर लड़के के कंधे पर रख दिया। सर्दियों का मौसम था। इस समय ऊपर ग्लेशियरों की बर्फ़ जम जाती है। नदियों में बहुत कम पानी रह जाता है। लेकिन इन सबके उलट ऋषिकेश में गंगा अपनी पूरी उफान पर थी। संन्यासी और लड़के की नज़रें देर तक गंगा की उन्हीं उठती-गिरती लहरों पर टिकी रहीं।

संन्यासी जितना ही आश्वस्त दिख रहा था लड़का उतना ही हैरान और परेशान। लड़के के मन पर अस्थिरता हावी थी। मन में एक अजीब तरह का अंतर्द्वंद्व चल रहा था। वह अपने मन के इसी अंतर्द्वंद्व से उबरने के क्रम में ही संपूर्ण हिमालय की यात्रा करने के बाद इस जगह पर पहुँचा था जहाँ कुछ दिन पहले ही उसकी मुलाक़ात संन्यासी से हुई थी। फिर वह मुलाक़ात एक संवाद में बदली और संवाद कब विचार और विचार से दर्शन की तरफ़ बढ़ गया, इसका अंदाज़ा मुश्किल है।

दोनों को एक-दूसरे से मिले अभी कुछ ही दिन हुए थे लेकिन लड़के को लगा था कि उसके तमाम सवालों और उलझे हुए जीवन का मानो एक सिरा पकड़ में आ गया हो। लड़का बिलकुल भी बातूनी नहीं था, पर उसके पास संन्यासी से पूछने और उसको बताने के लिए काफ़ी कुछ था। एक तरह से उसका अब तक संपूर्ण जीवन। जिसे वह संन्यासी के सामने एक सिरे से बेझिझक खोलता ही जा रहा था और उसके उसी बिखरे हुए जीवन को समझने की कोशिश में संन्यासी उसकी हर बात को गंभीरता से सुन रहा था।

एक स्तर पर जाने के बाद संन्यासी ने महसूस किया कि वह लड़का जिस राह पर चलने की कोशिश कर रहा है, वह अपने जीवन के जिस उलझाव से गुज़र रहा है, वह ख़ुद भी तो कभी उसी से होकर गुज़रा है। आख़िर यही तो होता है, दूसरों की कहानियों को सुनते-सुनते इंसान अपने जीवन में कब प्रवेश कर जाता है उसे पता कहाँ चलता है!

कुछ देर लड़के की बातें सुनने के पश्चात संन्यासी को अपने अतीत और लड़के के भविष्य में एकरूपता नज़र आने लगी। कई बार ऐसा लगा कि वह लड़का अपनी नहीं बल्कि उसकी कहानी को बयान कर रहा है। सच कहा जाए तो वह संन्यासी कभी अपने तो कभी उस लड़के के उस जीवन को समझने का प्रयास कर रहा था जिसमें एक बच्चे के साथ-साथ एक लेखक और एक घुमक्कड़ का जीवन भी शामिल था।

(लड़का अपनी इस संपूर्ण यात्रा में एक लेखक और एक घुमक्कड़ बनने की राह पर था। एक पल के लिए मुझे लगा कि मैं कितने हिस्सों, कितने

टुकड़ों में बँटा हुआ हूँ। एक लेखक भी मैं ही हूँ, घुमक्कड़ भी मैं ही हूँ, वह लड़का भी मैं ही हूँ और शायद संन्यासी भी मैं ही हूँ।)

हाँ सच, वह लड़का एक घुमक्कड़ और लेखक बनने की राह पर था। वह अपने सवालों के माध्यम से जीवन और दर्शन की तरफ़ रुख़ कर रहा था। लड़के के चेहरे पर उदासी थी, पर बातों और विचारों में ग़ज़ब का आकर्षण। वही आकर्षण संन्यासी को बार-बार अपनी तरफ़ खींच रहा था। लड़का एक साँस में वह सब कुछ बता गया जो संन्यासी वर्षों से जी रहा था। क्योंकि लड़के के पास अपना जिया हुआ सच था, तमाम तरह की आधी-अधूरी कहानियों और रास्तों का विविधतापूर्ण अनुभव। उसका बचपन कुछ अजीब और अनोखे रहस्यों से भरा हुआ था। कुल मिलाकर संन्यासी को उस लड़के और उसके जीवन से लगाव हो गया था। इसी लगाव ने दोनों को एक साथ, एक जगह, एक-दूसरे के समांतर खड़ा कर दिया था। कुछ देर ठहरकर लड़के ने अपनी बात को दोबारा शुरू किया।

अपनी बात को आगे बढ़ाते हुए उसने कहा, "अपनी ही आँखों में इतने गर्म आँसू मैंने पहले कभी नहीं देखे। मेरी अँगुलियाँ काँप रही हैं। कुछ लिखूँ, तो कलम साथ नहीं दे रही। नीली रोशनाई उठकर गले में अटक गई है। ऐसा लग रहा है कि ऋषिकेश में आकर मैं शिव हो गया हूँ। मेरा गला नीला पड़ता जा रहा है।"

"क्या तुम उदास हो?" संन्यासी ने पूर्व में कही अपनी ही बात को एक बार फिर से दोहराया और उसकी नज़र नदी की उठती-गिरती लहरों से उठकर लड़के की शांत सोई आँखों में जाकर ठहर गई। संन्यासी को लड़के की आँखें थोड़ी ज़िंदा और थोड़ी-थोड़ी मरी हुई जान पड़ीं।

"नहीं, उदास नहीं मैं नाराज़ हूँ। मेरी नाराज़गी मेरे उस ईश्वर से है जो अब मर चुका है। जिसे हमारी चीख़-पुकार सुनाई नहीं देती।" लड़के ने भी पूर्व में कही अपनी बात को फिर से दोहराया।

संन्यासी के लिए यह समझना थोड़ा मुश्किल था कि लड़का अपने जीवन से दुखी है या फिर नाराज़? लेकिन अपनी बात कहते-कहते लड़के का गला

अचानक से ऐसे नीला पड़ गया मानो वह सचमुच का शिव हो गया हो।

संन्यासी ने कहा, "कभी तुम नीलकंठ गए हो?"

लड़के ने नहीं कि मुद्रा में अपना सिर हिलाया। तभी 'हर-हर महादेव' की एक उच्च ध्वनि आसमान में गूँजी। दोनों ने एक साथ उस ध्वनि से उत्पन्न आवाज़ को दोहराया- 'हर-हर महादेव!'

लक्ष्मण घाट पर संन्यासियों की एक टोली गंगा-स्नान के लिए नदी में उतर रही थी। इस जयघोष के साथ लड़के की मनोदशा में थोड़ा-सा परिवर्तन आया। वह अपने अतीत से निकल आस-पास के वातावरण को समझने का प्रयास करने लगा। वह देर तक नदी, पहाड़ और प्रकृति के बीच खोया रहा।

संन्यासी ने अपनी जगह बदल दी। वह वहाँ खड़ा हो गया, जहाँ कुछ देर पहले वह लड़का खड़ा था। शायद, इसे ही परकाया में प्रवेश कहा जाता है। यह वह स्थिति होती है जिसे ज़ाहिर तौर पर लव एंड अटैचमेंट से जोड़कर देखा जाता है। लव एंड अटैचमेंट मतलब प्रेम और लगाव। इस संबंध में बहुत सारी बातें हैं और बहुत सारे विचार।

वह लड़का इस तरह की स्थिति और विचार दोनों से ही परिचित था।

लड़के ने संन्यासी को बताया, "मायरा कहा करती थी कि प्रेम हर किसी से करो लेकिन लगाव नहीं रखो। मैं उससे कहा करता था कि क्या यह संभव है? तो वह हमेशा इसका उत्तर हाँ में देती थी। मैं पूछता कि इसमें अंतर क्या है? वह कहती, बहुत ज़्यादा। प्रेम विशुद्ध प्रेम होता है कोई मोह अथवा लगाव नहीं, यह कभी दुख नहीं देता। लेकिन इसमें जब लगाव जुड़ता है तो स्थितियाँ बदल जाती हैं। जिससे हम प्रेम करते हैं, लगाव की स्थिति में उसकी ख़ुशी हमारी ख़ुशी बन जाती है और उसका दुख-दर्द हमारा दुख-दर्द। इसीलिए कहा गया है कि प्रेम करो पर लगाव से बचो परंतु असल सच यह है कि इससे शायद ही कोई बच या उबर पाता है।" संन्यासी भी नहीं बच पाया और लड़के के जीवन का दुख उसका ख़ुद का दुख बन गया।

02

मृत्यु और विछोह

भोर का वक़्त था, सुबह के तक़रीबन सात बज रहे होंगे। लक्ष्मण घाट पर लोगों की चहल-पहल शुरू हो चुकी थी। गंगा-स्नान के लिए ऋषिकेश उतना ही प्रसिद्ध है जितना हरिद्वार। दोनों ही गंगा मैया और शिव की नगरी है, परंतु दोनों ही जगहों पर स्नान और अनुष्ठान के अपने अलग मायने हैं।

गंगा-स्नान के लिए कुछ लोग ऋषिकेश को चुनते हैं तो कुछ लोग हरिद्वार को। एक और महत्त्वपूर्ण चीज़ जो दोनों धार्मिक नगरों को एक-दूसरे से अलग करती है वह है–योग और ध्यान। हालाँकि ऋषिकेश का मूल अध्यात्म है जो इंसान को ख़ुद के एक सूक्ष्म साक्षात्कार के बाद ज्ञान और दर्शन की तरफ़ ले जाता है। इस जगह पर आकर इस बात में भी थोड़ी-बहुत सच्चाई नज़र आती है कि यहाँ आकर इंसान फक्कड़ हो जाता है।

एक तरह से देखा जाए तो फक्कड़पन ऋषिकेश की हवाओं में रचा-बसा है और यह मिज़ाज यहाँ के जीवन में अनायास ही यदाकदा देखने को मिल जाता है। फिर चाहे वह त्रिवेणी घाट हो, राम या लक्ष्मण झूला हो, या राम जानकी पुल। यहाँ के मंदिर हों, योग अथवा ध्यान शिविर या फिर आश्रम।

इस जगह पर सब कुछ गतिमान है, पर वक़्त ठहरा हुआ है जो पल-प्रतिपल पौराणिकता का बोध कराता है। बार-बार मन में यही ख़याल आता है कि इस जगह का नाम ऋषिकेश कैसे पड़ा? मान्यता है कि यह महान संत रिहाना ऋषि का निवास स्थान था। पवित्र गंगा नदी के तट पर उन्होंने घोर तपस्या की थी और ऋषिकेश के रूप में भगवान विष्णु उनको दर्शन दिए थे। तभी से इस नगर को ऋषिकेश के नाम से जाना जाने लगा। माना जाता है कि समुद्र मंथन, जो देवों और दानवों के बीच हुआ था, से निकला ज़हर शिव ने इसी जगह पर ही पिया था जो नीलकंठ नाम से प्रसिद्ध है।

इस जगह पर लोगों को अपनी-अपनी धुन में रमा हुआ देखकर भक्ति और वैराग्य का भाव एक साथ आता है। ऐसा लगता है कि ऋषिकेश में आकर हर कोई शिव हो जाता है, संन्यास धर्म अपना लेता है, साधु बन जाता है। एक तरह से देखा जाए तो शिव ऋषिकेश के स्थायी और सर्वमान्य देवता हैं।

ऐसे ही चलते-चलते एक दिन संन्यासी पहुँचा था और अपने जीवन का भटकाव लिए अब वह लड़का। ...और दोनों की यह मुलाक़ात अप्रयोजित थी।

वह लड़का और संन्यासी दूसरे दिन भी वहीं मिले जहाँ पहले दिन मिले थे। गंगा नदी में स्नान के उपरांत दोनों ने उस संवाद को दुबारा वहीं से आगे बढ़ाया जहाँ छूटा था। लड़के ने संन्यासी को बताया, "अपनी दादी की अस्थियों को गंगा में विसर्जित करने के लिए मैं पहले भी हरिद्वार आ चुका हूँ, परंतु ऋषिकेश पहली बार आया हूँ और यह प्राचीन नगर मेरे लिए बिलकुल ही नया है।"

संन्यासी ने पूछा, "अपनी यात्राओं के दौरान भी नहीं?"

लड़के ने कहा, "नहीं, मैंने अपनी यात्राओं के दौरान हिमालय की यात्रा की जो कि हरिद्वार से शुरू हुई और हरिद्वार में ही आकर ख़त्म हो गई थी। इस दौरान मैंने तमाम नगरों की यात्रा की पर ऋषिकेश जाने कैसे पीछे छूट गया? जो बचा रह जाता है वही तो रिक्त है, वही तो हमारे भीतर रिक्तता का बोध कराता है। यह नगर मुझे भरने का काम कर रहा है।"

संन्यासी ने कहा, "निःसंदेह ये नगर तुम्हें भरने का काम करेगा।"

इस दौरान लड़के ने संन्यासी के सामने नीलकंठ महादेव के दर्शन की भी अपनी सहज इच्छा ज़ाहिर की जिसे संन्यासी ने सहस्त्र स्वीकार कर लिया और कुछ देर बाद घाट पर चटाई बिछा ध्यान में लीन हो गया। लड़के को उस संन्यासी के सानिध्य में नगर का संपूर्ण दृश्य ही अलौकिक लग रहा था। वह अपनी आँखों में जीवन की भारी उत्सुकता लिए देर तक आस-पास के परिदृश्य को देखता रहा। नदी के किनारे खेलते बच्चे, स्नान करती महिलाएँ, ध्यान में लीन संन्यासी और अपनी योग-साधना को साधते सैकड़ों विदेशी

सैलानी। यह संपूर्ण दृश्य मिलकर उसके अंदर एक ऐसा जादुई संसार रचने लगे जिसके सम्मोहन में कोई भी फँस सकता है।

लड़के को याद आया कि इस जगह के बारे में सबसे पहले उसकी दादी ने ही उसे बताया था और एक धुँधलके के साथ वह एक बार फिर से उनकी पूर्व की स्मृतियों में उतरने लगा।

संन्यासी अभी भी अपने ध्यान में लीन था।

लड़का कुछ देर के लिए मानो शून्य में खो गया। एक पल को उसे लगा कि वह ऋषिकेश नहीं बल्कि हरिद्वार में एक बार फिर से अपनी मरी हुई दादी की अस्थियों को गंगा में विसर्जित करने के लिए लाया है और देखते-ही-देखते उसके मन ने अतीत और वर्तमान के मध्य के सारे फ़र्क़ को ख़त्म कर दिया।

इस स्थिति में इंसान के अंदर सामान्यत: वैराग्य का भाव आ जाता है, पर लड़के के मन में दूर-दूर तक ऐसा कोई भाव जागृत नहीं हुआ। वह उत्सुक था, अपनी दादी की मौत को लेकर उसके मन में अभी भी कुछ अनसुलझे सवाल थे जो देखते-ही-देखते उसके मन के अंतर्द्वंद्व में परिवर्तित हो गए।

एक मन उससे कह रहा था कि नहीं, उनकी मौत को जगज़ाहिर करना ठीक नहीं। यह उनके जीवन का अंतिम सत्य नहीं है, उनके संपूर्ण जीवन का सत्य कुछ और रहा होगा जिसके बारे में तुम नहीं जानते। दूसरा मन उसकी इस बात का प्रतिकार कर रहा था। अपने ही सवाल के जवाब में उसने कहा, "मुझे भी इस बात का एहसास है कि जीवन का अंतिम सत्य मौत नहीं है, परंतु उस बच्चे को कौन समझाए जो अभी सिर्फ़ सात साल का है?"

"सिर्फ़ सात साल! तुम किस बच्चे की बात कर रहे हो?" लड़के की बात सुनकर संन्यासी का ध्यान टूट गया। वह अपने मौन से बाहर निकल उसकी बात सुनकर हँसा और पूछा, "तुम सात साल के हो?"

लड़के ने संन्यासी की हँसी पर बिलकुल भी ध्यान नहीं दिया और न ही उसके सवाल को गंभीरता से लिया। उसने संन्यासी से बस इतना कहा, "दादी जब गुज़रीं तो मेरी उम्र महज़ इतनी ही थी।"

यह सुनकर संन्यासी के चेहरे की मुद्रा बदल गई। मायूसी के कुछ भाव

उसके चेहरे पर अपनी जगह बनाने लगे। दोनों के मध्य फिर से एक लंबे वक़्त का मौन पसर गया। संन्यासी लड़के को समझने का पुनः प्रयास करने लगा, पर रत्ती भर भी नहीं समझ पाया। दोनों के मन का मौन थोड़ा और गहरा गया और आस-पास के संपूर्ण वातावरण में शून्यता फैल गई।

इस तरह लड़के का ख़ुद के साथ एक बार फिर से आंतरिक संवाद शुरू हो गया। जिसमें एक बार उतरने के बाद वह परस्पर खोता ही चला गया। लड़का बहुत ही निर्विकार भाव लिए ख़ुद से कहा, "स्मृतियों के दरवाज़े पर मैं आज भी उसी उम्र में खड़ा हूँ जहाँ पर मेरी दादी मुझे छोड़कर गई थीं। क्या मौत के बाद सचमुच सब कुछ समाप्त हो जाता है?' लड़के के भीतर का अंतर्द्वंद्व संशय और संदेह की स्थिति उत्पन्न कर सवाल में बदलने लगा।

लड़के ने संन्यासी से कहा, "दादी को मरे कई साल हो गए लेकिन ऐसा प्रतीत होता है कि वह लकड़ी का ताबूत जिसमें मौत के बाद उनको लेटाया गया था अब भी वहीं पड़ा है जहाँ उन्होंने अपनी अंतिम साँस ली थी।"

संन्यासी ने कहा, "यह वर्षों पुरानी बात है।"

लड़के ने कहा, "दादी को तो हमने कब का जला दिया।"

संन्यासी ने कहा, "वह लकड़ी का ताबूत?"

लड़के ने कहा, "उस ताबूत में अब उनका मरा हुआ ईश्वर सोता है।"

"मरा हुआ ईश्वर!" लड़के की बात सुनकर संन्यासी हतप्रभ हुआ मगर चुप रहा।

लड़के का मन इतने से संवाद भर से पूरी तरह भर गया। उसने कहा, "कभी-कभी सोचता हूँ काश कि उस रात एक झूठ बोल पाया होता तो मेरी दादी आज भी ज़िंदा होती। लेकिन नहीं बोल पाया और महज़ छोटी-सी उम्र में इस निर्मम सच को जान लिया कि 'ईश्वर ज़िंदा है' इस दुनिया का सबसे बड़ा और निर्मम झूठ है। मैंने उसी रात ईश्वर के मरे होने की घोषणा कर दी। दादी की मौत के साथ ही मेरा भी ईश्वर मर गया। इस बात को शायद ही कोई समझ पाए कि उस रात एक-एक लम्हे के अंतराल पर मैंने तीन मौतें देखीं। पहले दादी का ईश्वर मरा, फिर दादी, अंत में मेरा ईश्वर।"

"क्या नास्तिकता का भाव यहीं से आया?" संन्यासी ने पूछा।

लड़के ने कहा, “सच कहूँ तो नास्तिक होना मैंने ख़ुद नहीं चुना, ईश्वर की कठोरता ने मुझे इसके लिए बाध्य किया। महज़ एक-एक लम्हे के अंतराल पर उस रात ईश्वर दो बार मरा। बावजूद इसके दादी की मौत ताउम्र मुझ पर भारी रही। ईश्वर की मौत से भी कहीं सौ गुना ज़्यादा भारी। मुझे इस धरती पर सबसे ज़्यादा प्रेम उन्होंने ही किया था। मेरी दादी का स्थान मेरे लिए ईश्वर से सदैव ही चार पायदान ऊपर रहा। सच कहूँ तो दादी का मरना, मेरे बचपन का उजड़ना और ईश्वर की मौत एक तरह से मेरे अंदर से बचपन के मर जाने की भी घोषणा थी। ये वह समय था जब मेरे अंदर से काफ़ी कुछ मर गया। मैंने अपना आधा-अधूरा बचपन जिया। जीवन जीने की कसक लगभग ख़त्म-सी हो गई।”

इस घटना के बाद वह अबोध बच्चा रातों-रात अपनी उम्र से बहुत पहले बड़ा और समझदार हो गया। आँख मूँदकर जिस उम्र में बच्चे अपने आराध्य की पूजा-अर्चना करते हैं, उसी उम्र में वह लड़का ईश्वर से सवाल-जवाब करने लग गया। जीवन को हँसी-ख़ुशी और मस्ती में जीने के बजाय बचपन से ही सही-ग़लत, उचित-अनुचित के फेर में पड़ गया। उसने प्रश्न करना सीख लिया। हर एक चीज़ को संदेह की नज़र से देखने लग गया। उसकी आस्था की ख़ाली हुई जगह में अनास्था का एक बीज पड़ गया। एक ऐसा बीज जो पंद्रह साल बाद एक भारी भरकम वृक्ष बन गया, जिसे अब न कोई आँधी हिला पाती है और न ही तूफ़ान।

संन्यासी के चेहरे का भाव बिलकुल ही शून्य था। लड़के की बात सुनकर उसने ना कुछ कहा और ना ही किसी तरह का भाव प्रकट किया। वह लड़के की कही हर एक बात को बस गंभीरता के साथ सुनता रहा।

लड़के ने कहा, “मैं हर दिन नास्तिक होता गया। आख़िरकार, अनास्था की भी तो अपनी जड़ और ज़मीन होती है। जिस हवा, मिट्टी और जल में आस्था पनपती है, उसी में अनास्था भी पनपती है। इसीलिए, मैंने अपने लिए नास्तिक हो जाने को पूरी तरह से उपयुक्त पाया। लेकिन पूरी तरह से नास्तिक बन नहीं पाया। ईश्वर के अस्तित्व को ख़ारिज कर पाना इतना आसान नहीं है। मैं इधर का हुआ न उधर का, बीच में ही कहीं अटका रह गया। न तो मेरे

धार्मिक विचारों को कोई जड़ मिल पाई, न ही कोई ज़मीन। न तो मैं कभी पूरी तरह से ईश्वर के होने को स्वीकार कर पाया और न ही उसके न होने को ही प्रमाणित कर सका। एक तरह से देखा जाए तो मैं कभी भी एक बच्चे के मासूम हृदय से नहीं सोच पाया। वह मासूम बच्चा भी शायद मेरे अंदर से मर गया। अब मुझमें महज़ उसकी आत्मा ज़िंदा है।

"मैं उसकी आत्मा की आवाज़ को सुनने की कोशिश करता हूँ। ऐसा लगता है कि कई वर्षों से कोई मुझे पुकार रहा है। मेरा बचपन कई टुकड़ों में बँट गया है। जबकि मेरा हृदय पवित्र था। मैं हमेशा से ही अपने ईश्वर को प्रेम करने वाला, प्रकृति और उसकी बनाई दुनिया के प्रति विश्वास रखने वाला एक सहज, साधारण प्रवृत्ति का बिलकुल वैसा ही मासूम बच्चा होना चाहता था जैसा कि दुनिया के बाक़ी बच्चे होते हैं।

"ख़ुशियाँ हल्की होती हैं, दुख भारी। सही मायने में उस उम्र में इस बात को समझाने वाला मेरे आस-पास कोई नहीं था और फिर दुखों का भार परस्पर मुझ पर बढ़ता चला गया। मैंने अपना धैर्य, अपना संयम, अपना विश्वास फिर भी लंबे समय तक ख़ुद में सँजोए रखा। काश कि सब कुछ यहीं पर ख़त्म हो गया होता! काश कि यह सब होने के बाद भी मैं अपने बचपन में दोबारा लौट पाया होता! लेकिन ऐसा नहीं हुआ। इसके ठीक विपरीत, मेरी अनास्था की ज़मीन दिन-प्रतिदिन और उर्वर हुई और एक के बाद एक करके उसमें ईश्वर के प्रति अविश्वास का बीज पड़ता, पनपता और बड़ा होने के क्रम में एक भारी भरकम वृक्ष बन गया।

"दादी की मौत मेरे लिए हमेशा ही अप्रत्याशित जान पड़ी। मुझे हमेशा से ही यही लगता रहा कि मेरा ईश्वर मुझसे नाराज़ है। अन्यथा मेरी दादी को मुझसे दूर तो नहीं ही करता। मैं कभी भी दादी की मौत को सही साबित नहीं कर पाया हालाँकि उनकी मौत प्राकृतिक थी। मैं सदा ही ईश्वर का प्रतिद्वंद्वी बना रहा। ईश्वर से नाराज़गी की क़ीमत एक इंसान के लिए क्या हो सकती है मुझे नहीं पता! हम सबका ईश्वर कोई जिद्दी बच्चा तो नहीं है जो अंततः बदले पर उतर आए? लेकिन मेरे अंदर के उस बच्चे को यह सदैव एक तरह का प्रतिशोध लगा।

"मुझे भी हमेशा यही लगा कि ईश्वर मुझसे हर राह पर बदला ले रहा है और यह विश्वास मेरे अंदर तब और प्रगाढ़ हो गया जब कुछ साल बाद मैंने उस लड़की यानी मायरा को भी खो दिया जिससे प्रेम करता था। वह अब इस दुनिया में नहीं है, महज़ उसकी कुछ स्मृतियाँ हैं।

"मैं कभी भी उस बच्चे को ख़ुद से अलग नहीं कर पाया। बीच में जब पढ़ाई-लिखाई, नौकरी और जीवन की अन्य तमाम जद्दोजहद शुरू हुई तब थोड़े समय के लिए ऐसा लगा कि वह बच्चा कहीं खो गया है। लेकिन मायरा के जाने की रिक्तता ने उस बच्चे को फिर से मेरे जीवन में वापस ला दिया। एक तरह से देखा जाए तो वह बच्चा अब बड़ा हो गया है और वर्तमान में दो आत्माओं के साथ ज़िंदा है। बावजूद इसके अब भी उस लड़के की दुनिया उन्हीं दोनों के होने और नहीं होने के अहसासों से बनती और सँवरती है। क्या आप उस बच्चे के बारे में जानना चाहते हैं? वह मैं ही हूँ।"

ये कहते हुए लड़के की पथराई आँखें एक बार फिर से नम हुईं, दो बूँद आँसू टूटे और चेहरा पहले-सा ही सख़्त हो गया। महज़ लम्हे भर के अंतराल में ही उस लड़के के चेहरे में दोबारा वही उदासी का गहरा गाढ़ा रंग घुल गया, जिसे वह बार-बार दूर झटकने का प्रयास करता रहा था, मगर ख़ुद को मुक्त नहीं कर पाया था।

लड़का पहरों तक अपनी पूर्व की स्मृतियों में खोया रहा। इस क्रम में उसे बार-बार यही लगता रहा कि वह अपने अंदर के मरे हुए ईश्वर को ज़िंदा करने की कोशिश कर रहा है।

03

ईश्वर मरी हुई भेड़ है!

संन्यासी को अपने ध्यान के दौरान लड़के के बहुत सारे सवालों का जवाब मिल गया था। उसने अपनी जगह से उठकर चटाई को समेटा और लड़के के नज़दीक जाकर पूछा, "क्या तुम्हें भी उस बच्चे की तरह अपने ईश्वर पर तनिक भी भरोसा नहीं?"

"किस बच्चे की तरह?" लड़के ने आश्चर्य भाव से पूछा।

संन्यासी ने कहा, "उसी मासूम बच्चे की तरह जो तुम्हारे अंदर अब भी ज़िंदा है।"

"लेकिन उसके बारे में आपको कैसे पता? मैंने तो इस बारे में आपसे कोई बात नहीं की, आपको तनिक भी नहीं बताया!" कहते हुए लड़का चौंका।

संन्यासी ने कहा, "हाँ, मुझे उसके बारे में नहीं पता। परंतु तुम्हारे बारे में पता है और तुम्हें उस लड़के के बारे में जो तुम्हारी आत्मा के किसी कोने-अतरे में निवास करता है। परंतु मेरा सवाल यह है कि क्या तुम्हें भी उस बच्चे की तरह अपने ईश्वर पर तनिक भी भरोसा नहीं? और उसका नाम क्या है?"

"उसका नाम?" लड़का असहज दिखा।

"हाँ, उसका नाम क्या है?" संन्यासी ने बहुत ही स्थिरता से दोहराया।

"उसका कोई नाम नहीं है।" लड़के ने जवाब दिया।

संन्यासी ने कहा, "और तुम्हारा?"

"गौतम, मेरा नाम गौतम है। शायद हम दोनों एक ही हैं।" लड़के ने संन्यासी से कहा।

"हम दोनों कौन?" संन्यासी का अगला सवाल था।

लड़के ने कहा, "मैं और वह लड़का।"

संन्यासी ने कहा, "फिर तुम दोनों में फ़र्क़ क्या है?"

"नहीं पता।" लड़के ने कहा।

संन्यासी लड़के की बात को सुनकर विस्मित हुआ। लड़का अपने पीछे छूट चुके अतीत को लेकर उस हद तक स्पष्ट नहीं हो पाया जितना कि उसको होना था।

संन्यासी ने कहा, "महज़ समय का फ़र्क़ है। क्या तुम्हें पता है कि गौतम बुद्ध का बचपन का नाम सिद्धार्थ गौतम था? चलो उस बच्चे का नाम सिद्धार्थ रख देते हैं।"

संन्यासी की बात सुनकर लड़का हँसा और कुछ देर ठहरकर कहा, "एक राजकुमार का सिद्धार्थ से गौतम और गौतम से गौतम बुद्ध हो जाना जीवन है या फिर विचार मुझे नहीं पता।"

संन्यासी ने कहा, "इसमें हास्य जैसी कोई बात नहीं। मेरा नाम बुद्ध है। यह नाम मुझे उस गुरु ने दिया था जिन्होंने मुझे जीवन की शिक्षा दी। जिन्होंने मुझे मेरे जीवन का मार्ग दिखाया। इसलिए, मुझे बुद्धत्व अच्छा लगता है।"

लड़के ने कहा, "गौतम बुद्ध तो एक ही थे। हम दो क्यों? और सिद्धार्थ? सिद्धार्थ गौतम भी तो एक ही थे। तुम्हारा अपना ख़ुद का जीवन इस तरह से पृथक क्यों?" संन्यासी ने कहा और दोनों के मध्य कुछ देर की चुप्पी छायी रही। फिर संन्यासी ने कहा, "सिद्धार्थ, गौतम, बुद्ध तीनों एक ही हैं, सिर्फ़ समय का फ़र्क़ है। या यह कह लो कि एक ही उम्र के तमाम पड़ाव हैं।"

लड़के ने पूछा, "वह कैसे?"

"तुमने ही तो कहा कि वह बच्चा और तुम एक ही हो, फिर सिद्धार्थ गौतम और बुद्ध क्यों नहीं? एक ही चीज़ को लेकर फिर अलग-अलग मापदंड क्यों?"

लड़के ने कहा, "हाँ, पर आप? आप तो अलग हैं न?"

संन्यासी ने कहा, "नहीं, मैं अलग नहीं हूँ। मैं एक संन्यासी हूँ और मेरा मानना है कि हर किसी के अंदर एक संन्यासी होता है। कोई-कोई अपने अंदर के उस संन्यासी को मार देता है, कोई-कोई ज़िंदा रखता है। बिलकुल वैसे ही जैसे कि हर इंसान के अंदर ईश्वर होता है, मगर कोई उस ईश्वर को

ज़िंदा रखता है, तो कोई तुम्हारी तरह मार देता है। तुम टटोलकर देखो तुम्हारे अंदर भी तो एक संन्यासी होगा। मान लो कि मैं कोई अलग व्यक्ति नहीं वही संन्यासी हूँ जो तुम्हारे अंदर बैठा है।"

"मतलब, मैं दो नहीं तीन-तीन आत्माओं के साथ ज़िंदा हूँ।" लड़के ने संन्यासी से सवाल किया।

संन्यासी लड़के की बात सुनकर हँसा। फिर बोला, "नहीं। देह एक है, और आत्मा भी। यह तुम्हारी अज्ञानता, यह तुम्हारा भ्रम है। जब तुम वर्षों बाद इन सबसे बाहर निकलोगे तो ये सारे बोध मर चुके होंगे। त्याग तुम्हारे लिए परम सुख बन जाएगा। तुम ख़ुद को मेरे ही स्वरूप में नंगे पाँव, नदी के किनारे रेत पर चलते हुए पाओगे। मौत से पहले तुम संन्यासी या फिर कलाकार बनना चाहोगे, धर्म या फिर कला का मार्ग चुनोगे।"

लड़के ने कहा, "मैं तो अपने आपको एक घुमक्कड़ के तौर पर देखता हूँ। बावजूद इसके यदि आपकी बात सच है तो मैं एक लेखक बनना चाहूँगा।"

संन्यासी ने कहा, "यह तुम्हारी अपनी स्वतंत्रा है, और तुम क्या कह रहे थे कि एक राजकुमार का सिद्धार्थ से गौतम बुद्ध हो जाना जीवन है या फिर विचार तुम्हें नहीं पता। बिना जीवन के विचारों की भला क्या प्रसंगिकता हो सकती है? दुनिया की सारी ख़ूबसूरती जीवन के लिए है, अगर जीवन ही नहीं रहेगा तो ख़ूबसूरती के क्या मायने? महाभारत युद्ध क्या था? एक तरह का नरसंहार, ख़ूनी क़त्ले-आम, उसका हासिल क्या था? युद्ध में कुछ स्वर्गारोहिणी की सीढ़ियाँ चढ़ते हुए मारे गए, अंत में कहते हैं कि सिर्फ़ युधिष्ठिर बचे और सशरीर स्वर्ग में प्रस्थान किए। अंत देखने के लिए अंत में बचे रह जाना जीत नहीं सिर्फ़ पश्चाताप कहलाता है। वह फिर कभी विचारों को नहीं जीता क्योंकि विचार तो युद्ध के दौरान ही मर जाते हैं, वह सिर्फ़ पश्चाताप को जीता है। बिलकुल वैसे ही जैसे कि सम्राट अशोक कलिंग युद्ध में हुए नरसंहार के बाद वर्षों तक जीता रहा। अंत में उसने सुख, शांति और जीवन को चुना।"

लड़के ने कहा, "यही कारण है कि महाभारत का युद्ध अंत और कलिंग

का प्रारब्ध का संकेत है।"

संन्यासी ने कहा, "मुझे लगता है कि महाभारत के अधिकतम विचार मृत विचार हैं और विजयी पांडव नहीं कौरव हुए थे। ऐसा मेरा विचार है, हो सकता है कि मैं ग़लत भी हूँ, तुम कुछ और सोचते हो। इसलिए इन सबमें न ही पड़ो तो बेहतर है, यह सिर्फ़ इस बात पर निर्भर करता है कि तुम क्या सोचते हो।"

लड़के ने कहा, "ईश्वर? श्रद्धा? विश्वास? आस्था? धर्म और सत्ता? इसमें से कुछ भी वास्तविक नहीं। यह सब इंसानों के द्वारा अपनी सुविधा के लिए गढ़े गए शब्द हैं। इंसानों ने पहले शब्द बनाए होंगे फिर परिवर्तनों को देखते हुए हर एक शब्द की परिभाषाएँ गढ़ी होगी। मुझे लगता है कि सारी घड़ियाँ आभासी हैं।"

"फिर वास्तविक क्या है?" संन्यासी ने उससे सवाल किया।

लड़के ने कहा, "बस समय। घड़ियाँ इंसान की नज़र में यंत्र हैं और घंटे, मिनट, सेकंड समय को मापने के मापक।"

"तुम सच कह रहे, लेकिन इस सच्चाई का पर्याय क्या है?" संन्यासी ने पूछा।

लड़के ने कहा, "बस इतना कि इस दुनिया की तमाम तरह की सच्चाइयों पर सवाल उठाया जा सकता है। वे चीज़ें, वे बातें, जिन्हें दुनिया अब तक सच मानती आई है वह ज़रूरी नहीं की वास्तविक हों। समय-समय पर इनको झुठलाया जाता रहा है। ये आगे भी झुठलाई जाती रहेंगी।"

संन्यासी ने कहा, "तो तुम ये कहना चाहते हो कि ईश्वर के होने और नहीं होने पर सवाल उठाया जा सकता है?"

"हाँ, बिलकुल।" लड़के ने स्पष्ट जवाब दिया।

लड़के की बात सुनकर संन्यासी हँसा। लड़के ने उसकी हँसी पर ज़रा भी ध्यान नहीं दिया और न ही गंभीरता से लिया। कुछ देर वह आस-पास के दृश्यों में खोया रहा। फिर बोला, "सच कहूँ तो मेरे लिए ईश्वर हमेशा से ही निर्दयी रहा है। देव से पत्थर हो जाने की कला मैंने अपने उसी ईश्वर से सीखी है, पर अब पाषाण नहीं होना चाहता इसलिए भटकाव को जी रहा हूँ।"

संन्यासी ने बेहद ही धीमी आवाज़ में पूछा, "ये पत्थर होने की कला ईश्वर से या फिर अपने जीवन के अनुभवों से सीखी?"

लड़के ने कहा, "मेरे अनुभव मेरी अनुभूतियों के ही हिस्से हैं। कई बार मुझे मेरा नास्तिक जैसा होना, बात-बात पर ईश्वर के विरुद्ध लड़ना, अपने ही ईश्वर को मरा हुआ घोषित कर देना अच्छा नहीं लगा। सच कहूँ तो ये मुझे दुखी और व्यथित करता है। मैं अपने आपको समझा भी लूँ लेकिन इतने सालों बाद भी अपने अंदर के उस मासूम बच्चे को नहीं समझा पाया हूँ कि जीवन और मृत्यु इस दुनिया के शाश्वत सच हैं। वह मासूम लड़का अब भी मौत के विछोह को नहीं भुला पाया है।"

"माना कि वह बच्चा नहीं समझता। पर क्या तुम ख़ुद जीवन-मरण के इस शाश्वत सच को समझते हो?" संन्यासी ने सवाल किया।

"कुछ हद तक।" लड़के ने जवाब दिया।

संन्यासी ने कहा, "फिर तुम पहले इस बात को ख़ुद क्यों नहीं स्वीकार कर लेते कि जन्म और मृत्यु जीवन की एक सहज प्रक्रिया है? आत्मा कभी मरती नहीं, यह सिर्फ़ पुरानी देह को त्यागकर नई देह, नया जीवन धारण करती है। तुम्हारी दादी जहाँ भी, जिस दुनिया में होंगी वहाँ सुखी होंगी। उन्होंने अपनी एक अलग दुनिया, अपना एक अलग संसार बना लिया होगा।"

लड़के ने कहा, "हाँ, बिलकुल। लेकिन उन परिस्थितियों का क्या जो एक इंसान होने के तौर पर हमें बार-बार प्रभावित करती हैं? उन दुखों का क्या जो हमारे अंदर उदासी को जन्म देते अथवा मायूस करते रहते हैं?"

संन्यासी ने कहा, "ये परिस्थितियाँ तुम्हारे लिए हैं न कि तुम्हारी दादी के लिए। तुम्हें अपनी ख़ुद की और अपने जीवन की फ़िक्र करनी चाहिए। वह चली गईं, उनका जीवन इतना ही था, उन्हें अब इन बाद की स्थितियों और परिस्थितियों से कोई फ़र्क़ नहीं पड़ने वाला। सच्चाई ये है कि तुम पर अपनी दादी की मौत का एक आवरण है और तुम अक्सर उसी आवरण को ओढ़ अपनी ख़ुद की लड़ाइयों से बचते रहे हो। तुम एक हारे हुए इंसान हो। तुमने अपना दोहरा चरित्र गढ़ लिया है। तुम जान-बूझकर अपने अंदर के मासूम बच्चे को बड़ा नहीं होने दे रहे हो। उसे तुम ख़ुद के समांतर नहीं

खड़ा होने दे रहे हो। उसे हमेशा तुम्हारी उम्र के साथ बड़ा होना था। लेकिन तुम्हें जाने-अनजाने दोहरी ज़िंदगी जीने की आदत-सी पड़ गई है। ज़िंदगी का यही दोहराव तुम्हें बार-बार उदास करता है। जीवन में ख़ुश रहने के लिए कुछ सहज ज्ञान ज़रूरी है जो कि वैचारिकता के नींव पर टिके होते हैं। तुम कहते हो कि बिना जीवन के वैचारिकता का क्या महत्त्व, पर तुम यह बताओ कि बिना वैचारिकता के जीवन का क्या महत्त्व है? ये स्थितियाँ-परिस्थितियाँ सिर्फ़ तुम्हारे लिए नहीं सभी के लिए हैं। क्या तुमने कोई ऐसा व्यक्ति देखा है जिसके जीवन में कोई दुख न हो, वह उदास या मायूस नहीं होता हो?"

लड़के ने कोई जवाब नहीं दिया।

संन्यासी ने फिर कहा, "ये तो इंसान का स्वाभाविक और व्यावहारिक गुण हैं। इन सब में संतुलन स्थापित करना ही तो जीवन है। तुम जीवन से क्या समझते हो? तुम जीवन को किस अर्थ में लेते हो?"

लड़का शांत रहा। वह अंदर से कहीं-न-कहीं बहुत ज़्यादा परेशान था।

संन्यासी ने उसे गले लगाया और कहा, "मेरे बच्चे, तुम्हें अपनी लड़ाइयाँ ख़ुद लड़नी होंगी। तुम्हें अपनी हिम्मत, अपने हौसले और अपने उस जीवन पर भरोसा रखना होगा जो वास्तविक तौर पर तुम्हारा अपना है! जो अभी भी तुममें मौजूद है। जिसमें तुम अभी भी साँस ले रहे और ज़िंदा हो। ये जो मेरे सामने खड़े हो वह तुम हो और वह सात साल का मासूम बच्चा कोई और नहीं महज़ तुम्हारा ही एक दोहरा चरित्र है। देखा जाए तो तुम एक नहीं दो-दो आत्माओं के साथ ज़िंदा हो। तुम एक साथ दो-दो चरित्रों को जी रहे हो। तुमने किताबें पढ़ी हैं, उसका प्रभाव तुम पर बहुत ही गहरा है। मैं समझ पा रहा हूँ कि तुममें चरित्रों को पैदा करने और उनमें जान डाल देने की अनोखी क्षमता है।"

"तो क्या मेरे सारे दुख आभासी हैं?" लड़के ने संन्यासी की बात को बेहद ही गंभीरता से सुनने के बाद सवाल किया।

"तुम्हें क्या लगता है?" संन्यासी ने लड़के के अंदर सोचने की एक सहज विवशता पैदा की।

लड़के ने कहा, "नहीं, ऐसा मुझे नहीं लगता।"

"तो तुम्हें क्या लगता है?" संन्यासी ने पूछा।

लड़के ने कहा, "मुझे लगता है कि इंसान पर उसकी स्थितियों और परिस्थितियों का लंबे समय तक असर रहता है।

संन्यासी ने कहा, "लेकिन उन स्थितियों-परिस्थितियों से ख़ुद को बाहर निकालना भी तो इंसान का ही काम है? तुम्हें जीवन की कुछ और मामूली बातों को समझना होगा। तुम्हें जीवन के प्रति थोड़ा और व्यावहारिक होने की ज़रूरत है।"

संन्यासी की बात सुनकर लड़का थोड़ा उदास हुआ। संन्यासी ने उसकी उदासी की तनिक भी परवाह नहीं की। दोनों के मध्य का यही आपसी संवाद कई दिनों तक अनवरत चलता रहा जो जीवन और मृत्य से शुरू होकर ईश्वर तक पहुँच चुका था, पर अपनी कोई ज़मीन तैयार नहीं कर पाया था। उसी ज़मीन को तलाशने के क्रम में इससे संबंधित विचारों की प्रसंगिकता को बल मिल रहा था।

बार-बार यही सवाल आ रहा था कि जीवन क्या है? मृत्यु क्या? और ईश्वर?

लड़के ने कहा, "मुझे नहीं पता। न तो मैंने अभी पूरा जीवन जिया है और न ही मैंने मृत्यु देखी है।"

संन्यासी ने कहा, "और ईश्वर?"

लड़के ने जवाब दिया, "एक मरी हुई भेड़ है।"

"जिसका बाल और खाल दोनों ही हम ज़िंदा इंसानों के काम आता है?" संन्यासी सवाल कर हँसने लगा।

लड़के ने कोई जवाब नहीं दिया पर इस आख़िरी वाक्य ने इंसान और ईश्वर के बीच मौजूद विरोधाभास को और भी ज़्यादा बढ़ा दिया।

04

सुख-दुख और जीवन

संन्यासी को अब बहुत सारी स्थितियाँ स्पष्ट होने लगी थी। वह लड़के की मनोदशा तक को समझने और उसके बातों, विचारों और जीवन को पृथक करके देखने लगा था। उसने कहा, "तुम जिस जीवन की बात कर रहे हो वह तुम्हारा नहीं तुम्हारी दादी का जीवन है। तुम्हें अभी अपना जीवन बनाना है। बिलकुल, वैसे ही जैसे कि तमाम तरह की स्थितियों, परिस्थितियों, दुविधाओं और दुनिया के झंझावतों से लड़कर तुम्हारी दादी ने तुम्हारे और अपने लिए बनाया था। तुम्हारे लिए उन्होंने हमेशा से ही एक सुरक्षित दुनिया का निर्माण किया, तुम्हें एक ऐसी दुनिया देना चाहा जो तुम्हारे अनुकूल हो। उन्होंने अपना जीवन जिया और तुम्हारी दुनिया बनाई, तुम्हें एक राह दिखाई जिस पर तुम ताउम्र चल सको, जिसको तुम जी सको और अपने जीवन में शामिल कर सको। ये सब इसलिए नहीं कि तुम भ्रमित और दुखों में ताउम्र डूबे रहो। अगर वह ज़िंदा होतीं तो तुम्हें इस स्थिति में देखकर ख़ुश नहीं होतीं। तुम अभी भी उनके दिए संस्कारों को नहीं समझ पाए हो! उन्होंने एक संपूर्ण और आदर्शपूर्ण जीवन जिया। वह होतीं तो तुम्हें भी इसी बात के लिए प्रेरित करतीं कि तुम एक आदर्शपूर्ण जीवन जियो। शायद, वह यही चाहती थीं।"

लड़के ने कहा, "मुझे वर्तमान पर अतीत से कहीं ज़्यादा भरोसा है, परंतु अभी भी मुझे यही समझ में आता है कि वह मासूम लड़का सही था। ईश्वर के ख़िलाफ़ लड़ी गई उसकी हर लड़ाई सार्थक थी। ईश्वर के मर जाने की उस बच्चे की घोषणा उस वक़्त जितनी उपयुक्त थी उतनी ही अब भी है।"

"उस लड़के? यानी कि तुम्हारी?" संन्यासी ने पूछा।

लड़के ने कहा, "नहीं, वह लड़का मैं होकर भी मैं नहीं था। वह सिद्धार्थ था, सिद्धार्थ से गौतम होना एक लंबी वैचारिक यात्रा रही है मेरे लिए।"

“तो तुम्हारा पूरा नाम सिद्धार्थ गौतम है?” संन्यासी ने सवाल किया।

लड़के ने सिर्फ़ ‘हाँ’ कहा और अपनी बात पर वापस लौट आया, “इस सफ़र में मेरे सामने कई पड़ाव आए हैं, पर यह राह इतनी लंबी रही कि दोनों ही को पृथक करके देखने लगा।”

संन्यासी ने कहा, “मतलब तुम यह कहना चाहते हो कि तुम ख़ुद के वास्तविक जीवन नहीं, ख़ुद के गढ़े चरित्रों को जी रहे हो?”

लड़के ने कहा, “मुझे लगता है कि मेरे जीवन का यही सच है। मैं ख़ुद को उम्र के पैमाने पर बहुत अलग-थलग बिंदुओं पर खड़ा पाता हूँ।”

“ख़ैर, इस समय तुम सिद्धार्थ की बात कर रहे हो? उसका व्यवहार कैसा था? या फिर मूल स्वभाव?” संन्यासी ने लड़के से सवाल किया।

लड़के ने कहा, “वह बहुत ही शांत स्वभाव का बच्चा है। मैंने उसे अपने जीवन में ज़्यादातर दुखी होते ही देखा, परंतु उसका मूल स्वभाव एक घुमक्कड़ का था जो उसके अंदर अपने परिवार से आया था। वह एक अर्धघुमंतू परिवार से संबंध रखता था और बंजारा जीवन जीता था।”

“तो तुम बंजारे हो?” संन्यासी की बात सुनकर लड़का मुस्कुराया, पर उसकी बात का कोई जवाब नहीं दिया।

“तुम्हें ऐसा क्यों लगता है कि वह घुमंतू लड़का सही था? ईश्वर के ख़िलाफ़ लड़ी गई उसकी हर लड़ाई सार्थक थी? ईश्वर के मर जाने की उस बच्चे की घोषणा उस वक़्त जितनी उपयुक्त थी उतनी ही अब भी है?” संन्यासी ने थोड़ी देर ठहरकर पूछा।

लड़के ने कहा, “क्योंकि यह एक लंबा सिलसिला है। मैंने एक के बाद एक करके बस अपनों को ही तो खोया है। दादी को तो कुछ समय बाद मैंने भुला भी दिया था लेकिन मायरा की मौत ने मेरे इसी विश्वास को और ज़्यादा मज़बूत करने का काम किया है।”

मायरा? संन्यासी के मन में इस लड़की के बारे में जानने की एक सहज इच्छा पैदा हुई पर वह विषय परिवर्तन नहीं करना चाहता था, इसलिए उसने इस बारे में कोई और सवाल नहीं किया।

संन्यासी ने कहा, “तुम क्यों नहीं समझते कि यह लड़ाई उस बच्चे की

नहीं तुम्हारी अपनी ख़ुद की है। किसी और कि नहीं, हम सब अपनी-अपनी लड़ाइयाँ लड़ रहे हैं। हम सब किसी और नहीं अपनी-अपनी शर्तों पर ज़िंदा हैं। तुम्हारी जीवन जीने की शर्त क्या है?"

लड़के ने कहा, "हाँ, मुझे पता है, परंतु ऐसा नहीं कि इस बीच मैंने उसे अथवा ख़ुद को बदलने अथवा समझाने का प्रयास नहीं किया। अपनी शर्त पर जीवन जीने की कोशिश नहीं की। लेकिन उस सोच को बदलने में इस मध्य कोई भी ख़याल, कोई भी विचार कारगर साबित नहीं हुआ। 15 साल पहले वह बच्चा जैसा था, वैसा ही वह आज भी है।"

संन्यासी ने कहा, "ये बहुत ही मुश्किल स्थिति है। क्या तुम मुझे ये बता सकते हो कि तुम दोनों के जीवन में इतनी समानता के बावजूद इतना बड़ा विरोधाभास क्यों है?"

लड़के ने कहा, "क्योंकि वह बच्चा भी तो आख़िरकार मैं ही हूँ। मैं दोनों को पृथक करके देखता हूँ पर पृथक कर नहीं पाता। एक उलझाव सदैव मेरे साथ-साथ चलता है।"

संन्यासी ने उस लड़के की कही बात पर विचार किया। फिर एक लंबी साँस लेते हुए कहा, "तुम उस बच्चे को मार क्यों नहीं देते?"

लड़के को संन्यासी से इतनी कठोर प्रतिक्रिया की उम्मीद हरगिज़ नहीं थी। वह संन्यासी की बात सुनकर थोड़ा विचलित हुआ। थोड़ा अंदर ही अंदर उग्र और उत्तेजित भी। फिर भी बहुत ही संयमित भाव से संन्यासी से पूछा, "क्या अंत (मौत) ही इस दुनिया में हर चीज़ का हल है? प्रारब्ध जैसी कोई चीज़ नहीं इस दुनिया में?"

संन्यासी ने कहा, "तुम मौत से इतना डरते क्यों हो? यह भी जीवन जितना ही सामान्य और सहज है। तुम्हारे साथ दिक़्क़त ये है कि तुमने इसे जीवन से भी कहीं बड़ा और महत्त्वपूर्ण मान लिया है। एक बात बताओ– तुम्हें अगर जीवन और मृत्यु में से किसी एक को चुनना पड़े तो तुम किसे चुनोगे?"

"निसंदेह जीवन को।" लड़के ने जवाब दिया।

"मैं भी जीवन ही चुनूँगा। पर अगर जीवन जीना है तो तुम्हें मृत्यु को

स्वीकार करके चलना होगा। क्योंकि हर चीज़ का दो पक्ष होता है, कुछ अच्छा है तो कुछ बुरा भी होगा। कुछ सही हो रहा है तो कुछ ग़लत भी होगा। ख़ैर, यह मृत्यु सिर्फ़ नवीनता के लिए है। ताकि चीज़ें परस्पर नवीन बनी रहें। जैसे हम अपनी देह से फटे-पुराने कपड़े उतारकर नये कपड़े को धारण करते हैं। एक तरह से बिलकुल वैसे ही।" संन्यासी ने अपनी देह पर आवश्यकता से बड़े कपड़े को लपेटते हुए कहा।

लड़के के चेहरे का भाव पूरी तरह से स्पष्ट नहीं था।

संन्यासी ने फिर कहा, "और तुम इतने विचलित क्यों हो रहे? उस बच्चे को मारना ईश्वर को मारने से कहीं आसान है।"

संन्यासी की बात को सुनकर लड़का कुछ पलों के लिए मानो शून्य में खो गया। ऐसा लगा कि उसके अंदर का बुद्ध पैदा होने के लिए बेताब है, क्या वह अपने अंदर के सिद्धार्थ को मारकर गौतम बने होंगे, या फिर बुद्ध होने के बाद घर-बार की ही तरह अपने व्यक्तिगत पहलुओं को भी त्याग दिया होगा?

फिर उसे लगा कि बुद्ध होना दरअसल कोई व्यक्तित्व है ही नहीं, यह एक तरह की यात्रा है, एक तरह का दर्शन है। जिसमें सिद्धार्थ से गौतम और गौतम से गौतम बुद्ध तक हो जाना शामिल है। बावजूद इसके संन्यासी की कही बात उसे कहीं अंदर तक चुभती हुई प्रतीत हुई।

अपने वैचारिक द्वंद्व से बाहर निकलकर उसने पूछा, "क्या आप ये कहना चाहते हैं कि अपने अतीत अथवा अपने गुज़रे हुए कल से बाहर निकलना आसान है?"

संन्यासी ने कहा, "आसान तो नहीं लेकिन इतना मुश्किल भी नहीं है। सच को सच मान लेने भर से ही जीवन की आधी परेशानियाँ कम हो जाती हैं और तुम इस दुनिया में अकेले नहीं हो जिसने किसी अपने को खोया है। हम सब किसी-न-किसी अपने को खोकर ही इस दुनिया में ज़िंदा हैं। इस जगह पर जहाँ हम सब खड़े हैं, यहाँ 40-50 साल बाद हममें से शायद ही कोई होगा, हमारी जगह कोई और ले चुका होगा। पर क्या इससे जीवन थम जाएगा अथवा समाप्त हो जाएगा? वर्तमान में हमें उन चीज़ों पर काम करना चाहिए जो हमें संतुष्ट कर सके और भविष्य के लिए प्रासंगिक हों। हम

सबकी कोशिश यह होनी चाहिए कि अपनी आने वाली पीढ़ी को कुछ अच्छा दे सकें। बिलकुल वैसे ही जैसे बुद्ध ने दिया।"

"और उस दुख का क्या?" लड़के ने सवाल किया।

संन्यासी ने कहा, "तुम किस दुख की बात कर रहे हो? उस दुख की जो है ही नहीं? जो सिर्फ़ और सिर्फ़ आभासी है? तुम किसी की मौत के ग़म को नहीं, बल्कि एक मरे हुए दुख को जी रहे हो, इन सबसे बाहर निकलो। जीवन में इससे इतर भी बहुत सारे वास्तविक और स्थायी दुख हैं। तुम्हें जीवन की मौलिकता को समझना आना चाहिए। मानसिक दुख सिर्फ़ और सिर्फ़ मन में विकार पैदा करते हैं। अच्छी बात ये है कि मानसिक दुखों से आसानी से उबरा जा सकता है, इससे उबरने का हमारे सामने कई विकल्प और कई तरह के साधन मौजूद हैं। एक बार लोगों के जीवन में तुम झाँककर देखो। तुम किसी बच्चे की उँगली पकड़कर चलने के बजाय अपनी उम्र का हाथ पकड़कर चलो। तुम अपने जीवन, अपनी उम्र को स्वीकारना सीखो, जीवन में आई स्थितियों-परिस्थितियों से एक नहीं दोनों स्तर पर लड़ना सीखो।"

"मैं लड़ तो रहा हूँ।" लड़के ने कहा।

संन्यासी ने कहा, "जीवन की असल लड़ाइयाँ सिर्फ़ वैचारिक नहीं, भौतिक भी हैं। तुम एक अच्छी-ख़ासी उम्र जी चुके हो। मैं संन्यासी हूँ मेरे लिए धर्म प्रधान है। तुम संन्यासी नहीं हो तो तुम्हारे लिए कर्म प्रधान हो सकता है। तुम कर्म को ही प्रधान मान लो। इस बात को समझो कि वह बच्चा नहीं बल्कि तुम अपनी राह, अपनी उम्र की पगडंडियों से भटक गए हो। ख़ुद के लिए रास्ता बनाओ, एक रौशनी पैदा करो। ताकि चीज़ें और ज़्यादा स्पष्ट हो सकें। किसी के नहीं होने से, उसके नहीं होने को स्वीकार लेने के बजाय तुमने अभी तक उसे ज़िंदा रखा है। उसके नहीं होने के साथ-साथ तुमने अपनी गति खोई है, तुम उम्र के एक ऐसे पड़ाव पर ठहरे हुए हो जहाँ सिर्फ़ दुख है। तुम्हें एक तरह से दुखों को जीने की आदत पड़ गई है। याद रखो और अपनी वास्तविक उम्र में लौटने का प्रयास करो। इस उम्र को जियो जो तुम्हारे पास है, उसको नहीं जिसे तुमने अथवा तुम्हारे जीवन ने पीछे छोड़ दिया।"

संन्यासी की बात को चाहकर भी वह लड़का ख़ारिज नहीं कर पाया। उसका लहजा नम हुआ। उसने कहा, "आदत तो नहीं लेकिन मुझे दुखों को जीना आता है। क्या यह ग़लत है? आख़िर दूसरा विकल्प क्या है?"

संन्यासी ने लड़के की बात का कोई जवाब नहीं दिया।

लड़के ने फिर कहा, "कई बार तो मुझे लगता है कि ईश्वर हमारे दिलों में मरा ही पैदा हुआ था। यह सोचते हुए मेरे मन में बिलकुल वैसा ही ख़याल आता है जैसे कि एक औरत की कोख से मरा हुआ बच्चा पैदा होने पर आता होगा। बात सिर्फ़ इतनी ही नहीं कि मैंने एक नवजात बच्चे की मौत देखी है।"

"नवजात बच्चे? तुम किसकी बात कर रहे हो?" संन्यासी ने सवाल किया।

लड़के ने कहा, "वह लड़की उस रात एक बच्चे को जन्म देने वाली थी, जो हम दोनों का अपना बच्चा था।"

लड़के की बात सुनकर संन्यासी सन्न रह गया।

लड़के ने कहा, "मुझे सीरिया का वह तीन साल का बच्चा याद आ रहा है जिसने मरने से पहले कहा था कि मैं ऊपर जाकर ख़ुदा से सब बताऊँगा। दरअसल, उस बच्चे की मौत भी मेरी नज़र में ईश्वर की ही मौत थी। क्योंकि अगर ईश्वर ज़िंदा होता तो हमारी आँखों में आँसू नहीं होते! इस संसार में इतना दुख नहीं होता। मासूम बच्चों को इस तरह से मारा या फिर उन्हें मरने के लिए नहीं छोड़ दिया जाता। अगर ईश्वर है तो उसे हमारे दुखों के लिए कहीं-न-कहीं जवाबदेह होना होगा।"

लड़के की बात को सुनकर संन्यासी देर तक जीवन के बारे में सोचता रहा।

लड़का पहले की ही तरह अपने पूर्व के विचारों में खोया, अपने अतीत और वर्तमान के बीच में ही उलझा, कुछ देर पश्चात अपने तमाम आधे-अधूरे सवालों के साथ आश्रम में लौट आया।

05

भटकाव निरुद्देश्य नहीं होता

देर रात आश्रम में पहुँचने के पश्चात संन्यासी लड़के और उसके जीवन के बारे में सोचता रहा। इस दौरान एक चेहरा जो उसे बार-बार याद आया वह अनिका का था। लड़के की ज़ुबान से इस नाम को सुनकर वह कई बार अटक गया था। उसके मन में इस नाम को लेकर कुछ सवाल भी कौंधे थे पर वह चुप रह गया था। शायद, उसने यह सोचा हो कि एक ही नाम के दो अलग-अलग चेहरे भी तो हो सकते हैं।

ख़ैर, यह नाम अलग हो सकता है पर संन्यासी के लिए नया नहीं था। फिर भी हमेशा की तरह इस बार भी उस चेहरे से जुड़ी स्मृति को उसने नज़रअंदाज़ कर दिया। बावजूद इसके यह चेहरा देर तक उसकी आँख में ठहरा रहा और नींद आ गई। अगले दिन सुबह का उसका पूरा वक़्त स्नान-ध्यान में गुज़रा। दिन के दूसरे पहर जब साँझ होने को थी और सूर्य अपने आख़िरी पड़ाव पर था दोनों अनायास ही आश्रम से बाहर निकल गए और पहरों तक जंगल-जंगल भटकते रहे।

इस दौरान जब वह लड़का पूरी तरह से थक गया और उसके पैर जवाब देने लगे तो पहाड़ की ढलान से नीचे उतरते हुए लड़के ने संन्यासी से पूछा, "हम कहाँ जा रहे हैं?"

संन्यासी ने कहा, "मुझे नहीं पता।"

संन्यासी का जवाब सुन लड़का चौंका, "हम तीन घंटे से निरुद्देश्य और बिना किसी मतलब के भटक रहे हैं!"

संन्यासी ने कहा, "क्या तुम भी यही मानते हो कि भटकाव निरुद्देश्य होता है?"

लड़का ठिठका। दोनों कुछ देर के लिए रुक गए। संन्यासी पेड़ की छाँव

में अपना कमंडल रखते हुए बोला, "दरअसल हमारे हर सवाल का जवाब हमारे पास ही होता है, पर हम दूसरों की प्रतिक्रिया जानना चाहते हैं। दूसरों के माध्यम से आश्वस्त होना चाहते हैं, पर अपने अंदर नहीं झाँकते।"

"शायद, हमारे अनुभव ही हमारे बाधक भी होते हैं।" लड़के ने जवाब दिया।

संन्यासी ने कहा, "लेकिन विचार तो उन्मुक्त होने चाहिए न?"

"हाँ, बिलकुल।" लड़के ने संन्यासी के पक्ष में हामी भरी।

संन्यासी ने कहा, "भटकाव सचमुच निरुद्देश्य नहीं होता, अपने पास-पड़ोस में घूमो, अपने आस-पास की चीज़ों को देखो, हो सके तो अपने आस-पास की चीज़ों और जीवन को महसूस भी करो।"

लड़के को संन्यासी की कही बातें अच्छी और प्रासंगिक लगीं। उसने संन्यासी से कहा, "आख़िरकार हमारे अनुभव भी तो हमारी अनुभूतियों के ही हिस्सा हैं। घटनाएँ जो एक छोटी-सी जगह पर घटित होती हैं उनका संदर्भ कभी-कभी बहुत बड़ा होता है।"

"यह तुम किस परिप्रेक्ष्य में कह रहे हो?" संन्यासी ने पूछा।

"समय के परिप्रेक्ष्य में, समय से बड़ा सच इस दुनिया में कोई भी नहीं।" लड़के ने संन्यासी को जवाब दिया।

"क्या तुम इसे किसी और भी अर्थ में मुझे समझा सकते हो?" वापस आश्रम में दाख़िल होते हुए संन्यासी ने पूछा।

लड़के ने कहा, "सुबह से ही किसी स्कूल में बम धमाके की ख़बर आ रही है। क्या कोई बताएगा कि इन सैकड़ों बच्चों की मौत के वक़्त ईश्वर इतनी गहरी नींद में कहाँ सो रहा है? अफ़गानिस्तान, इराक़, ईरान, सीरिया और उक्रेन? यह सब क्या किसी ईश्वर की बनाई दुनिया का सच है? मुझे तो नहीं लगता, मुझे तो किसी ईश्वर के होने तक को लेकर संदेह है।"

इस बार संन्यासी ने कोई जवाब नहीं दिया।

लड़के ने कहा, "ये निर्दयतापूर्ण घटनाएँ ईश्वर के प्रति संदेह और इंसानियत के प्रति अविश्वास पैदा करती हैं। लेकिन यदि ईश्वर है तो क्या वह इतनी गहरी नींद में है? बम धमाकों की आवाज़, मरते बच्चों की चीख़-पुकार

तक उसे सुनाई नहीं देती है। इस वक़्त वातावरण में सिर्फ़ चीख़-पुकार और लहू की गंध है।"

संन्यासी समझ नहीं पा रहा था कि लड़के की सोच और वैचारिकता का आख़िर दायरा क्या है!

लड़के ने कहा, "मैंने कहीं पढ़ा था कि नींद का हर टुकड़ा एक सूक्ष्म मौत है और लंबी नींद मौत। ये लोग जो वर्षों से सो रहे हैं, दरअसल सबके सब मरे हुए लोग हैं और इन बच्चों का ईश्वर भी उन्हीं में से एक है। मुझे इस बात में तनिक भी संदेह नहीं कि इन लड़कों की मौत से पहले इनका अपना-अपना ईश्वर मरा होगा और फिर ये बच्चे मरे होंगे। बिलकुल, वैसे ही जैसे कि मेरा और मेरी दादी का ईश्वर मरा था।"

संन्यासी ने कहा, "तुम ईश्वर को इस तरह से पृथक करके क्यों देखते हो? हमें अपने जीवन को एक बड़े परिप्रेक्ष्य में करके देखने की ज़रूरत है और ईश्वर को भी।"

"ईश्वर और जीवन, मैंने तो उसे महज़ मौत के वक़्त ही देखा है।" लड़का हँसा।

फिर कुछ देर बाद शांत भाव से बोला, "निजी तौर पर देखूँ तो मैं सब कुछ भुला सकता हूँ। लेकिन जिस दुनिया में इतनी बड़ी संख्या में बच्चों की हत्याएँ हो रही हों, निरीह, मासूम लोगों का क़त्ले-आम हो रहा हो, उस दुनिया में कोई ईश्वर भी है मुझे सचमुच इस बात पर संदेह है। और मुझे लगता है कि आपको भी होना चाहिए। यह युद्ध किसका है? किससे लड़ा जा रहा है? और मर कौन रहा है? वह लोग जिनका कोई इस युद्ध से लेना-देना ही नहीं था। वह बस इसलिए मार दिए जा रहे हैं कि वह दुश्मन देश के बच्चे हैं। और ईश्वर? यह सब देख रहा है और चुप है।"

"क्या तुम सचमुच यह समझते हो कि ईश्वर मर चुका है?" संन्यासी ने लड़के से बड़े ही इत्मीनान से पूछा।

लड़के ने कहा, "हाँ, और सवाल सिर्फ़ जीवन-मरण का नहीं, दरअसल अहम ये है कि ईश्वर मर चुका है यह निर्मम ख़याल महज़ सात साल के मासूम बच्चे के ज़ेहन में कहाँ से आता है? हमें इसका स्रोत ढूँढ़ना होगा।

घटनाओं की जड़ तक जाना होगा। क्या यह वह दुनिया है जिसकी कल्पना मेरी दादी ने कभी मेरे लिए की थी? ऐसी दुनिया की कल्पना शायद ही कोई करता होगा!"

"वैसे यह ख़याल कहाँ से आता है?" संन्यासी ने पूछा।

लड़के ने कहा, "मुझे जहाँ तक समझ में आता है मेरे अंदर के उस मासूम बच्चे के ज़ेहन में ईश्वर के मरे होने का ख़याल तब आता है जब वह ऐसी ही सामूहिक हत्याएँ देखता है और संवेदना और विपत्ति के उन घोर क्षणों में ईश्वर को अट्टहास करते हुए देखता अथवा अपनी दुनिया से अनुपस्थित पाता है। ईश्वर की यही लंबी अनुपस्थिति एक दिन उसे नास्तिक बना देती है। मेरे अंदर के उस लड़के को लगने लगता है कि उसका कोई ईश्वर नहीं है और है भी तो वह संवेदनाओं और भावनाओं के स्तर पर मर चुका है।

"चलो, थोड़ी देर के लिए मैं मान लेता हूँ कि दुख आभासी हैं। लेकिन क्या ये घटनाएँ भी आभासी हैं?"

लड़के ने इस बार अपने ही सवाल के साथ अपने जवाब को आगे बढ़ाया और कहा, "जीवन के हर दुखद मोड़ पर उस बच्चे ने अपने ईश्वर को अट्टहास करते पाया है। पहली बार जब उसने अपनी दादी से पूछा था कि ईश्वर कहाँ है तो पड़ोस में हुए एक बच्चे की सहज मौत देखी थी! वह बच्चा उससे भी छोटा, महज़ चार साल का था। आख़िर उस बच्चे का कसूर क्या था? और किसी भी मारे गए नवजात बच्चे का कसूर क्या होता है?"

संन्यासी देर तक लड़के की कही बात पर विचार करता रहा।

लड़के ने ही कहा, "चारों तरफ़ दुख और वेदना में उसके अपने चीख़ रहे थे और ईश्वर अनुपस्थित था। कहीं-न-कहीं उसकी यह अनुपस्थिति मेरे दिमाग़ में दर्ज हो गई और लंबे समय तक मुझमें बनी रही। हम हर बार ऐसी घटनाओं को नज़रअंदाज़ कर देते हैं। लेकिन एक चार साल के बच्चे की मौत कोई मामूली घटना नहीं है जिसे देखकर आँखें बंद कर ली जाएँ। यह एक नवजात की मौत है। यह सोचकर ही हृदय सिहर उठता है।"

थोड़ा रुककर लड़के ने कहा, "अगर ईश्वर है और सब कुछ कर्म के

आधार पर ही तय करता है तो यह बताने वाला भी तो कोई होना चाहिए कि उन बच्चों के कर्म में क्या कमी रह जाती है जो पैदा होने के साथ ही इस दुनिया से चले जाते हैं? जो बच्चे माँ की कोख से मरे हुए पैदा होते हैं? माना कि कुछ मामूली ग़लतियाँ भी हुईं हों। लेकिन क्या हमारा ईश्वर कोई जल्लाद है जो अपने कर्मों का निर्दयतापूर्ण निर्वहन करने के लिए हर तरह से बाध्य है? न चाहते हुए भी इस तरह की घटनाओं से हमारा विश्वास डगमगाता है। कुछ ऐसे सवाल पैदा होते हैं जो लंबे समय तक हृदय में धँसे रह जाते हैं और वक़्त-बेवक़्त चुभते हैं। मुझमें भी बहुत कुछ चुभता रहता है और मैं अपने आपको टुकड़ों-टुकड़ों में बँटा हुआ पाता हूँ। मैं एक होकर एक कहाँ रह जाता हूँ? मेरे अंदर एक बहुत बड़ा बिखराव है और ख़ुद को समेटने की तमाम छोटी-छोटी कोशिशें चल रही हैं।"

संन्यासी को लड़के की बातें तार्किक लगीं और काफ़ी हद तक प्रासंगिक भी। वह उसको देर तक बिना किसी सवाल-जवाब के सुनता रहा। लड़का मानो किसी बहुत बड़े वैचारिक द्वंद्व की स्थिति में हो। घटनाओं से इतर उस पर वैचारिकता हावी थी। ऐसा लग रहा था कि एक छटपटाहट तो है लेकिन वह अपने ख़यालों से चाहकर भी बाहर नहीं निकल पा रहा है। उसके ही विचार, उसके ही ख़याल उस पर वर्षों से हावी हैं।

लड़के ने कहा, "दरअसल, बात धर्म की नहीं सत्ता की है। कभी-कभी तो मुझे ऐसा लगता है कि धर्म अपनी दिशा से भटक चुका है और अब यह इंसान के विश्वास को हथियाने और उसके दिमाग़ पर राज करने का महज़ एक हथियार है।"

संन्यासी ने पूछा, "वह कैसे?"

"यह हमारी सोचने की शक्ति, सामर्थ और क्षमता को बहुत ही गहरे रूप में प्रभावित कर रहा है। आख़िर हमारी नज़र में ग़ुलामी की परिभाषा क्या है?"

संन्यासी ने कोई जवाब नहीं दिया।

लड़के ने कहा, "यही न कि सवाल पूछने के अधिकार को किसी-न-किसी रूप में छीन लेना अथवा वंचित कर देना ग़ुलामी है और सत्ता से

भी ख़तरनाक चीज़ धर्म है क्योंकि सत्ता पर कम-से-कम सवाल उठाने का अधिकार तो है। धर्म में इस बात की इजाज़त न तो ईश्वर देता है और न ही उसे मानने वाले। क्या आपको पता है कुछ लोग महज़ इस बात पर मेरा घर जलाने आ सकते हैं क्योंकि मैंने यह कह दिया कि ईश्वर मर चुका है? उन्हें इस बात से कोई मतलब नहीं कि हमारे अंदर क्या चल रहा है। मैं इस धरती पर मानवता के ह्रास से कितना दुखी और पीड़ित हो रहा हूँ!"

"हाँ, यह तो ठीक है लेकिन हमारी बातों के बीच ये धर्म कहाँ से आया? यह महज़ एक मार्ग है, पर कोई इसे अपनाने को लेकर किसी तरह की बाध्यता या अनिवार्यता तो नहीं। सारी बाध्यता और अनिवार्यता इसे मानने और अपनाने वाले लोगों के लिए है।" संन्यासी ने लड़के के सामने अपनी बात रखी।

लड़के ने कहा, "धर्म मानवता की स्थापना के लिए है न कि धार्मिक उन्माद फैलाने के लिए। यह श्रेष्ठता के बोध से दूर समानता और भाईचारे की स्थापना के लिए बना है। पर हो क्या रहा है? हर बड़ी घटना की जड़ में धर्म है। धर्म की बात करनी मुझे यहाँ इसलिए भी ज़रूरी लगी क्योंकि लोगों की नज़र में ईश्वर तक पहुँचने का यही एक सुगम मार्ग है।"

लड़के की बात से संन्यासी सहमत दिखा।

लड़के ने कहा, "इंसान आँख बंद करके कुछ बुदबुदाता है क्योंकि उसे लगता है कि ईश्वर उसकी हर बात सुन रहा है। हम इंसानों को यही लगता है कि ईश्वर हमारे हर अच्छे और बुरे कर्मों को ऊपर बैठा देखता है और हमारे लिए निर्णय लेता है और उचित न्याय करता है। ऐसे में अगर ईश्वर अपनी आँख बंद कर लेता है तो इसके क्या मायने हैं? और हम इंसानों के विश्वास का क्या? रही बात अपनाने और नहीं अपनाने की तो कोई बाध्यता और अनिवार्यता नहीं होने के बावजूद भी हम सब उसे या फिर किसी-न-किसी ईश्वरीय शक्ति को अपना चुके हैं।"

"दरअसल, हम जब यह कहते हैं कि हम नास्तिक हैं तो हमारा ईश्वर के प्रति विश्वास और भी ज़्यादा प्रबल होता लगता है। हम समस्त दुनिया के लोग स्वतंत्र होते हुए भी ख़ुद को स्वतंत्र नहीं समझते। हम सभी किसी-न-

किसी सत्ता अथवा विचार के अधीन हैं। हमें लगता है कि इस दुनिया में जो कुछ भी हो रहा है उसी सत्ता और विचार के इशारे पर हो रहा है।"

संन्यासी ने कहा, "नहीं, धर्म के इतर भी बहुत सारे मार्ग हैं। अध्यात्म के ज़रिए भी ईश्वर तक पहुँचा जा सकता है।"

लड़के ने कहा, "किस ईश्वर तक, वह जो मर चुका है, और उस तक पहुँचने का औचित्य क्या है?"

संन्यासी ने कहा, "इस बात को भी विस्तृत स्वरूप में समझने की ज़रूरत है। जहाँ तक मैं समझता हूँ धर्म के मुख्य रूप से दो ही स्वरूप हैं– पहला अध्यात्म और दूसरा संस्कृति।"

"फिर इस तरह से अध्यात्म भी तो एक तरह से धर्म की ही ऋचा है?" लड़के ने सवाल किया।

संन्यासी ने कहा, "इस बात को मैं भी मानता हूँ लेकिन अध्यात्म धर्म का बहुत ही विशुद्ध रूप है। मैं तुम्हारी इस बात को भी सहस्र स्वीकार करता हूँ कि ईश्वर भी एक तरह की सत्ता है।"

संन्यासी की बात सुनकर लड़का ठिठका। संन्यासी ने कहा, "मुझे तुम्हारी हर बात अच्छी लगी, तुम्हारे हर विचार पर ठहरना पड़ा। मैं तुम्हें झुठलाना नहीं चाहता। मैं एक संन्यासी हूँ, धर्म का सबसे बड़ा अनुयायी, पर तुम्हारी बातें तार्किक हैं। मैं तुम्हारे पक्ष में खड़ा हूँ और बस इतना चाहता हूँ कि तुम अपने उस चरित्र से बाहर निकलो जिसमें सिर्फ़ दुख, उदासी और पीड़ा है। तुम्हें किसी आवरण की ज़रूरत क्या और क्यों है? तुम्हें धर्म से लड़ना है, सत्ता से लड़ना है, अपने इन विचारों को हथियार बनाओ। या फिर अपने जीवन के लिए कोई ऐसा चरित्र गढ़ो जिसके जीवन में ख़ुशी ही ख़ुशी या फिर दोनों ही बराबर मात्रा में मौजूद हों। वह बच्चा तुम्हारे व्यक्तित्व पर भ्रम का एक आवरण बनाता है।

"मैं चाहता हूँ कि भ्रम की स्थिति से बाहर निकलो और चीज़ों को उसी रूप में स्वीकार करना सीखो जिस रूप में वे हैं। तुम्हें किसी चरित्र की ज़रूरत नहीं है। तुम इस योग्य, इस उम्र में हो कि जीवन के अच्छे और बुरे दोनों पहलुओं को स्वीकार कर सको। तुम ईश्वर से इतर जीवन की वास्तविकता

को समझो। तुमने उस बच्चे को अपनी देह और आत्मा से पृथक रखा इसलिए तुम्हारा बचपन तुममें पूरी तरह से नहीं ढल पाया।"

"तुम उम्र से पहले ही परिपक्व हो गए। ये परिपक्वता उम्र के समांतर चलते हुए हासिल हो तो ज़्यादा अच्छा है। अगर यह उम्र से पहले आ जाती है तो जीवन जीने के कई अवसर हमसे छिन जाते हैं। क्योंकि हमें कभी-न-कभी तो सब कुछ खुली आँखों से देखने का साहस जुटाना ही होगा। कभी-न-कभी तो अपने अंदर से उपजते सवालों के साथ हमें सब कुछ भुलाकर अपने पक्ष में खड़े होना होगा। जो कुछ भी इस दुनिया में हो रहा है उसके प्रति पहली जवाबदेही ईश्वर की नहीं हम इंसानों की है। ईश्वर एक ही बार पैदा हुआ था जब इस ब्रह्मांड का सृजन हुआ था और एक ही बार मरेगा जब इस सृष्टि का विनाश होगा। मेरा अपना मानना है कि जब ईश्वर नहीं रहेगा तो हमारे पास कुछ नहीं बचेगा। हम इंसानों को घटित हो रही घटनाओं के प्रति अपनी जवाबदेही ख़ुद तय करनी चाहिए।"

संन्यासी की ये बातें सुनकर लड़का चुप रहा। रात ज़्यादा हो चुकी थी। दोनों बातचीत बंद कर आश्रम पहुँचे और हल्के-फुल्के भोजन के उपरांत गहरी नींद में सो गए। नींद के मध्य हल्की-सी चेतना लौटी तो लड़के के मन में एक विचार आया कि नींद यदि एक सूक्ष्म मौत है तो हम लोग हर रोज़ मरते हैं, बस इस मौत को परिभाषित नहीं कर पाते हैं।

06

दुखों का अर्थ क्या है?

सुबह शंख ध्वनि के साथ लड़के की नींद खुली। स्नान-ध्यान के पश्चात वह नदी के किनारे घंटों टहलता रहा। कई मामलों में निरपेक्ष होना भी एक तरह का अपराध है। हमें कोई-न-कोई एक दिशा चुनना होगा, किसी-न-किसी एक दिशा में खड़ा होना होगा। लड़के ने रात को संन्यासी द्वारा कही बातों को सहस्त्र स्वीकार किया। बावजूद इसके अतीत का दुख उसके वर्तमान पर पल-पल भारी होता दिखा।

कुछ देर के बाद संन्यासी भी पूजा-पाठ से निवृत्त होकर लड़के के पास आ गया और दोनों त्रिवेणी घाट पर बैठ प्रकृति के वैभवपूर्ण सौंदर्य को महसूस करने लगे।

ये नदी, पहाड़ और इसमें बसा विविधतापूर्ण संसार। प्रकृति के बीच जो सकून है वह अन्यत्र कहीं नहीं है। लेकिन लड़का अभी शांति और सकून के इस स्तर तक नहीं पहुँच पा रहा था। कई दिनों से अपने मन में चल रही हलचलों को ज़ाहिर करते हुए उसने बताया, "मुझे याद है उस दिन किस तरह से उस छोटे बच्चे के लिए सबसे छोटी क़ब्र बनाई गई थी। और ये सिलसिला यहीं नहीं थमा। कुछ दिन बाद एक और देश में एक स्कूल में बम रख दिया गया। एक ज़ोरदार धमाके के साथ चारों तरफ़ सैकड़ों मासूम बच्चों की लाशें बिखर गईं। मुझे याद है कि किस तरह डेढ़ सौ बच्चों के लिए दुनिया की सबसे छोटी-छोटी क़ब्रें बनाई गई थीं। किस तरह से उनको दफ़नाया गया और उनकी क़ब्रों पर मिट्टी की जगह रेत डाली गई थी। उस दिन सबने ही तो अपने अंदर के बच्चे को मारने, सबने अपने हृदय को सख़्त करने की कोशिश की थी। लेकिन हम कब तक ख़ुद को मारते रहेंगे? हम कब तक ख़ुद को ख़ुद से, ख़ुद की भावनाओं से काटकर अलग करते रहेंगे?"

संन्यासी चुपचाप लड़के की बात सुनता रहा। लड़के ने कहा, "इस तरह एक बार फिर से पत्थर की उन छोटी-छोटी क़ब्रों को देख मैं विचलित हुआ, मेरा विश्वास बूरी तरह से डगमगाया। मुझे एक बार फिर से लगने लगा कि यह किसी बच्चे की नहीं बल्कि ईश्वर की मौत है। उसी ईश्वर की जिसे मैंने बचपन में ही मरा मान लिया था। मैंने अपनी जगह बदली और उस दिन से ईश्वर की तरफ़ खड़े होने के बजाय उस मासूम बच्चे की तरफ़ खड़ा हो गया। ठीक पंद्रह साल पहले जो बात मैंने उस रात अपनी दादी को बताई थी। वही बात अब इतनी बड़ी हो चुकी थी कि किसी को बताने की सोचकर भी मेरा हृदय काँप गया। मुझे वह रात अब भी याद है और हर बड़ी और विभत्स घटना पर याद आई। मैं दुख के दलदल में परस्पर अंदर तक धँसता चला गया। दादी ने बस दो बार दोहराया था कि सचमुच ईश्वर मर चुका है? और अपना प्राण त्यागकर किसी और दुनिया की ओर प्रस्थान कर गई। यह तो सर्वविदित है कि अब वह हमारे बीच नहीं, उनकी महज़ कुछ स्मृतियाँ हैं। मैं उन्हीं स्मृतियों के सहारे जीता हूँ।"

संन्यासी ने लड़के की बात को अपने भीतर महसूस किया और उस पीड़ा को भी जो उसके अंदर परस्पर किसी शांत नदी की तरह बह रही थी। लेकिन इन दुखों का अर्थ क्या है? क्या ये दुख और आँसू इंसान को कहीं पहुँचा पाते हैं? इस बात पर संन्यासी ने गहनता से विचार किया और फिर उस लड़के से पूछा, "क्या तुम्हें पता है कि स्मृतियों का सबसे महत्त्वपूर्ण उपयोग क्या हो सकता है? एक और बात, यदि स्मृति और सच दोनों सामने हों तो तुम किसे चुनोगे?"

लड़के ने कहा, "स्मृतियाँ सच से ही उपजती हैं और हमारे लिए कल्पनाओं की ज़मीन तैयार करती हैं।"

"क्या तुम किसी कल्पना की तरफ़ बढ़ने की कोशिश कर रहे हो?" संन्यासी ने पूछा।

लड़के ने कहा, "नहीं, मेरी यह कोशिश जीवन की एक और निर्मम सच्चाई तक पहुँचने की है।"

"कौन-सी सचाई?" संन्यासी ने पूछा।

लड़के ने बताया, "मैंने सुना है कि वक़्त अपने आपको दोहराता है। परंतु कब और किन मौक़ों पर? यह बात मुझे मायरा की मौत से पहले कभी समझ में नहीं आई थी। लेकिन अब जब समझ में आने लगी हैं तो मुझे बाद की सारी घटनाएँ उसी एक घटना की पुनरावृत्ति-सी लगती हैं जो मेरे जीवन के शुरुआती दिनों में मेरे साथ घटित हुई थीं।"

"कौन-सी घटनाएँ?" संन्यासी ने पूछा।

लड़के ने कहा, "मेरी दादी और फिर मायरा की मौत। मैंने एक-दो बार नहीं, अपनी छोटी-सी उम्र में सैकड़ों बार ईश्वर को देश-दुनिया और देह के अलग-अलग हिस्सों में मरते देखा है। मेरी संपूर्ण देह ही एक क़ब्रिस्तान है जिसके अलग-अलग हिस्सों में मैंने मरे हुए ईश्वर को मौक़े-ब-मौक़े दफ़नाने की जगह तैयार की है। क्या सचमुच हमारा ईश्वर इतना असहाय है? नहीं, इतना भी नहीं। शायद इसीलिए ईश्वर की मौत की सहज घोषणा हमेशा सहज ही रही, कभी मेरे लिए कोई उत्सव नहीं। ईश्वर की हर मौत पर मैं रोया, बिलखा और आँसू बहाया। मेरा हृदय कठोर हुआ। बावजूद इसके मैंने जीना नहीं छोड़ा। हर बार ज़मीन पर औंधे मुँह गिर जाने के बावजूद दोबारा उठ खड़े होने का ख़ुद में हौसला रखा, साहस जुटाया। ईश्वर ने मेरे जीवन में जो रिक्तता पैदा की उसे कभी किसी के प्यार तो कभी किसी के साथ से भरने की परस्पर कोशिश की, लेकिन एक ख़ालीपन के साथ, और वही ख़ालीपन अब भी मेरे अंदर मौजूद है। मैं अपने अंदर की रिक्तता को भरना चाहता हूँ। दरअसल, इसीलिए मैंने अपने लिए भटकाव को चुना है।"

लड़के की बातों में एक तीव्र आवेग था और गहरा ठहराव भी। संन्यासी मन-ही-मन देर तक मुस्कुराता रहा। वह लड़के की बातों से ही ऐसा पहलू ढूँढ़ लेना चाहता था जो उसे उसके जीवन तक पहुँचा सके। लेकिन सूर्य माथे पर चढ़ आया था, दोनों ने नदी में स्नान किया और आश्रम लौट आए।

लड़के ने कहा, "बिना नदी के पहाड़ पता नहीं क्यों मुझे बहुत उदास लगते हैं। कभी-कभी तो मुझे ऐसा लगता है कि पहाड़ की सारी ख़ूबसूरती ही नदियों की वजह से है। क्या कभी किसी ने किसी ऐसे पहाड़ की कल्पना की होगी जिसमें एक भी नदी नहीं हो? मैंने कभी भी ऐसी कल्पना नहीं की है।

मुझे लगता है कि पहाड़ नदियों को जन्म देते हैं और नदियाँ लंबे समय तक पहाड़ को ज़िंदा रखती हैं। मेरा ऋषिकेश आने के पीछे का मुख्य आकर्षण भी नदी ही है। नीलकंठ महादेव और गंगा मइया यहाँ के कण-कण में बसी हुई जान पड़ती हैं। यहाँ के मंदिर और आश्रम अक्सर हमें अपनी तरफ़ खींचते हैं और न चाहते हुए भी हम इस जगह के आकर्षण में बँधे चले जाते हैं।"

लड़के को इस नगर में आए अभी कुछ ही दिन बीते थे। वह इस जगह को धीरे-धीरे महसूस कर रहा था और इसके लय और ताल के साथ बहने की कोशिश कर रहा था। आश्रम से नदी की तरफ़ बढ़ते हुए उसके मन में नदी की पवित्रता और प्रवाह भर जाता था। वह बार-बार इस शहर के सम्मोहन में खो जाने को विवश होता प्रतीत हो रहा था। एक ख़याल उसके मन में आया कि कहीं वह वैराग्य की तरफ़ तो नहीं बढ़ रहा है? फिर कुछ देर बाद उसने ख़ुद ही इस ख़याल को दूर झटक दिया।

आश्रम मुख्य सड़क से तक़रीबन आधे किलोमीटर दूरी पर स्थित था जहाँ एक पतली पगडंडी जाती थी। संन्यासी का नाम सचमुच बुद्ध था, इस बात को लेकर लड़के के मन में संदेह था। वह हर रोज़ सुबह इसी पगडंडी से होकर नदी पर जाते, स्नान-ध्यान करते और आश्रम लौट आते थे। शाम को भी उनका यही क्रियाकलाप था। स्नान-ध्यान और ईश्वर-भक्ति, यही उनका पूरा जीवन था।

वह लड़का इन सब बातों को हर रोज़ समझने का प्रयास कर रहा था। कुछ हद तक समझ भी गया था लेकिन कुछ ऐसे सवाल थे जिनका जवाब उसे अभी भी नहीं मालूम था। वह अपने तमाम सवालों के जवाब को ढूँढ़ने ही तो इस जगह पर आया था। पर वह अभी भी अपने अतीत से बाहर नहीं निकल पाया था और वह संन्यासी उसकी तर्कशक्ति को देखकर हतप्रभ था।

वह चाहता था कि लड़का अपने अतीत के उलझाव से बाहर निकले और भविष्य की तरफ़ देखे। लेकिन जब तक वह लड़के की बातों और विचारों को अच्छी तरह नहीं समझ जाता तब तक उसे किसी तरह का सुझाव नहीं दे सकता था। इसलिए लड़के से वह ख़ूब बातें करता और उसके मन की हलचल को समझने का प्रयास करता रहता था।

संन्यासी ने लड़के को अपनी बात कहने का भरपूर मौक़ा दिया। वह उसकी बात को बेहद ही गंभीरता से सुनता और जब बहुत ज़रूरी होता तो उस पर प्रतिक्रिया भी देता था। कुछ दिन बाद उसे समझ में आया कि लड़का मौत के विछोह से वर्षों बाद भी बाहर नहीं निकल पाया है। एक लंबा वक़्त गुज़र जाने के बावजूद वह उसके मन के किसी हिस्से में ज़िंदा है जिनसे वह परस्पर सवाल करता रहता है। लेकिन कुछ सवाल ऐसे भी हैं जिनके बारे में संन्यासी पूरी तरह से स्पष्ट नहीं हो पाया था। जैसे कि मायरा कौन थी? लड़के की दोस्त या फिर प्रेमिका? उसका नहीं होना ही उसके ज़ख़्मों को हरा कर गया था। लेकिन मायरा का इस दुनिया से चले जाना एक बार फिर से उसे अपने अतीत और दादी की पूर्व की स्मृतियों में पहुँचा दिया था।

लड़के को लग रहा था कि इन घटनाओं की पुनरावृत्ति ठीक नहीं। ईश्वर उससे बदला ले रहा है। उसे लग रहा था कि उसकी सारी लड़ाइयाँ किसी और से नहीं बल्कि ईश्वर से हैं। शायद, इसीलिए वह ईश्वर के ख़िलाफ़ युद्ध की बार-बार घोषणा कर रहा था। लेकिन वह यह नहीं समझ पा रहा था कि ईश्वर कोई बाहरी शक्ति नहीं है। यह एक आंतरिक सत्ता और आंतरिक शक्ति है। ईश्वर को मारना ख़ुद को मारना है, अपने आपको जीवन और प्रकृति से अलग-थलग करना है।

संन्यासी इस बात को भलीभाँति समझता था कि हम सबका ईश्वर किसी मंदिर, मस्जिद, चर्च और गुरुद्धारे में नहीं रहकर हमारे हृदय और आत्मा में रहता है। हमारा हृदय और आत्मा हमारे ईश्वर का घर है। जब हमारा ईश्वर अपने इस घर से खो जाता है तब हम उसे किसी मंदिर, मस्जिद, चर्च और गुरुद्धारे में अथवा अन्यत्र ढूँढ़ते हैं। हम यात्रा करते हैं, ख़ुद से दूर भागते अथवा पास आते हैं, एक समीकरण बनाने की कोशिश करते हैं और नहीं बन पाने की स्थिति में भटकाव को जीने लग जाते हैं।

यह बात हमारी समझ में आती है लेकिन इस बात को भी हमें समझना होगा कि सचमुच कई बार दुख भारी होता है। लड़के का दुख भी उस पर भारी था। एक तरह से देखा जाए तो मायरा और अनिका का उम्र के दो अलग-अलग मोड़ों पर आना, उस लड़के के जीवन में आकर अपनी जगह

पुख़्ता करना, पीछे छूट चुके जीवन को भुला देने की ही एक कड़ी थी। ऐसा नहीं कि उसने कोशिश नहीं की थी, पर ज़्यादा कुछ हासिल नहीं कर पाया।

मायरा उसका अतीत थी, अनिका भविष्य और इस अतीत और भविष्य के मध्य में समय का एक भारी अंतर था। वह और उसके ख़याल एक साथ बड़े हो रहे थे। वह लड़का दोनों के मध्य में खड़ा था। अपनी उम्र का एक बहुत बड़ा हिस्सा अपनी दादी के नहीं होने के पश्चात वह इन दोनों लड़कियों के साथ और सान्निध्य में जिया। इन दोनों ने ही उस लड़के के जीवन में उस एहसास को भरा जो दादी के जाने के बाद वर्षों से ख़ाली पड़ा था। जिसकी वजह से उसे जीने की एक ख़ूबसूरत वजह मिलने के साथ-साथ उसमें स्थायित्व भरी ज़िंदगी जीने का हौसला पैदा हुआ।

और फिर एक दिन दुबारा सब कुछ बिखर गया। ये बिखराव ही उसे घर से निकलने के लिए उद्वेलित किया। यह भटकाव ही घर-गृहस्थी और समाज से उसे इतनी दूर तक लेकर आया।

07

भटकाव का मार्ग

मायरा उस लड़के की ज़िंदगी में आई पहली लड़की थी जो स्कूल से लेकर कॉलेज के सफ़र तक उसके साथ रही और अनिका उसकी कल्पना में उपजी थी मगर वह महज़ उसकी कल्पना तक सीमित नहीं रही। लड़के ने इस बार जब इन दोनों नामों का ज़िक्र किया तो संन्यासी रुक-सा गया। क्योंकि उसकी बेटी का भी नाम अनिका था जिसने सब कुछ छोड़कर अपना ख़ुद का जीवन चुन लिया था। वह पिछले कई सालों से कहाँ है संन्यासी को इसकी ख़बर तक नहीं।

"अनिका!"

ये नाम जाने-अनजाने में ही संन्यासी को असहज कर गया। लेकिन लड़के के सामने उसने कुछ भी ज़ाहिर नहीं किया। सहज भाव से उसने लड़के से पूछा, "तुम उससे कब मिले और कैसे जानते हो?"

लड़के ने कहा, "मैं नहीं जानता, उस लड़की का संबंध मेरे अंदर के मासूम बच्चे से है। वह मेरा ही हिस्सा है लेकिन कई मायने में मैं उसे पृथक करके देखता हूँ। क्योंकि उसके और मेरे जीवन में बहुत अंतर है।"

लड़का जब अपनी उम्र के साथ-साथ बड़ा हो रहा था तो पहली बार उस लड़की के संबंध में उसे गाँव के उन चरवाहों ने बताया था जो नेपाल की तराई में अपनी भेड़ें चराने ले जाया करते थे। उन चरवाहों के अनुसार, उस लड़की का घर दो घाटियों के बीच एक ऐसी पहाड़ी पर था जहाँ आसमान झुकता था, जहाँ हर रोज़ बादल उतरते थे।

लड़के ने अब तक का अपना बचपन उसी लड़की की कल्पना में बिताया था और जब बड़ा होने लगा तो हर दिन उससे मिलने के बारे में सोचा करता था। लेकिन उसके पास उस लड़की तक पहुँचने का कोई रास्ता नहीं

था। वह लड़का वर्षों तक चरवाहे का जीवन जीता रहा ताकि आगे चलकर एक अच्छा घुमक्कड़ बन पाए। लेकिन दादी के नहीं होने के बाद उसे स्कूल भेज दिया गया जहाँ उसकी मुलाक़ात पड़ोस की एक लड़की मायरा से हुई। मायरा उसके जीवन की वास्तविक सच थी और अनिका आभासी। बावजूद इसके लड़के ने अनिका को अब तक अपनी स्मृतियों में ज़िंदा रखा और मौक़े-बेमौक़े इस बात को मायरा के सामने भी ज़ाहिर किया कि उसे अपने जीवन में बचपन से ही एक लड़की की तलाश रही है। मायरा उसकी बात पर हँसती थी लेकिन उसकी मासूमियत से प्यार भी करती थी और उसे हमेशा यही लगता था कि ऐसी कोई लड़की नहीं है और धीरे-धीरे उस लड़की की ख़ाली जगह को ख़ुद ही भरने लगी थी।

लड़का मायरा के साथ उतना ही ख़ुश था जितना कि अनिका के साथ हो सकता था। एक वक़्त तक दोनों साथ रहे फिर धीरे-धीरे उसकी उपस्थिति कम होने लगी और बची सिर्फ़ अनुपस्थिति। वह उसकी अनुपस्थिति को महीनों तक बिलकुल वैसे ही जीता रहा जैसे कि अपनी दादी की अनुपस्थिति को वर्षों से जी रहा था।

फिर एक वक़्त बाद मायरा और उसकी स्मृतियाँ उसके जीवन का अहम हिस्सा बन गईं। वह लड़की जो उसकी मन की कल्पना में थी, मायरा के आने के बाद हर दिन उसकी कल्पना से ग़ायब होती रही। लेकिन एक वक़्त बाद जब दादी नहीं रही तो बची सिर्फ़ उसकी स्मृतियाँ जो एक वक़्त बाद उसके जीवन में ख़ालीपन पैदा करने लगीं और दिलो-दिमाग़ को क़ब्ज़ाने पर आ गईं, उसको दुबारा भटकाव की तरफ़ लेकर गईं।

एक तरह से देखा जाए तो लड़के के जीवन में ख़ालीपन की ये कड़ियाँ एक-एक करके पहले से जुड़ती रही थीं। बावजूद इन सबके मानवता के प्रति उसका विश्वास हमेशा से ही प्रगाढ़ रहा। अपने अंदर मानवीय कड़ियों को ज़िंदा रखने की उस लड़के ने हर ज़रूरी कोशिश की। किताबें पढ़ी, जीवन गढ़ा, न जाने कितने निरुद्देश्य चीज़ों को अपने जीवन का उद्देश्य बनाया। टूटने, बिखरने, तबाह होने के बावजूद हर बार उठ खड़े होने को आख़िरकार एक दिन उसने अपने जीवन की आदर्श स्थिति बना लिया।

वह लड़का जो भौतिक सुख-सुविधाओं से कोसों दूर कभी महज़ इसलिए एक चरवाहे का जीवन जीना चाहता था ताकि वह उस लड़की से मिल सके जिसके सपने देखता था। एक घुमक्कड़ की ज़िंदगी जीने की चाह रखने वाले लड़के ने अंततः ख़ुद के लिए पढ़ने-लिखने, नंबर लाने, प्रतियोगी परीक्षाओं में भाग लेने को सफलता का मानक घोषित कर दिया। जबकि यह सब कभी उसके जीवन की प्राथमिकता में था ही नहीं।

जीवन शायद ऐसा ही है। जिन चीज़ों को जीना है वे नसीब में ही नहीं। जिन्हें नहीं जीना वही नसीब बन जाती हैं। हम इंसान जीवन जीने के लिए न तो स्वच्छंद हैं और न ही पूरी तरह से आज़ाद। सच कहूँ तो आज़ाद सिर्फ़ पैदा हुए थे, उसके बाद की हमारी हर कोशिश हमें ग़ुलामी के चौखट तक लेकर गई। परिस्थितियों के द्वारा हमें जीवन के तमाम तरह के झंझावातों में धकेल दिया गया।

आख़िरकार, एक दिन वह लड़का भी उसी भीड़ का हिस्सा बनकर रह गया जिसमें लाखों लोग पहले से शामिल थे। कई बार उसे घुटन महसूस हुई। वह इनसे निकलने का प्रयास किया। लेकिन उसकी चीख़, चिंघाड़ और दर्द के क्षणों में उसके पास कोई नहीं था। यहाँ तक कि ईश्वर भी उसके जीवन से हमेशा ही ग़ैरहाज़िर रहा। ऐसे में ईश्वर के प्रति सहृदयता का भाव किशोरावस्था से युवावस्था में पहुँचने के बाद भी नहीं आया। ईश्वर के प्रति उसका स्वभाव हर दिन कठोर होता गया। वह काफ़ी समय तक उसी में भटकता रहा और एक लंबे भटकाव के पश्चात अपनी राह को चुना। वह अथाह दुख के सागर में डूबा रहा और एक रात झुंझलाहट में अपनी दिल्ली की अच्छी-ख़ासी ज़िंदगी को छोड़कर निकल पड़ा।

वह जीवन के तमाम तरह के भटकाव और पूर्वाग्रहों से होते हुए यहाँ पहुँचा और तमाम तरह के विचारों और सवालों के बीच खड़ा एक किसी ऐसे रास्ते की तलाश में लग गया जो इन सबसे उसे बाहर निकाल सके। लेकिन यह इतना आसान नहीं था। किसी का नहीं होना लंबे समय तक जीवन को ख़ाली कर जाता है। यह स्थिति एक लंबे अरसे तक उसके मध्य बनी रही थी फिर भी मायरा के होने ने उसे हमेशा स्थिर रखा था। लेकिन अब जब

वह नहीं रही तो उसका जीवन एक बार फिर से अस्थिर होकर पूरी तरह से बिखर पड़ा था। अब यह स्थिति उससे और नहीं झेली जा रही थी। सब कुछ छोड़कर उसने अपने लिए भटकाव का मार्ग चुना।

भीड़ छटी तो एक बार फिर से वही बात समझ में आई कि इस दुनिया में हम अकेले आए हैं, अकेले ही जाना है। यहाँ हमारा कोई अपना, कोई ईश्वर नहीं है और सब कुछ छोड़कर एक रात वह निरुद्देश्य घर से निकल पड़ा। कहाँ? ये उस लड़के को भी नहीं पता था।

लोग कहते कि तुम भटक गए हो। सच ही तो कहते हैं, यह घुमक्कड़ी एक भटकाव ही तो है। लेकिन उस लड़के को यह नहीं स्पष्ट हो पाता था कि लोग मन के भटकाव की बात कर रहे हैं क़दमों की नहीं।

संन्यासी ने उसे बताया, "मन का भटकाव कभी निरुद्देश्य नहीं होता और क़दम एक बार जो निकल पड़े, कहीं पहुँचेंगे ही। इसलिए दोनों ही बातें जीवन को स्थायित्व की तरफ़ ले जाती हैं और इस बात की आश्वस्ति दिलाती हैं कि सब कुछ ठीक और अपनी जगह पर है।"

कभी-कभी उस लड़के को यह भी लगता था कि हम खोए हुए लोग हैं। लेकिन खोए तो सभी हैं, कोई अपनी बेहद ही सीमित जगह में खोया है तो कोई अपने दायरे से थोड़ा बाहर निकलकर देश-दुनिया में खोया है। कोई भी ऐसा व्यक्ति नहीं जो दुनिया के इस मेले में खोया नहीं हो।

ऐसे में यदि कोई यह कहता है कि वह होशो-हवास में है तो यह उस अमुक के लिए भ्रम की बहुत ही ख़तरनाक स्थिति है। इस स्थिति से बाहर निकलने का एकमात्र विकल्प अब उस लड़के को यह भटकाव ही समझ में आता है। लड़के को उस कवि की कही बातों पर विश्वास है जो यह कहता है कि अगर मेले में भटकेंगे तो कभी-न-कभी तो घर पहुँच ही जाएँगे लेकिन अपने घर में ही भटक जाएँगे तो कहाँ पहुँचेंगे?

इस लिहाज से उसने घर से निकलने के पश्चात अपने मन और क़दमों दोनों को खुला छोड़ दिया है। बस भटक रहा है, लेकिन यह भटकाव उसे कहाँ तक ले जाएगा उसे अभी भी कुछ भी नहीं पता। क्योंकि यह भटकाव एक दो दिन का नहीं पिछले कई सालों का है। कभी नदी के साथ, कभी

जंगल के साथ, कभी पहाड़, रेगिस्तान, पठार, समतल, धरातल तो कभी सागर के साथ। इस बीच उस लड़के को यह भी समझ में आ गया था कि यह दुनिया बहुत बड़ी है और इंसान का भटकाव बहुत ही छोटा और सीमित। इतना छोटा कि यह उस अमुक के अलावा किसी और को दिखाई भी नहीं देता होगा।

सवाल यह है कि आख़िर यह भटकाव जीवन में आया कहाँ से? आत्मज्ञान से और कुछ हद तक जीवन में उत्पन्न हुई स्थितियों-परिस्थितियों से! दरअसल, इस छोटे से वक़्त में लड़के ने जीवन कम, मौतें ज़्यादा देखी हैं। यह मौत बहुत सारे सवालों के साथ हमारे भीतर एक उदासीनता, एक वैराग्य भाव और नास्तिकता भी छोड़ती है। यह भाव एक भटकाव के साथ उस लड़के में भी मौजूद था।

लड़के का मानना था कि अगर सचमुच ईश्वर ज़िंदा होता तो अपने खोल से निकलकर बाहर आ जाता और कम-से-कम एक बार किसी दोस्त की तरह गले में हाथ डालकर कहता, "क्या हुआ? तुम इतने परेशान क्यों हो? मैं सब ठीक कर दूँगा। लेकिन ऐसा कभी हुआ नहीं।"

एक ही घटना की बार-बार पुनरावृत्ति उसी ईश्वर के मौत का प्रमाण है। सवाल थोड़े जटिल हैं लेकिन हम इंसान एक ही उम्र में जाने कितनी बार पैदा होते और कितनी बार मरते हैं। वह लड़का ख़ुद इस राह पर चलते हुए कितनी बार मरा है! परंतु इस बार वह अकेले नहीं, अपनी कुछ मामूली कहानियों और उनके उन तमाम पात्रों के साथ मरना चाहता है, जिन्होंने उसे और उसके जीवन को दिशा दी है। यह मौत नहीं एक तरह से मुक्ति का मामला है।

लड़के ने कहा, "ईश्वर मर चुका है, यह चार शब्द की छोटी-सी घोषणा मेरे लिए कभी भी आसान नहीं रही है। इस घोषणा के साथ मैंने हर बार ख़ुद को ख़ाली होते पाया है, हर बार अपने अंदर के ज़िंदा बच्चे को मारने का काम किया है। मैंने बहुत ही निर्दयता से अपने बचपन और उसकी सहजता को ख़ुद के जज़्बात तले कुचला है।"

"ऐसे में क्या ख़ुद को बचा पाना संभव है?" संन्यासी ने पूछा।

लड़के ने कहा, "हर बार मैं एक टुकड़ा ख़ुद में से ख़त्म हुआ हूँ। हमेशा

स्थितियाँ एक जैसी नहीं रही हैं। अपनी दादी की मौत से पहले मैंने एक बच्चे की मौत देखी थी लेकिन मायरा के मौत से पहले एक बच्चे की किलकारी सुनी थी। इसीलिए अपनी ही बात को झुठलाते हुए उससे कहा, 'ईश्वर ज़िंदा है।' सच कहूँ तो मौत जब सामने होती है तो इंसान स्वार्थी हो जाता है। मायरा की ज़िंदगी और उसकी मौत के मध्य लम्हे भर की दूरी थी। वह मर रही थी, मैं स्वार्थी हो गया था। दादी की मौत के बाद जितना कुछ ख़त्म हुआ था, इस एक झूठ को बोलकर इस बार वही सब कुछ बचा लेना चाहा था। बावजूद इसके किसी को नहीं बचा पाया। दो ज़िंदगियाँ मेरी आँखों के सामने एक साथ ख़त्म हो गईं, तीनों ही मौतें मुझ पर ताउम्र भारी रहीं।

"वह अजन्मा बच्चा हमारे भविष्य का संकेत था–उस बच्चे का हम दोनों ने तो नाम तक सोच लिया था। वह अगर इस दुनिया में आता तो शायद यहाँ से काफ़ी कुछ बदल जाता। एक नयी ज़िंदगी, एक नये अध्याय की तरफ़ हम बढ़ जाते। लेकिन ईश्वर को शायद कुछ और ही मंज़ूर था। शायद, उसने हमारे लिए कुछ और लिख रखा था। उससे हमारी यह मामूली ख़ुशी भी नहीं देखी गई और हमारे सामने मुसीबतों का पहाड़ टूट पड़ा।"

संन्यासी बीच में बोला, "शायद!"

लड़के ने कहा, "कभी-कभी सोचता हूँ कि वह बच्चा जो जन्म के साथ ही मर गया, आख़िर उसका कसूर क्या था? यह बात मुझे आज तक समझ में नहीं आई और ईश्वर मेरा विश्वास हासिल करने में यहाँ पर आकर फिर से चूक गया। यह मेरे जीवन का वह मोड़ था जहाँ पर मुझमें नास्तिकता का भाव थोड़ा और गहरा हुआ। बात हमेशा अच्छे, बुरे और इंसानियत पर आकर ख़त्म हो जाती है। लेकिन क्या कोई बताएगा कि अपनी मामूली और आधारभूत ज़रूरतों के लिए दिन-रात लड़ाइयाँ लड़ने वाले हम इंसान आख़िर ग़लत कहाँ हैं? हमने ऐसा कौन-सा गुनाह किया है जिसका हर अंत हमें मौत के दरवाज़े पर लेकर जाता है?" लड़के का सवाल काफ़ी हद तक जायज़ था।

हम इंसान दरअसल उम्मीदों में जीते हैं और हर घटना, बड़े से बड़े दुख को भी भुलाकर वक़्त के साथ सामंजस्य बैठाने अथवा आगे बढ़ जाने

का मामूली साहस अपने पास रखते हैं। जीते जी मरना नहीं चाहते, इसलिए नाउम्मीदी के घोर क्षणों में भी उम्मीद की कोई-न-कोई वजह ढूँढ़ ही लेते हैं। हम दुख में भी हँसने की कोशिश करते हैं। हम हर बार थकने और हारने के बावजूद जीवन को चुनते हैं। परंतु हर बार वक़्त का ख़ुद के द्वारा दोहराया जाना तथा घटनाओं की पुनरावृत्ति फिर से हमें उसी समय में पहुँचा देती है, वर्षों पहले जहाँ से हम चले होते हैं। आख़िरकार, हम दोबारा वहीं पहुँच जाते हैं; हम इंसान चाहकर भी अपने अतीत से कभी बाहर नहीं निकल पाते।

इन सबके बीच ग़लत और जवाबदेह कौन है?

लड़के ने कहा, "मेरे साथ दिक़्क़त यह है कि मैं हमेशा से ही उस सात साल के बच्चे की उँगली पकड़कर चलता रहा हूँ। समय के साथ उस हद तक मैं ख़ुद को नहीं बदल पाया जितना कि बाक़ी के लोग बदल जाते हैं। अच्छी-ख़ासी उम्र जी लेने के बाद एक बार फिर मेरा बचपन मेरे साथ-साथ चल रहा है। मैं अपने बचपन का साथ कभी छोड़ना भी नहीं चाहता हूँ। मैं चाहता हूँ कि मेरी मासूमियत मुझमें एक लंबे समय तक ज़िंदा रहे। और मैं उस लड़की से भी एक दिन मिल पाऊँ जिसका घर दो घाटियों के बीच एक ऐसी पहाड़ी पर स्थित है, जहाँ आसमान आकर झुकता हुआ प्रतीत होता है, जहाँ बादल उतरते हैं।"

08

आख़िर जाना कहाँ है?

संन्यासी के साथ संवाद करते हुए लड़के ने स्वीकार किया कि उसे उस बच्चे की उँगली पकड़कर चलने के बजाय अपनी उम्र का हाथ पकड़कर चलना पड़ा, और वह एक वैचारिक यात्रा पर निकल पड़ा, जिसमें उसका वर्तमान, भविष्य और अतीत तीनों ही शामिल था।

'सचमुच, एक दिन तो हमें समझना होगा कि मौत भविष्य का कोई सपना नहीं बल्कि अतीत का जिया गया सच है। हम बार-बार अपने-आपको दोहराते हैं। हम बार-बार एक ही मौत को ताउम्र मरते रहते हैं और एक दिन पूरी तरह से ख़त्म हो जाते हैं। कभी-कभी तो मुझे समझ में आता है कि मरना नहीं, ख़त्म हो जाना मौत है। मैंने लोगों को जीते जी ख़त्म होते देखा है। मेरी आँखों पर एक धुँधलका है।'

लड़के ने ख़यालों से बाहर निकलकर दुख भरे मन से संन्यासी से सवाल किया। "क्या मैं सचमुच अपने आपको ख़त्म कर रहा हूँ?"

संन्यासी ने कहा, "नहीं, तुम ख़त्म नहीं हो रहे। ये सारी चीज़ें एक टुकड़ा ख़ुद को बचा लेने की कोशिश का हिस्सा हैं। लेकिन यह भी उतना ही सच है जितना कि नींद में देखे गए सपने होते हैं। तुम्हें इस स्थिति से बाहर निकलना होगा। तुम ज़्यादा दिन तक यहाँ सहज नहीं रह सकते।"

संन्यासी के जवाब से लड़के का अंतर्द्वंद्व शांत नहीं हुआ।

लड़के ने कहा, "मेरे जीवन में दो कहानियाँ एक साथ चल रही हैं। मैं अब भी अपनी अतीत की उन्हीं दो कहानियों के मध्य उलझा हुआ हूँ। हालाँकि इन दोनों घटनाओं के मध्य थोड़ा-सा फ़र्क़ है। ईश्वर एक ही लम्हे के अंतराल पर उस दिन दो बार मरा था। मेरी दादी की दोनों मौतों के मध्य उम्र का एक भारी अंतराल है। पंद्रह साल कोई मामूली समय नहीं होता और

समय का यह अंतराल ही मेरे सारे दुखों के पनपने की जगह है। क्या आप ये जानते हैं कि ऐसा क्यों है?"

"यह भला मैं कैसे जान सकता हूँ?" संन्यासी ने जवाब देने के बजाय सवाल किया।

लड़के ने कहा, "दरअसल, यह उम्र मेरे लिए हमेशा से ही एक कैनवास की तरह रही है। मुझे हमेशा से ही यह लगता रहा है कि इसमें दुख और सुख से इतर भी कुछ रंग भरा जा सकता है। क्योंकि जीवन में सब कुछ काला और सफ़ेद नहीं होता। इन दोनों के बीच कुछ ग्रे शेड्स भी होते हैं। बस हमें जीवन के इन तमाम रंगों को जीना आना चाहिए। मैंने अपनी अधिकतर ज़िंदगी काले और सफ़ेद से इतर उसी ग्रे शेड्स वाले हिस्से में गुज़ारी है। मैंने तमाम तरह के दुखों में रहते हुए भी तमाम तरह की इच्छाएँ पाली हैं। अपने अंदर तरह-तरह की महत्त्वाकांक्षाओं को जन्म दिया है। यह उम्र मेरे लिए एक बहुत बड़ा कैनवास उपलब्ध कराती रही है। कभी-कभी सोचता हूँ कि काश, यह उम्र का ख़ाली कैनवास होता जिस पर मैं अपने जीवन को नये सिरे से लिख पाता। इस भरे कैनवास पर पहले से ही तरह-तरह की दुख और सुख की इबारतें लिखी गई हैं। जिस पर हर्ष और हताशा के पहले से ही रंग चढ़े हुए हैं। जिसमें मेरा पीछे छूट चुका संपूर्ण जीवन शामिल है। कुछ इबारतें चटक हैं तो कुछ धुँधली, कुछ रंग गाढ़े हैं तो कुछ हल्के। परंतु हर रंग के कुछ-न-कुछ अपने अर्थ और मायने हैं। लेकिन घटनाओं की पुनरावृत्ति ने एक बार फिर से उन सारे रंग के संयोजनों और समीकरणों को ख़राब कर धूसर रंग भर दिया है।"

इतना कहकर लड़का शांत हो गया।

"रंग तो रंग होते हैं। इसमें स्याह और सफ़ेद क्या? चटक और धूसर क्या?" संन्यासी ने लड़के से पूछा तो लड़के के चेहरे की उदासी में मानो कुछ और रंग घुल गए। लड़के ने ख़ुद को सँभालना चाहा, बावजूद इसके मायरा की यादों से बाहर नहीं निकल पाया। उसने कहा, "दादी को भूल जाऊँ तो भी मायरा की असहज मौत मुझे एक बार फिर से ख़ाली कर रही है। जीवन से हर रंग को एक-एक करके मैं अपनी आँखों से ग़ायब होते देख

रहा हूँ। मुझे पता है कि कुछ दिन बाद ना तो काला बचेगा और न ही सफ़ेद, वह ग्रे शेड्स भी मर जाएगा। जीवन में बस यही धूसर रंग रह जाएगा। रंगों की मौत का एक अर्थ उदासी और दूसरा उदासीनता है। मेरी ज़िंदगी मुझे इस वक़्त पहले अर्थ के समीप घूमती नज़र आ रही है। ज़िंदगी ने एक बार फिर से मुझे ऐसे मोड़ पर लाकर खड़ा कर दिया है, जहाँ से ख़ुद को दोहराया जाना जीवन की एक अनिवार्य शर्त बन गई है। मैं पीछे छूट चुकी बातों को एक बार फिर से जीकर ख़त्म कर देना चाहता हूँ। मैं भविष्य की तरफ़ उन्मुख होने के बजाय एक बार फिर से अपने अतीत के दरवाज़े पर खड़ा हूँ। उन तमाम बिखरे रंगों को पुनः समेटने की कोशिश कर रहा हूँ जिनसे जीवन बनता है।"

"तो तुम जो अभी जी रहे हो वह जीवन नहीं है?" संन्यासी ने सवाल किया।

लड़के ने कहा, "मायरा अक्सर कहती थी कि जीवन वह नहीं जो हम जी चुके। बल्कि जीवन वह है जो जीना अभी बाक़ी रह गया है। लेकिन क्या कोई अपने अतीत से उबरे बिना भविष्य की कल्पना भी कर सकता है?"

"नहीं।" संन्यासी ने जवाब दिया।

लड़के ने कहा, "मैं कर रहा हूँ। परंतु वहाँ कुछ स्पष्ट नहीं। अनिका! हमेशा से ही मैंने जिसे अपनी कल्पनाओं में देखा है। वह भविष्य का कहीं कोई कोरा ख़्वाब तो नहीं? उसे लेकर मन में एक संदेह पैदा होता है और हर बार मैं लौट आता हूँ!"

'अनिका?' इस नाम को सुनकर संन्यासी एक बार फिर से अटका। एक बार फिर से उसे अपनी बेटी का चेहरा याद आया। ऐसे जैसे कि इस लड़की को वह जानता हो, बावजूद इसके उसने लड़के से कोई सवाल नहीं किया। लेकिन उसके हाव-भाव से लगा कि इस नाम को सुनकर वह विचलित हो रहा है।

लड़के ने संन्यासी के मनोभाव को भाँपने का प्रयास किया पर कुछ भी स्पष्ट नहीं कर पाया। उसने कहा, "अनिका के होने और नहीं होने को लेकर मैं पूरी तरह से स्पष्ट नहीं हूँ। शायद वह किसी कलाकार की कल्पना का महज़ एक हिस्सा है, जिसे मेरी स्मृतियों में उस कलाकार ने बहुत ही

ख़ूबसूरती से डाल दिया है। मैं उसे छूने की कोशिश करता हूँ, लेकिन कभी भी छूकर महसूस नहीं कर पाता हूँ। शायद इसीलिए भविष्य की तरफ़ ताकने के बजाय आजकल मैं अतीत के उसी भरे हुए कैनवास के अंदर प्रवेश करने की जद्दोजहद में हूँ जिस पर हर्ष और हताशा के पहले से ही कई गाढ़े रंग चढ़े हुए हैं। इस बीच मेरा संदेह और संशय हर पल बड़ा होता दिख रहा है। एक बार को मन में आता है कि ईश्वर के सामने आत्मसमर्पण कर दूँ। लेकिन समझ में नहीं आ रहा कि अभी जो मेरे हाथों में है, वह लाश किसकी है? मेरी दादी की या फिर मेरी प्रेमिका की? मैं विचलित हो रहा हूँ। अपनी स्मृतियों और कल्पनाओं के बीच बहुत ही बूरी तरह से फँस चुका हूँ। अपने अब तक के जीवन को मैं एक लम्हे के भीतर सिमटता देख रहा हूँ। लोग कहते हैं कि भुला दो, दरअसल यही मैं भी चाहता हूँ लेकिन यह कोई किताब अथवा काग़ज़ का महज़ टुकड़ा नहीं, जिसे दो उँगलियों से पलटकर आगे बढ़ जाया जाए।"

"किताबों और जीवन में यही मूल अंतर है। किताबों में प्रवाह होता है, जीवन में ठहराव।"

"इस वक़्त जहाँ मैं खड़ा हूँ यह ज़िंदगी है, इसलिए अथाह दुखों के बावजूद यहाँ ठहरना पड़ता है। सवालों से भागने के बजाय हर बार उनमें उलझना होता है। हम घटनाओं का पैटर्न ढूँढ़ने की कोशिश करते हैं। इस वक़्त मैं सवालों के भँवर में खड़ा हूँ और यह सोच रहा हूँ कि मायरा की मौत भी कहीं मेरी दादी की मौत की पुनरावृत्ति तो नहीं? यह सवाल किसी हथोड़े की तरह मेरे सर पर ज़ोर-ज़ोर से पड़ रहा है। मैं चोटिल और हारा हुआ महसूस कर रहा हूँ! मन दुख और विषाद से भरा हुआ है। हृदय दर्द से छलनी हुआ जा रहा है। काश कि उस बच्चे की तरह मैं भी ईश्वर को अपनी आत्मा में पैदा कर पाता और उस रात की ही तरह आज भी उसकी मौत की घोषणा कर अपने सारे दुखों और शोक से मुक्ति पा सकता! काश कि उस दिन जिस तरह से उसने अपने बचपन को मार दिया था, मैं अपनी तरुणाई को भी मार पाता! लेकिन यह इस उम्र में आकर संभव नहीं है। ख़ुद को बहलाना पहले जितना आसान नहीं रहा। वह बच्चा अपनी बाल्यावस्था से

निकलकर तरुणाई में प्रवेश कर गया है। वह ईश्वर की मौत की झूठी और भ्रामक घोषणा मात्र से संतुष्ट नहीं हो सकता और वह मासूम बच्चा ईश्वर को मारकर हर बार ख़ुद को ही तो मारता रहा है! नहीं, अब वह ख़ुद को नहीं मार सकता। वह अब बड़ा हो गया है और ख़ुद को एक टुकड़ा भी ख़त्म कर देने से बुरी तरह डर जाता है।"

एक उम्र के बाद इंसान मर जाता है, पर मर जाने के बावजूद ख़त्म नहीं होना चाहता है। उसकी कोशिश हर हाल में कुछ-न-कुछ बचा लेने या फिर बचे रहने की रहती है। इसे ही शायद लोग आम बोलचाल की भाषा में परिपक्वता कहते हैं।

"एक उम्र के बाद हमारा दिल-दिमाग़, मन और आत्मा सब परिपक्व हो जाते हैं।" संन्यासी ने लड़के की कही बात में अपनी बात को जोड़ दिया।

लड़के ने सहमति जताई और कहा, "इतने बड़े बिखराव के बाद भी मैं ख़ुद को मारना नहीं, एक टुकड़ा बचा लेना चाहता हूँ। अपने अंदर की मरती हुई इंसानियत को बचा लेने की एक अनवरत लड़ाई लड़ रहा हूँ। अपने अतीत में उतरकर हर उस जगह को अपने स्पर्श से ज़िंदा कर देना चाहता हूँ जहाँ से होकर कभी हम गुज़रे थे। मैं दुखी नहीं हूँ और न ही उदास। बस एक रास्ते की तलाश है जो मुझे मेरे जीवन तक पहुँचा सके। दरअसल, मैं विचलित हूँ और एक लंबे भटकाव को जी लेने के बाद भी नहीं पता कि मुझे जाना कहाँ है? दरअसल, मुझे एक ऐसे रास्ते की तलाश है जिस पर लंबे समय तक चला जा सके।"

09

घुमक्कड़ी का मार्ग

जिस रास्ते पर लड़का चल रहा था, वह घुमक्कड़ी का मार्ग कहलाता है। यह काफ़ी अच्छा मार्ग है पर भटकाव इसका मूल तत्व है। लड़के को लगा था कि इस भटकाव से उसे अपने तमाम सवालों के जवाब मिलेंगे लेकिन अभी तक के सफ़र में जवाब कम, सवाल ज़्यादा मिले थे। ऐसा नहीं कि इन सबके बीच जीवन नहीं था, पर एक उलझाव इस जीवन के साथ-साथ चल रहा था।

संन्यासी ने कहा, "यह एक अजीब या फिर अलग तरह का जीवन है। इन सबसे तुम क्या हासिल करना चाहते हो, तुम्हारा उद्देश्य क्या है?"

लड़के ने कहा, "यह तो मुझे भी नहीं पता। वक़्त जो मर चुका है, मैं उसे अपनी स्मृतियों के सहारे एक बार फिर से ज़िंदा करने की कोशिश में हूँ।"

संन्यासी ने कहा, "और वह लड़की? उसकी मृत्यु कैसे हुई?"

"दरअसल, वह माँ बनने वाली थी।" लड़के ने जवाब दिया।

"शादी?" संन्यासी ने पूछा।

लड़के ने कहा, "शादी नहीं हुई थी। हम दोनों प्रेम में थे और प्रेम में ही एक बच्चे को जन्म देना चाहते थे। शायद, इसी बात से ईश्वर नाराज़ हो गया। उसका व्यवहार मेरे प्रति बिलकुल वैसा ही हो गया जैसा कि दादी की मौत के वक़्त था। हमारे बुरे दिनों में ईश्वर का व्यवहार कितना सख़्त हो जाता है न? मैंने अपने जीवन में ईश्वर की कठोरता को बार-बार देखा है। वह हमेशा से मेरे लिए निर्दयी ही था और निर्दयी ही रहा। मैं कभी भी ईश्वर को अपनी संवेदना की दृष्टि से नहीं देख पाया।"

"प्रेम में हम दोनों ख़ुश थे और एक अच्छा वक़्त जी लिया था। यह तय कर लिया था कि दोनों मिलकर एक बच्चे को जन्म देंगे ताकि प्रेम से जीवन

की तरफ़ बढ़ा जा सके। मायरा को मेरी परवाह थी और वह कहा करती थी कि वह घुमंतू लड़का जिसका जीवन अधूरा रह गया हम दोनों अपने आने वाले बच्चे को बिलकुल वैसा ही बनाएँगे। हम उसे अपनी राह चुनने की आज़ादी देंगे। वह जो कुछ भी बनना चाहे हम उसे बनने देंगे। हम चाहेंगे कि वह अपना भरपूर बचपन जी सके और अब इसी कोशिश में आगे भी बढ़ रहे थे।

"एक दिन मायरा के पेट में दर्द उठा तो हम परेशान हो गए। अस्पताल जाने पर डॉक्टर ने बताया कि वह माँ बनने वाली है। इस ख़बर से हम बहुत ख़ुश थे परंतु जैसे-जैसे बच्चे के जन्म का दिन नज़दीक आता गया लोग ख़िलाफ़ होते गए। कई मेरे अपनों तक ने साथ छोड़ दिया। पता नहीं क्यों धीरे-धीरे हालात बदलने के क्रम में बिलकुल ही विपरीत होते गए। लगा हमारी ख़ुशियों पर किसी की नज़र लग गई है।

"वह हमेशा हँसने मुस्कुराने वाली लड़की दुखी और बीमार रहने लगी। मैंने उसे सँभालने की कोशिश की। जितना हो सकता था उतना सँभाला, पर मायरा की तबियत हर दिन बिगड़ती ही गई। उसकी बीमारी के दिन मेरे मस्तिष्क पर इस क़दर चढ़ आए कि मेरा संदेह एक बार फिर से गहराने लगा।

"मुझे सब कुछ उसी पुरानी घटना यानी दादी की मौत की पुनरावृत्ति लगी। मुझे लगा कि मेरी दादी एक बार फिर से मेरे अंदर जनम लेकर दोबारा मर रही हैं। ऐसा लग रहा था कि दादी की मौत का भार एक बार फिर से मेरे कंधे पर बढ़ता जा रहा था। यह एक ऐसा वक़्त था जब कुछ भी खोकर ज़िंदा रहने की स्थिति में नहीं था और दाव पर मेरी प्रेमिका और उसके अजन्मे बच्चे का जीवन था।

"मैं वही सब पहरों तक याद करता रहा और पाया कि इस बार की स्थिति पहले से अलग है। मेरे कंधे पर मायरा का सर नहीं बल्कि उसके कंधे पर मेरा सिर था जो अब सरककर छाती पर पहुँच गया था। उसका मुँह मेरे कान के बिलकुल नज़दीक था। इतना नज़दीक कि मैं उसकी हर साँस सुन सकता था।

"मेरे सामने वही सवाल एक बार फिर से दोहराया गया। मायरा ने पूछा– 'क्या ईश्वर मर चुका है?' मैंने अपनी आँखें बंद की, मुट्ठियों को सख़्ती से भींचा और चेहरे पर बेहद ही सहज भाव लिए सिर्फ़ इतना ही कहा- 'नहीं तो!' 'वह अब भी ज़िंदा है?' उसने आश्वस्ति चाहा। मैंने हँसकर 'हाँ' कहा।

"मायरा ने मेरा हाथ पकड़ा और असहनीय प्रसव पीड़ा के बीच देर तक मेरी आँखों में आँखें डाल मुस्कुराती रही। फिर थोड़ा रुककर कहा– 'तुम किसी को इतना प्रेम क्यों करते हो कि उसके नहीं होने को बर्दाश्त नहीं कर सको, थोड़ा पत्थर बनो।' मेरी आँखों में आँसू थे बावजूद इसके उसका हाथ पकड़कर मैं हँसना चाहता था। वह लड़की जो छोटे-छोटे जीवों की तकलीफ़ देख सिहर जाती थी, अपनी मौत के आख़िरी क्षणों में मुझसे पत्थर होने की बात कर रही थी। मैंने मायरा का हाथ पकड़कर उसकी आँखों में झाँका तो वहाँ एक वीरानी तैर रही थी। उसकी मुस्कुराहट में उस वक़्त दर्द और विस्मय दोनों शामिल था। मैंने पूछा– 'क्या हुआ?' मायरा ने कहा– 'मुझे पता है ईश्वर मर चुका है और हमारा अजन्मा बच्चा भी। हम अपनी कोख में मरे हुए एक बच्चे को ज़िंदा करने की लड़ाई लड़ रहे हैं।' फिर कुछ देर के लिए मानो दोनों की आँखों के सामने अँधेरा छा गया। मुझे कुछ देर के लिए नर्स ने ऑपरेशन थिएटर से बाहर जाने को कहा।

"कुछ देर बाद दुबारा ऑपरेशन थिएटर में लौटा तो पाया मायरा का चेहरा लाल हो चुका है और आँखें पथराई हुई हैं। मुझसे उसने कहा– 'तुम मुझे खोना नहीं चाहते, तुम मुझे बचाने के लिए झूठ बोल रहे हो! लेकिन क्या तुम मेरे गोद में पड़े इस बच्चे को बचा सकते हो? मैं तेज़ी से ख़त्म हो रही हूँ। मेरी आत्मा अपने बच्चे की मासूम आत्मा का साथ नहीं छोड़ना चाहती। हम दोनों एक साथ इस दुनिया से प्रस्थान कर रहे हैं, लेकिन तुम बचे रहना। मुझे और मेरे बच्चे को अपनी स्मृतियों में ज़िंदा रखना। ... और तुम किस ईश्वर की बात कर रहे हो? ईश्वर अगर ज़िंदा होता तो उस मासूम बच्चे की मौत से पहले की चीख़ नहीं सुनता?' मैंने उसकी बातें सुनीं और चंद लम्हों के लिए अपनी आँखें बंद कर लीं और जब खोला तो वह मरा हुआ ईश्वर एक बार फिर से उसकी दर्द और विस्मय भरी मुस्कुराहटों में मुझे एक क्षण

के लिए ज़िंदा दिखा। मरे हुए बच्चे को जन्म देने के कुछ देर बाद मायरा ने भी अपना प्राण त्याग दिया। मौत के वक़्त मायरा के चेहरे पर आश्वस्ति के भाव थे, आँखों में एक अनोखी चमक और चेहरे पर रौशनी। शायद, वह इस दुनिया से ख़ुशी-ख़ुशी प्रस्थान करना चाह रही थी।

"वह जिस दुनिया में भी होगी अपने बच्चे के साथ ख़ुश होगी, परंतु यहाँ से मेरी पूरी दुनिया बदल गई। मेरे अंदर नास्तिकता का भाव और भी ज़्यादा प्रबल होता दिखा।"

पूरी बात बताकर लड़का चुप हो गया।

"तो तुम अब ईश्वर को नहीं मानते?" संन्यासी ने सवाल किया।

"मेरे मानने और नहीं मानने से भला क्या होता है? वह जब पेट से थी तो मुझे उस वक़्त लगता था कि हम दोनों के बीच एक बच्चे के रूप में ईश्वर अपने आस्तित्व को क़ायम करने की कोशिश कर रहा है। मुझे लगा था कि ईश्वर एक बार फिर से मुझमें जनम ले रहा है लेकिन ऐसा नहीं हुआ। वह महज़ एक भ्रम साबित हुआ। ईश्वर ने उस बच्चे को हमारे पास निर्जीव रूप में भेजा था। मायरा ने उसका चेहरा टटोला, चीख़ते हुए मुझे पुकारा। उसे देखते ही मेरे मुँह से एक चीख़ निकली। धीरे-धीरे मायरा का ललाट भावहीन हुआ, आँखों की चमक कम हुई, चेहरा बुझ गया। मुझे सचमुच उस वक़्त पत्थर हो जाना चाहिए था। लेकिन पथराई सिर्फ़ आँखें, जो देर तक कभी उस बच्चे तो कभी मायरा के मृत चेहरे को निहारती रहीं। मैं उन दोनों के लिए कुछ भी नहीं कर पाया।

"ईश्वर एक बार फिर से मुझे मेरी बेबसी पर अट्टाहास करता दिखा। हालाँकि, संवेदना के स्तर पर मैंने शुरू से ही ईश्वर को मृत ही पाया था। कुछ देर बाद उस मासूम बच्चे की मृत आँखें पूरी तरह से बंद हो गईं और मुझे पत्थर होने की सलाह देने वाली उस लड़की की मिट्टी की देह मेरी दादी की ही तरह ही मिट्टी में तब्दील हो गई। इस तरह मायरा ने मेरा साथ छोड़ दिया। उसकी मृत देह को जलाया नहीं गया, न ही उसकी चिता बनाई गई। सफ़ेद कपड़े में लपेटकर उसे गाँव से बाहर बाग़ में बहुत सारे फलदार पेड़ों के बीच दफ़ना दिया गया। उस बाग़ को मायरा ने ख़ुद लगाया था।

"बाग़ में एक साथ दो क़ब्रें बनाई गईं। एक और क़ब्र के लिए थोड़ी-सी ख़ाली जगह छोड़ दी गई। इस बात का कोई प्रमाण नहीं लेकिन मुझे ऐसा लगता है कि उन दोनों क़ब्रों में एक दुनिया की सबसे छोटी और दूसरी दुनिया की सबसे बड़ी क़ब्र है और मैं उस एक और क़ब्र के लिए ख़ाली पड़ी जगह पर लेटा हुआ हूँ।

"मैंने लंबे समय तक उसकी रिक्तता और मृत्यु को जिया। एक ऐसी स्थिति बन आई कि न तो सुख प्रभावित करता है, न ही दुख। मानो, मैं जड़ हो गया हूँ। मुझे कुछ दिनों के लिए फ़र्क़ पड़ना ही बंद हो गया। इस तरह से मुझे अपनी देह और आत्मा में लौटने में वक़्त लगा।"

यह कहते-कहते लड़के की ज़ुबान लड़खड़ाने लगी।

संन्यासी ने कहा, "सुख की हर कामना में एक दर्द छुपा हुआ है। यह तो तुम्हें तय करना है कि अपने जीवन के तमाम दुखों से कैसे अपने सुख को पृथक करना है?"

लड़के ने कहा, "सच कितना कुछ तो उसे करना था, कितनी सारी ज़िंदगी जीनी थी। अफ़सोस कि ताउम्र जीवन नहीं सिर्फ़ उसने दुखों को जिया और जब मरी तो अपने हिस्से का तमाम बचा हुआ दर्द मेरे हिस्से छोड़ गई। उसकी मौत से मेरे जीवन में पैदा हुई रिक्तता ने मुझे बार-बार मेरे उस बचपन में पहुँचाने की कोशिश की जो अथाह दुखों से भरा हुआ था। मायरा के जाने के बाद मेरा दुख दोगुना हो गया। मैंने उसके जाने के बाद हर एक दुख को दोहरे दर्द के साथ जिया। मरने के उपरांत मायरा की चिता की राख पर गुलाब की तीन पंखुड़ियाँ मिली थीं और पुजारी ने कहा था कि वह मरने के बाद फूल बन गई है। वह अब अपनी ख़ुशबू से दुनिया को महकाती रहेगी।"

"परंतु ये तो गुज़रा हुआ वक़्त है?" संन्यासी ने सवाल किया।

लड़के ने जवाब दिया, "इस बात को अच्छा-ख़ासा वक़्त हो गया। वह अब इस दुनिया में नहीं लेकिन उसका प्रेम अब भी मेरे जीवन में शामिल है। अब मैं उससे नहीं उसके तमाम दुखों से प्रेम करता हूँ। दुखी होता हूँ, आँसू बहाता हूँ और यात्राएँ करता हूँ। अक्सर उस जगह पर उसे ढूँढ़ता हूँ जहाँ हम पहली बार मिले थे। उन जगहों पर उसकी मौजूदगी तलाशता हूँ जहाँ

हम दोनों कभी साथ-साथ घूमे, एक साथ मौजूद रहे थे। मैं अपनी इस बेहद छोटी-सी उम्र में बूढ़ा हो चला हूँ। मेरी दादी की मौत ने मुझे समझदार होना सिखाया और प्रेमिका की मौत ने अत्यधिक ज़हीन बना दिया। कुछ चीज़ें मुझसे उम्र से पहले छीन ली गईं, कुछ उम्र से पहले मिल गईं। जो होना था वह कभी नहीं हुआ, जो नहीं होना था उसे जीना मेरी नियति का बदा सच बन गया।"

"जीवन में सुख और दुख भला एक-दूसरे के समानांतर कहाँ चलते हैं?" संन्यासी ने सवाल किया।

लड़के ने कहा, "सच कहूँ तो दोनों ही चीज़ें ग़लत थीं, दोनों ही अप्रासंगिक। मैंने ग़लत दिशा में बढ़ते हुए लंबे समय तक एक अप्रासंगिक जीवन जिया और अब उसी अप्रासंगिक जीवन से बाहर निकलने की जद्दोजहद कर रहा हूँ। यह यात्राएँ और भटकाव उसी कड़ी का एक छोटा-सा हिस्सा है।"

"लेकिन तुम पहुँचना कहाँ चाहते हो?" संन्यासी ने सवाल किया।

लड़के ने कहा, "मुझे नहीं पता। काश, मैं इन सबसे बाहर निकल पाता! काश कि मैं अपने जीवन में वापस लौट पाता! लेकिन वहाँ लौटकर भी क्या करता? वहाँ तो सिर्फ़ वीरानी है। स्मृतियों के बियाबान जंगल में खोने से तो कहीं यह भटकाव लाख गुना अच्छा है। इसीलिए, महीनों से बस भटक रहा हूँ। ऐसा लगता है कि अब यही मेरा जीवन है। जबकि मुझे यह तक नहीं पता कि इस भटकाव का अर्थ ख़ुद को खोना है या फिर पाना!"

10

समय का गणित

सवाल यह भी है कि यह भटकाव लड़के के जीवन में कहाँ से आया? क्या यह भी मायरा या फिर उसकी दादी का दिया हुआ था? इस बात में महज़ थोड़ी-बहुत सच्चाई है। संन्यासी ने इस बारे में जब लड़के से पूछा तो उसने कहा, "एक सच यह भी है कि मुझे पत्थर नहीं पहाड़ होना था। यह सपना मेरे अंदर तब से पल रहा था जब मायरा मेरी ज़िंदगी में नहीं आई थी।"

लड़के ने बताना शुरू किया, "जिस लड़की ने मुझे पहाड़ के सपने दिखाए उसका नाम अनिका था। मायरा जब नहीं रही तो मैंने अनिका की परछाई पकड़कर इसी सपने का पीछा किया। ठौर-बेठौर चलते हुए मैंने पहले थोड़ा-थोड़ा ख़ुद में पत्थर जमा किया, सोचा ख़ुद को ईश्वर जितना ही सख़्त और कठोर कर लूँगा, उसी की तरह निर्दयी बन जाऊँगा, पर हुआ ठीक इसका उलटा। मुझमें इन छोटे-छोटे पत्थर के टुकड़ों से मिलकर एक दिन संवेदनाओं से भरा एक पहाड़ खड़ा हो गया। यह एक तरह से मेरे पास अपने बचपन में लौटने का मौक़ा था और मैंने इसे इसी रूप में देखा।

"जिस तरह उस बच्चे ने कभी नेपाल की तराई को चुना था। मैंने अपने लिए हिमालय को चुना और अपनी तमाम तरह की यात्राओं के बारे में सोच पाया। अपने अंदर के उस घुमंतू बच्चे को दुबारा ज़िंदा करने की कोशिश किया। इस पहाड़ में नदी थी, झरने थे, पेड़-पौधे, जीव-जंतु, जंगल थे। एक वाक्य में कहा जाए तो यह ज़िंदा पहाड़ था और यहाँ बहता हुआ जीवन था। परंतु इस जीवन तक पहुँचने में मुझे लंबा वक़्त लग गया। इतना लंबा वक़्त कि उसमें टुकड़ा-टुकड़ा करके जो कुछ भी मेरी दादी और मायरा ने बोया था वह पूरी तरह से मर गया।

"मैं अपनी घुमंतू ज़िंदगी और बचपन के सपनों तक को भूल गया था।

लेकिन जब मायरा नहीं रही तो मेरे आस-पास एक बार फिर निर्वात पैदा हुआ और इस निर्वात के बाद जो ख़ालीपन पनपा उसमें उन्हीं पीछे छूट चुकी मेरी स्मृतियों को एक बार फिर से फलने-फूलने का मौक़ा मिला और इस मध्य जो एक चेहरा उभरकर आया वह अनिका का था। इसलिए, यह कहना ज़्यादा उचित होगा कि यह भटकाव काफ़ी हद तक अनिका का दिया हुआ था।

"इन पहाड़ों ने मुझे लंबे समय तक ज़िंदा रखने का काम किया और अंततः एक वक़्त के बाद कुछ हद तक टुकड़ा-टुकड़ा करके मारा भी। मैंने लंबे समय तक एक बिखराव को जिया और यह सब क्रमशः मेरी उम्र के अलग-अलग पड़ावों पर घटित हुआ। परंतु पूरी जीवन-यात्रा बहुत ही सकारात्मक रही। इस रास्ते से गुज़रते हुए मैं भी अपने ईश्वर की ही तरह कई बार मरा और कई बार पैदा हुआ। मेरी अंतिम मौत बहुत ही दर्दनाक रही। अपनी इस ऐन मौत के पहले मैं रोया, चिखा, चिल्लाया। परंतु ऐसा लगा कि मेरे आस-पास की सारी चीज़ें मर चुकी हैं। मुझे इस वक़्त कोई भी सुनने वाला नहीं है। मैं जब मरा तो उस वक़्त मेरे आस-पास कोई भी नहीं था, यह मेरा पुनर्जन्म या फिर यह कह लो कि दूसरा जन्म है। यह बात थोड़ी-सी दार्शनिक है पर मेरा दूसरा जन्म बाइस साल की उम्र में हुआ।"

"दूसरा जन्म! लेकिन वह मौत किसकी थी? तुम्हारी, उस बच्चे की? या फिर ईश्वर की? इस बात को लेकर तुम्हें थोड़ा और स्पष्ट होने की ज़रूरत है।" संन्यासी ने लड़के की बात को बीच में ही काटते हुए कहा, "क्या तुम जानते हो? दो लोगों के युद्ध में सिर्फ़ एक मरता है, दोनों कभी नहीं मरते। अगर तुम्हें युद्ध में कभी दोनों के मरने की बात बताई जाए तो तुम समझ जाना कि यह अवास्तविक या फिर एक बुनी गई कहानी है।" यह बात सुनकर लड़का हँसना चाहता था, बावजूद इसके उसने बहुत ही गंभीरता से कहा, "मैं वास्तविकता और सपने के मध्य में कहीं खड़ा हूँ।"

संन्यासी ने लड़के की मनोभावना को समझने का प्रयास किया। लड़के ने एक नज़र नदी और आस-पास के वातावरण पर डाली। आसमान की तरफ़ देखा तो सूर्य माथे पर चढ़ आया था। आश्रम में पहुँचकर संन्यासी ने

अपनी लंबी जटा से गंगा जल को निचोड़, चंदन का लेप बना अपने माथे पर लगाया। लड़के ने एक नज़र उठाकर संन्यासी के दमकते हुए ललाट की तरफ़ देखा। संन्यासी के ध्यान का वक़्त हो चला था वह चटाई बिछाकर ध्यानमग्न हो गया। लड़का खिड़की से बाहर देखते हुए जाने कब ख़यालों में खो गया।

मायरा की उसे एक बार फिर से याद आई–

एक लड़की जो अक्सर कहती थी कि समय हमारी बंद मुट्ठियों में बंद जुगनू की तरह होता है। कब उड़ जाएगा, तुम्हें पता नहीं चलेगा इसलिए वक़्त को बाँधो मत उड़ जाने दो। उसका ही नाम मायरा था। वह अब दूर-दूर तक कहीं दिखाई नहीं देती। एक तरह से वह लड़के की ज़िंदगी बन गई थी। मायरा सामने होती तो वह लड़का अपनी दोनों पलकें बंद करके, मुट्ठियों को खुला छोड़ देता। वक़्त इस तरह हर रोज़ उसकी उम्र से ख़ुद को अलग करता गया। लेकिन उसकी मुट्ठियों में बंद जुगनू के अलावा समय के कुछ और भी मापक अथवा मानक थे। जिन्हें हम दिन, महीने, साल कहते हैं।

कहने को तो समय बीत जाता है परंतु बीतता हुआ समय जीवन की किताब के पन्नों पर दर्ज होता जाता है। कैलेंडर को जला देने के बाद भी समय बचा रह जाता है। किताबों के ख़त्म हो जाने के बाद भी शब्द और विचार ख़त्म नहीं होते।

लड़के ने भी मायरा के चले जाने के बाद इस तरह की तमाम कोशिशें की। किताबें जलाई, ख़त फाड़े, तोहफ़े तोड़े। मसलन कि उसे जबरदस्ती भूल जाने की हर कोशिश की। लेकिन समय और समय का गणित दोनों ही उम्र के किसी हिस्से में बचा रह गया जो आज उन गुज़रे हुए दिनों को एक बार फिर से दोहराने का कार्य कर रहा है। लड़का महीनों से समय के उसी गणित को सुलझाने में लगा हुआ था।

वह संन्यासी से बातचीत करके कोई हल निकालता अन्यथा उसका ख़ुद के साथ एकल संवाद परस्पर जारी रहता।

लड़का इस बात को भी स्वीकार करता है कि दादी के नहीं होने के बाद उसे सँभालने का काम कुछ हद तक स्थान, स्थिति और वक़्त ने किया

लेकिन एक बिखरे हुए जीवन को सहेजने और जीवन को सँवारने का काम मायरा ने ही किया था।

"दो साल से इस भटकाव भरे रास्ते पर हूँ जिसे आप मेरे घुमंतू जीवन की एक और शुरुआत के तौर पर देख सकते हैं और साथ ही यह सवाल भी उठा सकते हैं कि एक और शुरुआत का क्या मतलब? दरअसल, इसका मतलब यह है कि एक घुमंतू जीवन मैं पहले भी जी चुका हूँ। जिसके बारे में बहुत कम लोगों को पता है क्योंकि ये बात मेरे बचपन से जुड़ी हुई है और उस बचपन के बारे में मैंने अभी तक किसी को कुछ भी नहीं बताया है।

"यह वह वक़्त है जब हर कोई एक पैटर्न ढूँढ़ता है। पर लकीर का फ़क़ीर होना मुझे कभी नहीं आया। नियति का बदा मानकर ही ताउम्र चलता रहा हूँ, ऐसा भी नहीं। दादी की मौत से ही मैं ईश्वर का विद्रोही रहा हूँ, हमेशा से ही अपने लिए कठिन रास्ते को चुना है और जीवन के विपरीत दिशा में बढ़ने की कोशिश की है। मेरे लिए जगहें सीमित थीं। बावजूद इसके जब भी वक़्त और स्थिति ने साथ दिया मैंने अपने पंख फैलाए, दूर आसमान में उड़ा। मेरा हर बार का पंख फैलाना-उड़ना, दोबारा उसी दुख के भँवर में फँसी नाव तक लेकर आया। जीवन ऐसा ही है, अगर उस पार जाना है तो नाव को बीच में नहीं छोड़ सकते। दरअसल, यहाँ ऐसा कोई विकल्प ही नहीं है, समुद्र को भी पार करना है, दुख के भँवर को भी पार करना होगा, आँधी, तूफ़ान, बारिश, वज्रपात सब कुछ झेलना होगा।"

अफ़सोस, यह विचार और दर्शन भी हमारे दिमाग़ में सब कुछ बीत जाने के बाद आता है।

"वह दोनों ही घटनाएँ वज्रपात की तरह मुझ पर टूटी जिसका मेरे जीवन पर मिला-जुला प्रभाव पड़ा। देखा जाए तो इन्होंने एक तरफ़ जहाँ मेरे मानव होने के विश्वास को पुख़्ता किया, वहीं ईश्वर के अस्तित्व पर उँगली उठाने का भी साहस और मौक़ा दिया। हालाँकि वक़्त के साथ मैंने काफ़ी कुछ समेट लिया लेकिन उस आख़िरी बिखराव को अभी भी नहीं समेटा जा सका है। शायद, मैं उसी को समेटने की परस्पर कोशिश में हूँ। शायद, इसीलिए भटकते-भटकते इस जगह तक पहुँचा हूँ।"

"यह अंतिम बिखराव क्या है ?" संन्यासी के मन में उस घटना के बारे में जानने की हल्की-सी जिजीविषा पैदा हुई।

लड़के ने कहा, "यह आख़िरी बिखराव एक तरह का भटकाव है। ऐसा लगता है कि अपनी यात्राओं में अक्सर मैं किसी को ढूँढ़ता रहा हूँ। जैसे कि कोई जगह, जैसे कि कोई चेहरा, जैसे कुछ पुरानी स्मृतियाँ, जैसे भक्ति और प्रेम... और अनिका भी।"

"अनिका ?" संन्यासी ने सवाल किया।

लड़के ने कहा, "वही लड़की जिसका घर दो घाटियों के बीच एक ऐसी पहाड़ी पर स्थित है, जहाँ आसमान आकर झुकता हुआ प्रतीत होता है, जहाँ बादल उतरते हैं।"

"कहाँ है वह ?" संन्यासी ने पूछा।

लड़के ने कहा, "नहीं पता, पर स्मृतियों में है। मैं हमेशा से ही उस लड़की से मिलने की इच्छा के साथ बड़ा हुआ और अपनी छोटी-बड़ी तमाम तरह की यात्राओं में उसे ही ढूँढ़ता रहा हूँ।"

"क्या तुम सचमुच जन्म से ही घुमक्कड़ हो ?" संन्यासी ने पूछा।

लड़के ने कहा, "हाँ, और नहीं भी। शायद मैं जन्म से ही प्रेमी हूँ। मुझे रास्तों से प्रेम है। मुझे अपने बचपन, अपनी भेड़ों, अपनी किताबों और उस लड़की से प्रेम है। जिसे मैं नहीं जानता, जिससे मैं नहीं मिला, पर वह मेरी स्मृतियों में है।"

संन्यासी ने कहा, "ये उद्गम है लेकिन इसका अंत क्या है ? तुम वास्तव में अपनी ज़िंदगी से क्या चाहते हो ? तुम यहाँ क्यों हो ? ऋषिकेश आने का तुम्हारा असल उद्देश्य क्या है ? तुम्हें पहले इन सब सवालों को लेकर स्पष्ट हो जाना चाहिए। अपने अतीत, वर्तमान और भविष्य को लेकर भी एक तरह की स्पष्टता का होना जीवन में बहुत ज़रूरी होता है।"

लड़के ने कहा, "अतीत हमें दुख देता है और दुखों के साथ ज़्यादा दिन तक ज़िंदा नहीं रहा जा सकता है।"

संन्यासी ने कहा, "तुम अपने वर्तमान की तरफ़ देखो, यही समय की माँग और यही सबसे बड़ा सत्य है। वैसे भी अतीत को बदला नहीं जा सकता है,

यह तुम्हारे दुख, तुम्हारे आँसू, तुम्हारी निरीहता से बदल नहीं जाता। वह जैसा है वैसा ही रहेगा। तुमने पिछले तमाम सालों में उसे एक-सा पाया होगा।"

"और भविष्य?" लड़के ने पूछा।

संन्यासी ने कहा, "भविष्य की तरफ़ देखना एक उम्मीद है, हम इंसान वर्तमान में रहते हुए अक्सर भविष्य की तरफ़ ही तो देखते हैं।"

"और उम्मीद क्या है?" लड़के ने संन्यासी से पूछा।

संन्यासी ने कहा, "एक ऐसी चिड़िया जो खिड़की की दूसरी तरफ़ है। तुम उसे अपने जीवन की खिड़की से देख सकते हो लेकिन कभी पकड़ नहीं सकते। वह थोड़े समय के लिए होती है और फिर उड़ जाती है। जब भी तुम जीवन की खिड़की खोलोगे वह तुम्हें एक बार दिखाई ज़रूर देगी।"

"खिड़की के बाहर उम्मीद है और चौखट के बाहर?" लड़के ने संन्यासी से एक और सवाल पूछा।

संन्यासी ने कहा, "रास्ते, चौखट के बाहर रास्ते हैं। तुम जैसे ही घर के दरवाज़े खोलते हो वह राह तुम्हें दिखाई दे जाती है। एक बार चौखट से बाहर निकलने के बाद तुम वहीं पहुँच जाते हो जहाँ पहुँचना होता है।"

लड़के ने कहा, "मैं अक्सर कहीं पहुँचना चाहता हूँ, कई-कई बार कोशिश की लेकिन पहुँच नहीं पाया।"

संन्यासी ने कहा, "तुमको एक बार और कोशिश करनी चाहिए। कहने का मतलब कि बार-बार कोशिश करनी चाहिए। ये कोशिश हर बंद दरवाज़े को खोलने की क्षमता रखती है। अपनी कोशिशों के सहारे ही तो हम सब अपनी नियत जगह पर पहुँचते हैं।"

संन्यासी की बात सुनने के बाद लड़का देर तक खिड़की से बाहर देखता रहा। वह शायद अभी भी कोई उम्मीद या फिर रास्ता तलाश रहा था और यह बात उसे समझ में आ गई थी कि रास्ते पर पहुँचने के लिए सबसे ज़रूरी है घर की दहलीज़ यानी चौखट से बाहर निकलना। ऐसे ही एक दिन मन के भटकाव ने उसके पैरों को उद्वेलित किया था और वह घर से यूँही निकल पड़ा। वह यात्री बन गया।

11

हमारी दो दुनिया है!

कुछ देर खिड़की के बाहर झाँकने के पश्चात लड़का चौखट को लाँघकर बाहर आ गया। उसे समझ में आया कि एक नहीं दो दुनिया है, एक खिड़की के अंदर और दूसरी बाहर और दोनों एक-दूसरे से बिलकुल ही अलग हैं। उसने बाहर की दुनिया को देखना तो शुरू कर दिया, मगर अंदर की दुनिया को नहीं देख पा रहा।

अंदर अब भी अँधेरा है, घना कोहरा।

लड़का देर तक इसी बारे में सोचता रहा। कुछ देर बाद संन्यासी का ध्यान पूरा हुआ। संन्यासी ने लड़के के मन में चल रही हलचल को भाँप लिया। बोला, "तुम इतने विचलित क्यों हो? ऐसा लगता है कि दुख तुम्हारे मन और देह के साथ चिपक गया है जो हर रोज़ तुमसे लिपटा जान पड़ता है।"

लड़का बोला, "मैं इन सबसे उबरना चाहता हूँ। अपने अतीत के सारे दुखों से बरी होना चाहता हूँ, पर समझ नहीं पाता कि उपाय क्या है?"

"क्या तुम घूमना छोड़ने की बात कर रहे हो?" संन्यासी ने पूछा।

लड़के ने कहा, "क्या किसी भी चीज़ को छोड़ा जा सकता है?"

संन्यासी लड़के की बात को सुनकर मानो शून्य में खो गया। उसने अपने अंदर-ही-अंदर 'क्या किसी भी चीज़ को छोड़ा जा सकता है?' सवाल को कई बार दोहराया।

लड़के ने संन्यासी की शून्यता को तोड़ा और कहा, "छोड़ने नहीं पूरा करने की बात कर रहा हूँ क्योंकि किसी चीज़ से उबरने का सबसे सहज मार्ग है, उसे पूरा करना। जो रास्ते चलते-चलते कहीं छूट गए थे उन्हें एक बार फिर से मैं अपने क़दमों में समेटना चाहता हूँ। अपनी आधी-अधूरी कहानियों, आधी-अधूरी यात्राओं को पूरा करना चाहता हूँ। ताकि मैं अपनी

आगे की राह को निर्धारित कर सकूँ। लेकिन उपाय क्या है ? यह बात समझ में नहीं आती।"

फिर वह बोला, "कई दिनों से मैं खिड़की के बाहर देख रहा हूँ। मुझे कोई उम्मीद, कोई चिड़िया दिखाई नहीं दे रही है। वर्तमान में बने रहने के लिए अपने अतीत से उबरना बहुत ही ज़रूरी है। मेरे ख़याल से अतीत से भविष्य उतना स्पष्ट नहीं दिखाई देता है जितना की वर्तमान से दिखाई देता है। मैं अपने वर्तमान में पैर जमाना और बने रहना चाहता हूँ। इसलिए बरी होना ज़रूरी लगता है।"

संन्यासी ने कहा, "ईमानदारी से कहूँ तो सब कुछ एक कोरे काग़ज़ पर लिखकर बरी हो जाने से अच्छा उपाय कुछ भी नहीं और तुम तो एक जन्मजात घुमक्कड़ हो। मेरे ख़याल से एक घुमक्कड़ और लेखक के लिए दुख महज़ एक मौसम की तरह है। तुम जिस मौसम को एक बार जी चुके हो, उसे बार-बार क्यों जीना चाहते हो ? जो मौसम एक बार चला जाए चले जाने दो, बस उसके बीत जाने को दर्ज कर लो। तुम एक किताब लिखो।"

लड़के को संन्यासी की कही बातें पहले तो हस्यापद लगीं, पर उसने इस पर जब गंभीरता से सोचा तो बहुत सारी अच्छाइयाँ निकलकर सामने आईं। लड़के ने कहा, "यह काफ़ी हद तक उपयुक्त और प्रासंगिक भी है।"

संन्यासी ने कहा, "मैंने कहीं पढ़ा था कि एक किताब का दुख लेखक का सिर्फ़ अपना दुख नहीं बल्कि उन सभी का होता है जो उस किताब को पढ़ता है। किताब में लिख भर देने से लेखक का दुख बँट जाता है। इतना हल्का हो जाता है कि दुख 'दुख' रह ही नहीं जाता है। एक उन्माद बन जाता है और उन्माद के साथ जीवन जीना भला किसे नहीं अच्छा लगता है ! तुम्हारा जीवन उम्मीदों और उन्माद से भरा हो इससे बेहतर भला क्या हो सकता है ?"

लड़के ने कहा, "मैंने तो ये भी पढ़ा है कि एक लेखक का दुख अपना दुख नहीं होता।"

लड़के की बात सुनकर संन्यासी को ख़ुशी हुई, "ऐसा तुमने कहाँ पढ़ा ?"

लड़के ने कहा, "लेखक हमेशा किसी-न-किसी के चरित्र में होता है। ऐसे में वह दूसरों के दुखों को परस्पर ग्रहण करता जाता है। वह एक साथ न

जाने कितनों के दुखों और सुखों को ओढ़ता जाता है। फिर जब दुख उस पर भारी हो जाते हैं वह एक अलग चरित्र गढ़ता और उसका सृजन करता है।"

संन्यासी ने कहा, "यह तुम भी कर सकते हो। तुम पर भी दुख भारी है। तुम भी चरित्र गढ़ो और सृजन करो।"

संन्यासी की बात सुनकर लड़का हँसा, परंतु संन्यासी ने अपनी गंभीरता को बरक़रार रखा। कुछ देर बाद उसने लड़के की तरफ़ देखा और पूछा, "क्या तुम अपनी यात्राओं के बारे में कुछ बताना चाहोगे?"

लड़के ने कहा, "हाँ, बिलकुल उसी की कोशिश में हूँ। सच कहूँ तो मेरी पूरी ज़िंदगी ही एक लंबी यात्रा की तरह रही है। इंसान अपनी उम्र के अलग-अलग मोड़ पर चलता है, रुकता है, सुस्ताता है, फिर चलता है। थकान और हार हमेशा से हम इंसानों के लिए ज़रूरी विषय रहे हैं। मेरे लिए भी यही है। अपनी थकान और हार को मैं ज़ाहिर करने का एक माध्यम ढूँढ़ रहा हूँ। मैं सचमुच उबरना चाहता हूँ। क्या यह लिखना सचमुच मुझे मेरे दुखों से उबार सकता है?" यदि हाँ, तो मैं सचमुच एक किताब लिखना चाहता हूँ।"

संन्यासी ने कहा, "मैं तुम्हारे पक्ष में हूँ। फिर भी जानना चाहता हूँ कि तुम क्यों अपनी थकान और हार को दूसरों के सामने ज़ाहिर करने की इच्छा रखते हो?"

"क्या यह ग़लत है?" लड़के ने सवाल किया।

संन्यासी ने कहा, "नहीं, सही-ग़लत जैसा कुछ नहीं। यह महज़ एक ज़रूरी सवाल है जो तुम्हें ख़ुद से पूछना चाहिए।"

लड़का देर तक अपनी और संन्यासी की बात पर सोचता रहा।

संन्यासी ने कहा, "तो तुम अपने दुखों से उबरने, यानी तुम यहाँ एक किताब लिखने के लिए ही आए हो। लेकिन तुम्हारी किताब कोई क्यों पढ़ेगा? ऐसी क्या बात होगी तुम्हारी किताब में? दुख? क्या तुम सिर्फ़ अपने दुखों को ज़ाहिर करना चाहता हो?"

लड़के ने कहा, "नहीं, दुखों को नहीं जीवन को, और जीवन में महज़ दुख नहीं होता। यह एक ऐसा कोलाज है जहाँ हँसी और आँसू एक साथ ठहरे होते हैं। क्या आपके पास ऐसी कोई सीमा अथवा रेखा है? जिसे खींचकर

आप ये स्पष्ट कर सकें कि जीवन में यहाँ से दुख और यहाँ से सुख का दायरा शुरू होता है। या फिर यह कि इस पार सुख और उस पार दुख है। जीवन में सुख और दुख दोनों ही साथ-साथ चलते हैं।"

"दोनों के मध्य एक बहुत ही बारीक-सी दीवार है।"

"कब दुख और कब सुख शुरू हो जाएगा हममें से किसी को नहीं पता। इसकी कोई निश्चित और निर्धारित सीमा नहीं है। क्या आपको पता है अगले लम्हे क्या होने वाला है। नहीं न? फिर ऐसा हम कैसे कह सकते हैं कि जो एक इंसान ने जिया उसमें सिर्फ़ दुख ही दुख होंगे, अथवा मुस्कुराहट और ख़ुशियाँ नहीं होंगी?"

"तो तुम एक लेखक और घुमक्कड़ का जीवन लिखना चाहते हो?" संन्यासी थोड़ा और स्पष्ट होना चाहा।

लड़के ने कहा, "क्या फ़र्क पड़ता है, किसी के लेखक और घुमक्कड़ होने से? जीवन तो बस जीवन है।"

"तो तुम्हारी किताब का केंद्र बिंदु जीवन होगा?" संन्यासी ने अपने सवाल को आगे बढ़ाया।

लड़का कुछ देर तक ठहरकर बोला, "हाँ, एक बच्चे का जीवन जो अपने जीवन के तीन सबसे अज़ीज़ लोगों को खो चुका है। एक ऐसे लड़के का जीवन जो दो आत्माओं के साथ ज़िंदा है। एक ऐसे पथिक का जीवन जो इस दुनिया को प्रेम करना चाहता है। एक ऐसे घुमक्कड़ का जीवन जो यूँ ही घर से निकल पड़ा है, जिसे पता ही नहीं कि उसे अब जाना कहाँ है! एक ऐसे संन्यासी का जीवन जिसके लिए त्याग सर्वोपरि है। एक ऐसे सामान्य इंसान का जीवन जिसमें कभी अभाव तो कभी भोग-विलास जैसी कड़ियाँ शामिल रही हैं। एक ऐसे लेखक का जीवन जिसे लिखना नहीं आता बावजूद इसके एक किताब लिखकर अपने सारे दुखों और सवालों से उबर जाना चाहता है।"

"तुम इन सबको कितना जानते हो?" संन्यासी ने पूछा।

"उतना ही जितना कि ख़ुद को जानता हूँ।" लड़के ने जवाब दिया।

"ख़ुद को कितना जानते हो?" संन्यासी ने पूछा।

"बिलकुल भी नहीं।" लड़के ने जवाब दिया।

यह जवाब सुनकर संन्यासी इतने ज़ोर से हँसा कि उसकी हँसी हवा के साथ पूरे आश्रम में बिखर गई।

लड़के ने कहा, "लेकिन मैं जानने की परस्पर कोशिश कर रहा हूँ। आख़िर ख़ुद को समझने ही तो मैं यहाँ आया हूँ। यहाँ आने से पहले मैंने एक लंबी दूरी तय की है, महीनों के भटकाव को जिया है। बावन दिन और तिरपन रातें बिना एक पाई ख़र्च किए हिमालय के इन घने जंगलों और पहाड़ों में बिताई है।"

"लेकिन पहुँचे कहाँ?" इस सवाल के साथ संन्यासी की हँसी थोड़ी और तेज़ हुई। बावजूद इसके लड़के को संन्यासी की हँसी में उपहास नहीं एक आश्वस्ति नज़र आ रही थी। वह शांत बैठा रहा।

संन्यासी ने कहा, "तुम कोशिश करो। चलो, रुको, सुस्ताओ, फिर चलो। बस इतना ही जीवन है। तुम किस मोड़ पर कितनी देर तक किस रूप में बने रह सकते हो इस बात से ही तय होगा कि तुमने कैसा जीवन जिया! या फिर तुम्हारा जीवन कैसा रहा!"

"और किताब?" लड़के ने सवाल किया।

संन्यासी ने कहा, "यह एक भ्रम है। शब्दों का मायाजाल। तुम क्यों इन सबके प्रलोभन में पड़ते हो? क्या तुम जादूगर हो? जो जादुई संसार रचता है।"

लड़के ने कहा, "नहीं, मैं बस अपनी बात कहना चाहता हूँ।"

संन्यासी ने कहा, "मुझे पता है तुम यहाँ किताब लिखने नहीं आए हो।"

"फिर मैं क्यों आया हूँ?" लड़के ने सवाल किया।

संन्यासी ने कहा, "यही बात तो तुम्हें ख़ुद से पूछनी है। अगर तुम्हें किताब ही लिखनी होती तो तुम हिमालय को क्यों चुनते? और यह तपोभूमि? साधु, संतों, अल्हड़ों, फक्कड़ों और घुमक्कड़ों की शरणस्थली? दिल्ली, जहाँ से तुम आए हो वह किताब लिखने के लिहाज़ से कोई ख़राब जगह तो नहीं है!"

लड़के ने कहा, "नहीं।"

संन्यासी ने कहा, "फिर? फिर तो तुम वह करो जो तुम करने आए हो।"

"मैं क्या करने आया हूँ?" लड़के ने लम्हे भर के लिए विचार किया।

संन्यासी ने कहा, "यह तुम्हारा ख़ुद का सवाल है, और तुम्हें ख़ुद से ही पूछना चाहिए। तुम्हारे लिए बेहतर यह होगा कि कुछ दिनों तक तुम सिर्फ़ अपने अंदर इस सवाल के जवाब को ढूँढ़ने की कोशिश करो?"

संन्यासी की बात सुनकर लड़का शांत हो गया। वह ख़ुद अपनी मनःस्थिति को समझना चाहता था कि ज़िंदगी उसे किस तरफ़ ले जा रही है।

12

काग़ज़ की नाव

संन्यासी और लड़के को मिले कई दिन हो गए थे। वह दोनों एक-दूसरे से संवाद के माध्यम एक-दूसरे के जीवन को समझने का प्रयास कर रहे थे। एक दिन लड़के ने संन्यासी को बताया कि किस तरह उसके मन में एक सवाल पैदा होता है और वह उस सवाल के पीछे भागने के क्रम में वैचारिक यात्रा पर निकल पड़ता है।

संन्यासी ने कहा, "तुम्हारे विचारों में कोई उलझाव तो नहीं, बावजूद इसके एक मामूली स्पष्टीकरण की अभी भी आवश्यकता है। तुम्हारा असल उद्देश्य अपने तमाम दुखों से उबरना है और किताब लिखना उन दुखों और स्मृतियों से उबरने का महज़ एक साधन या ज़रिया है।"

"साधन ? ज़रिया ? यानी नाव ?" लड़का स्पष्ट होना चाहा।

"हाँ।" संन्यासी ने हामी भरी।

"फिर वह नाव काग़ज़ की भी तो हो सकती है ?" लड़के ने संन्यासी से सवाल किया।

संन्यासी ने कहा, "काग़ज़ की नाव यानी किताब। तुम होनहार और समझदार हो। तुमने जीवन देखा और अनुभव किया है। बावजूद इसके तुम्हारे विचारों में स्पष्टता की बारीक-सी दरकार है। तुम्हें थोड़ा और स्पष्ट होने की ज़रूरत है। तुम विचारों के उलझाव से बचना सीखो और ख़ुद को मुक्त करो। तुम अभी भी एक बँधी हुई ज़िंदगी जी रहे हो। तुम्हारे विचार अभी भी तुमसे बँधे हुए जान पड़ते हैं। इन सबने तुम्हें जकड़ रखा है। किताब लिखने के लिए सबसे पहले तुम्हें अपने विचारों से आज़ाद होना होगा। बिना उन्मुक्तता के लेखन संभव नहीं। और तुम्हें लेखक ही क्यों बनना है, इस बात पर भी विचार करना। एक और ज़रूरी बात– घूमने के लिए आज़ाद होने की जितनी

ज़रूरत है उतनी ही लिखने के लिए भी।"

लड़के ने संन्यासी की बात सुन तो ली लेकिन उस विरोधाभास से बाहर नहीं निकल पाया जो उसके मन में चल रहा था। भटकाव ही जीवन है, ताउम्र उसे घूमते ही रहना था तो फिर बीच में किताब कहाँ से आई? क्योंकि दोनों ही एक-दूसरे के विपरीत विचार हैं। एक में मन को भटकाव चाहिए, दूसरे में मन को केंद्रीकरण। यानी किताब लिखने के लिए भटकाव वाली स्थिति ज़्यादा उपयुक्त नहीं। एक स्तर की वैचारिक स्पष्टता हासिल कर लेने के बाद ही किताब लिखना सही रहता है। किताब जीवन में स्थायित्व की तरफ़ ले जाने की कड़ी है जबकि एक यात्री होना भटकाव है। लड़का इन दोनों के मध्य में खड़ा था।

संन्यासी ने कहा, "क्या पता इस किताब के पूरे होने के साथ तुम्हारा जीवन ठहर जाए! तुम घूमना ही बंद कर दो और एक वक़्त बाद तुम यह ख़ुद तय करो कि तुम्हें गति चाहिए कि ठहराव! ये एक अलग ही दुनिया है। तुम्हारी यात्राओं से बहुत अलग। यह तुमसे तुम्हारा जीवन छीन लेगी। तुम उतने ही सहज-सरल नहीं रह जाओगे जितना हो। सामान्य से हटकर तुम बहुत ज़्यादा वैचारिक हो जाओगे। तुम ख़ुद के जीवन को त्यागकर चरित्रों को जीने में लग जाओगे। तुम जिस दिन से किताब लिखने के ख़याल को जीना शुरू कर दोगे उसी दिन से अमरता के बारे में सोचने लगोगे और अपवित्र होते जाओगे। एक बहुत बड़े अपराधबोध से भर उठोगे और जब किताब पूरी हो जाएगी तो लंबे समय के लिए शांत। मैंने कई ऐसे लेखकों को देखा है जो किताब लिखने के बाद शांत हो गए।"

संन्यासी की बात को सुनकर लड़का देर तक सोचता रहा, पर किसी भी वैचारिक पड़ाव पर नहीं पहुँच पाया।

संन्यासी ने कहा, "यह सब तुम्हें मैं इसलिए नहीं बता रहा कि तुम मेरी बात को सुनकर अपने विचार बदल दो। मैं इसलिए बता रहा क्योंकि जो तुम करने जा रहे हो उसके बारे में पहले से तुम्हें पता हो। तुम अनभिज्ञता में कोई क़दम नहीं उठाओ। यह किताब तुम्हारे लिए अपने दुखों से उबरने अथवा अपनी मंज़िल तक पहुँचने का एक रास्ता है। यानी कि तुम्हारा उद्देश्य और

मंज़िल कुछ और है। शायद, घुमक्कड़ी! शायद संतुष्टि! शायद प्रसिद्धि! कुछ लोगों का पैसा भी होता है। इनमें से ही या फिर इनसे इतर एक उद्देश्य तुम्हारा भी होगा। लेकिन वह उद्देश्य है क्या? उस तक पहुँचने की कोशिश करो। अगर अपने उद्देश्य तक पहुँच गए तो काम थोड़ा आसान रहेगा। लोग उद्देश्य तो पूरा करते हैं, लेकिन कभी उद्देश्य तक को समझने की कोशिश नहीं करते।"

लड़के ने संन्यासी की बात बहुत ध्यान से सुनी और हामी भरी।

संन्यासी ने आगे कहा, "हाँ, मुझे यह ज़रूर पता है कि तुम घर से निकल चुके हो तो तुम्हारे लिए सारी दिशाएँ, सारे रास्ते खुले हुए हैं। इस बात के लिए तुम्हारे साहस की सराहना की जानी चाहिए। तुम कहाँ खड़े हो? अब तुम्हें इस बात कि पड़ताल करनी चाहिए। तुम्हें अपने पैरों के नीचे की ज़मीन तलाशनी चाहिए। तुम यह तय कर लो कि अब यहाँ से तुम कहाँ जाना चाहते हो? उसी घुमक्कड़ी के पथ पर या फिर लेखकीय संसार में प्रवेश करना चाहते हो? या फिर इन सबसे इतर कहीं और?"

"शायद, मुझे थोड़े ठहराव की ज़रूरत है।" लड़के ने कहा।

संन्यासी ने कहा, "तो तुम ठहर क्यों नहीं जाते? साधुओं का जीवन रहस्यमय क्यों होता है तुम्हें पता है? क्योंकि इसमें ठहराव और गति बराबर की मात्रा में होती है। एक घुमक्कड़ और लेखक के तौर पर तुम्हें भी अपने लिए ऐसा ही कोई समीकरण ढूँढ़ना होगा और वहाँ पहुँचना होगा जहाँ तुम असल में पहुँचना चाहते हो। एक लेखक का घुमक्कड़ अथवा एक घुमक्कड़ का लेखक होना कोई दुरूह कार्य नहीं है। तुम जो चाहो वह चुन सकते हो, जीवन तुम्हारा है। बस वह नहीं रह जाओगे जो हो, तुम्हारा जीवन बदल जाएगा।"

"लेकिन मेरी लड़ाइयाँ?" लड़के ने चिंता ज़ाहिर की।

"कैसी लड़ाइयाँ?" संन्यासी ने पूछा।

लड़के ने कहा, "मेरी दादी, मायरा, अनिका और मेरा मरा हुआ ईश्वर!"

संन्यासी ने कहा, "इन लड़ाइयों के बारे में तुम्हारा ख़ुद का क्या सोचना है?"

लड़के ने कहा, "यही कि ज़िंदगी की जंग में इंसान महज़ एक हारा हुआ योद्धा है। फिर भी हमारे लिए यह सकून की बात है कि कुछ चीज़ें नियति का सच न मानकर इंसान ख़ुद के लिए ख़ुद से तय करता है और इस स्थिति में ईश्वर कहीं पीछे, बहुत पीछे छूट जाता है।"

संन्यासी ने कहा, "ईश्वर को छोड़कर या फिर साथ लेकर चलना, दोनों ही एक सिक्के के दो पहलू हैं।"

लड़के ने कहा, "इस वक़्त मैं ईश्वर के अस्तित्व को एक बार फिर से नकारने की पूरी कोशिश में हूँ। मेरी समझ में नहीं आता है कि जब सब कुछ वक़्त, स्थान, स्थिति ही तय कर रही है तो ईश्वर किसलिए है? हमें किसी धर्म और सत्ता के अधीन क्यों होना चाहिए? दुनिया भर की दुआएँ और प्रार्थनाएँ किसलिए हैं? क्यों न हम अपने लिए सही वक़्त, सही स्थान और सही स्थिति निर्धारित करें? कुछ लड़ाइयों को जीत-हार से इतर हर हाल में जीवन को जीना सीखें।"

"क्या यह तुम्हारा जीवनबोध है?" संन्यासी ने लड़के से सवाल किया।

लड़के ने कहा, "मैंने इन तमाम उतार-चढ़ावों के बावजूद कुछ चीज़ें ख़ुद से ख़ुद के लिए तय की है। मेरा मानना है कि कुछ लड़ाइयाँ जीतने के लिए नहीं सिर्फ़ लड़ने के लिए लड़ी जानी चाहिए। ईश्वर के विरुद्ध मेरी ऐसी ही लड़ाई वर्षों से चली आ रही है।"

संन्यासी ने पाया कि उस लड़के के चेहरे पर दुख के बावजूद एक अनोखा उन्माद है।

लड़के ने अपनी बात को आगे बढ़ाया, "हम इंसान सिर्फ़ भावनाओं, संवेदनाओं ही नहीं, हर स्तर पर मौसम, भौगोलिक परिस्थितियों, प्राकृतिक आपदाओं से कमज़ोर हैं। हम प्रकृति को पूजते हैं लेकिन बाढ़, सूखा, बर्फ़बारी, भूकंप, तूफ़ान इनमें से कुछ भी तो नहीं रोक सकते। पर इसका मतलब यह भी नहीं कि हम लड़ना ही छोड़ दें। डैमेज कंट्रोल तो हम इंसान कर ही सकते हैं? जीवन की बात करें तो यहाँ कोई जीत नहीं, कोई हार नहीं, पर एक लड़ाई है जो जन्म के साथ शुरू हुई थी और अब तक चली आ रही है।"

इसीलिए लड़के ने कहा, "ज़िंदगी की जंग में इंसान महज़ एक हारा हुआ योद्धा है। हम सब वही हारे हुए योद्धा हैं जो अनवरत अपनी लड़ाइयाँ लड़, मर और परस्पर ज़िंदगी की जंग में आगे की तरफ़ बढ़ रहे हैं। हमारी लड़ाइयाँ हर रोज़ बड़ी होती जा रही हैं। अंततः मिलना क्या है ? मौत। यह भी हम सबको पता है। पर इससे मायने नहीं बदल जाते। इससे हमारी लड़ाइयाँ ख़त्म नहीं हो जातीं और न ही कमज़ोर पड़ती हैं। चीज़ें जो ख़ुद से ख़ुद के लिए हम सबने तय की होती हैं उसे दुनिया की सारी चीज़ों से ऊपर उठकर पूरा करना होता है।

"मैंने भी आख़िरकार वही किया। ऐसा भी नहीं है कि मेरा ईश्वर हमेशा मुझसे नाराज़ ही रहा। एक उम्र मैंने ईश्वर के सान्निध्य में भी बिताई है। मैंने उसे मुस्कुराते हुए देखा है। बीते सालों में कई ऐसे मौक़े आए जब ऐसा लगा कि ईश्वर मुझे देख मुस्कुरा रहा है। बावजूद इसके मैंने ईश्वर के प्रति अपनी निष्ठूरता को बनाए रखा। मैंने कभी ईश्वर से प्रेम नहीं किया लेकिन अपनी दादी, उस लड़की और उस एक और लड़की को बेइंतहा प्रेम किया। दादी के मर जाने के बाद चार घंटे तक उनके पेट से चिपका रहा। मायरा के इस दुनिया से जाने के बावजूद उसके ठंडे हो चुके होंठों को चूमा और उसकी समाधि पर, जो वस्तुतः बनाई भी नहीं गई थी, वर्षों तक दीए जलाए। एक और लड़की अनिका के लिए बहुत सारी यात्राएँ की और लंबे वक़्त तक जंगलों, पहाड़ों, मैदानों और पठारों में भटकता रहा हूँ और अब भी भटक रहा हूँ।

"मेरी ज़िंदगी में भटकाव उस लड़की की देन है जो हर इतवार मुझे एक कोरे काग़ज़ पर ख़त लिखा करती थी और एक दिन वह अचानक कहीं ग़ायब गई। मुझे नहीं पता कि वह लड़की ज़िंदा है भी कि नहीं। बावजूद इसके मैं मौक़े-ब-मौक़े उसे अपनी तमाम यात्राओं में ढूँढ़ने की कोशिश करता रहा हूँ और अंततः यह जान पाया हूँ कि मामूली झूठ बोलना एवं अपनों को भरपूर प्रेम करना अपनी आत्मा और ख़ुद से प्रेम करना है। अपने उस ईश्वर से प्रेम करना है, जो मर चुका है। यही इस दुनिया का सबसे बड़ा और मौलिक सच है।"

यह कहते हुए लड़के ने अपनी बात ख़त्म की। संन्यासी उसे सुनता रहा और फिर कहा, “इस तरह दुनिया के इस सबसे बड़े झूठे, नास्तिक, नादान बच्चे ने इस संसार में सबसे ज़्यादा दुख सहा, सबसे ज़्यादा प्रेम किया और आगे चलकर अपने लिए एक भटकाव भरी ज़िंदगी चुना और बहुत बड़ा घुमक्कड़ बना।”

संन्यासी की बात को सुनकर लड़के को लगा कि उसने मानो उसके अधूरे वाक्य को पूरा कर दिया हो। वह संन्यासी की बात सुनकर हँसा और फिर अचंभित हुआ और चेहरे पर बिना किसी ठोस भाव को ज़ाहिर करते हुए पूछा, “यह आपको कैसे पता कि मैं एक घुमक्कड़ बनने की राह पर हूँ? मैंने तो आपसे सिर्फ़ इतना कहा था कि मैं यहाँ लेखक बनने आया हूँ।”

“संन्यासी लड़के की मासूमियत पर हँसना चाहता था।”

लड़का अभी भी अपने उसी सवाल पर अटका हुआ था, “यह आपको कैसे पता कि मैं एक घुमक्कड़ बनने की राह पर हूँ?”

...इसी बीच किताब का एक और पन्ना पलट गया। लड़के का सवाल एक बार फिर से कहीं पीछे छूट गया।

दोनों देर तक नंगे पाँव गंगा किनारे बने आश्रम में घूमते रहे। लड़के के मन में अब भी सैकड़ों सवाल थे, संन्यासी के पास सैकड़ों सवालों के जवाब। बिना किसी बात की परवाह किए वह लड़का परस्पर अपनी बात को एक-एक करके उस संन्यासी के सामने रखता गया और शाम ढलने से पहले त्रिवेणी घाट पर पहुँचा जहाँ पहले से एक नाव खड़ी थी। संन्यासी उस बच्चे को वहीं पर छोड़ लकड़ी की नाव पर सवार हो गया। संन्यासी को उस पार जाना था, लड़के को अपने जीवन के मध्य ही कहीं छूट जाना था।

वह देर रात घाट पर बैठा अपने जीवन और अतीत के बारे में सोचता रहा। एक सिगरेट जलाई, चार चाय पी और अपनी प्रेमिका के अंतिम ख़त को जेब से निकाल काग़ज़ की नाव बना नदी में तैरा दिया। उसे अपना वह बचपन याद आया जब वह डूबने के डर से बेफ़िक्र इस तरह की काग़ज़ की नाव को बरसात के पानी में तैराया करता था। कभी-कभी उस काग़ज़ की नाव पर वह कुछ चींटों को भी बैठा देता था और देर तक उस नाव को डूबते उतराते देखता

रहता। कभी नाव डूबती और कभी पार हो जाती। वह चींटे हाथ पैर मारते कभी पार हो जाते, कभी किसी तिनके के सहारे ख़ुद को बचा लेते। वहाँ कोई ईश्वर नहीं था। ना तो उस लड़के का और ना ही उन चींटों का। और वह उन चींटों को अपनी हथेली पर रखकर ज़ोर से हँसता था।

"ईश्वर कल भी अनुपस्थित था आज भी अनुपस्थित है।" लड़के ने अपने मन में सोचा, एक और सिगरेट जलाई। ठंड बढ़ गई थी। वह संन्यासी की दी हुई शॉल को घाट पर ठिठुर रहे एक युवक को ओढ़ा अपने ठिकाने पर लौट आया और वह काग़ज़ की नाव देखते-ही-देखते उसकी आँखों से दूर जाकर कहीं ओझल हो गई।

***

खंड 2

काश मैं बुद्ध हो पाता!

कथा से पहले

लड़का देर रात त्रिवेणी घाट पर बैठा अपनी यात्रा के बारे में सोचता रहा। वह अभी तक समझ नहीं पाया था कि महीनों से चली आ रही उसकी यात्रा का सार क्या है? जबकि यात्रा का अंत और प्रारब्ध दोनों ही हरिद्वार था। हरिद्वार का अर्थ 'हरि (ईश्वर) का द्वार' होता है। यह हिंदुओं के सात पवित्र स्थलों में से एक है।

विचारों के मध्य डूबे लड़के को लगा कि वह ऋषिकेश नहीं बल्कि हरिद्वार के उस घाट पर बैठा है जहाँ से उसने अपनी यात्रा की शुरुआत और अंत की थी। जबकि वह अब भी ऋषिकेश के त्रिवेणी घाट पर बैठा था। वह रात उसे याद आई और वह अपनी अंतरयात्रा पर निकल गया।

इस यात्रा में उसका सारा संवाद ख़ुद के साथ था।

जो यात्रा हरिद्वार से शुरू हुई थी बावन रातों के बाद हरिद्वार में ही आकर समाप्त हो गई। वह बिलकुल उसी जगह पर आकर बैठा है जहाँ यात्रा शुरू करने से ठीक पहले बैठा था। थकान पैर से सिर तक पहुँच गई थी। भूख से पेट कचोट रहा था और उसे संदेह था कि इतनी बड़ी यात्रा बिना रुपये-पैसे के कैसे संभव हो पाएगी? यह तक़रीबन दो महीने पहले की बात है। अब जब पूरी हो चुकी है तो उसे ख़ुद को ही नहीं यक़ीन हो पा रहा है।

लड़के ने अपने मन में ही सोचा और परस्पर ख़ुद को इस बात का यक़ीन दिलाने में लगा रहा कि उसकी यात्रा पूरी हो चुकी है और उसका ख़ुद के साथ संवाद परस्पर गहरा होता गया।

लड़के ने कहा, "मेरे साथ अक्सर ऐसा होता है। हर काम मैं डर-डर के करता हूँ और एक अच्छा मौक़ा मिलते ही अपने डर पर क़ाबिज़ हो जाता हूँ। एक वक़्त बाद मेरा डर जीत में तब्दील हो जाता है। इस यात्रा का ख़याल भी

मुझमें एक डर के साथ आया था। अभी भी वह सब कुछ स्मृतियों में दर्ज़ है। ख़ैर, सर्दियों का महीना है। हवा के एक-एक झोंके को झेलना मुश्किल होता जा रहा है। ठंड से देह छोटी और चेहरा सख़्त होता जा रहा है।"

"इस समय मैं अपने सबसे सूक्ष्म रूप में हूँ।"

"सच कहूँ तो इतना कुछ देखने-सुनने-समझने के बावजूद मैंने अपने लिए 'हर की पौड़ी' का एकांत चुना है। इतनी मरी हुई शांति मैंने पहले कभी किसी घाट पर नहीं देखी थी। बनारस के मणिकर्णिका के घाट पर भी नहीं। अर्धरात्रि का वक़्त है। शायद, गंगा भी गहरी नींद में है। अब मुझे भी सो जाना चाहिए। मेरे अंदर से हल्की-सी आवाज़ आती है और मैं जूते को सिरहाने रख जैसे ही लुढ़कने को होता हूँ एक जानी-पहचानी आवाज़ कानों में टकराती है– तू फिर आ गया?

मैं उठकर बैठ जाता हूँ। चेहरा अँधेरे में दिखाई नहीं देता।

"पहचाना नहीं?"

मैं अपनी आँखों को मलता हूँ।

"तू जब भी मेरे पास आता है भूखे पेट ही क्यों आता है? ले खाना खा!"

"बाबा, मैं आपसे कब मिला?"

"तू बता, मुझसे कब मिला?"

वह लड़का अपनी पिछली स्मृतियों के तहख़ाने में घुसने की कोशिश करता है उसे कुछ समझ नहीं आता है।

"तू क़रीब 52 दिन पहले इसी घाट पर, इसी समय, बिलकुल इसी स्थिति में मिला था। देख तू उस दिन भी भूखा था और आज भी भूखा है। मैंने तुझे उस दिन भी भुने हुए चने दिए थे और आज भी दे रहा हूँ। ...और वह शॉल कहाँ है जो मैंने तुझे उस रात दिया था? अब लौटा दे। तेरी तरह कोई और आएगा।"

वह शॉल? एकाएक पूरा परिदृश्य मेरी आँखों के सामने घूम गया। काफ़ी कुछ याद आया।

लड़के ने कहा, "वह शाल तो मुझे एक भिखारी ने दी थी।"

संन्यासी ने कहा, "भिखारी नहीं, भिक्षुक!"

"... और एक भिक्षुक से संत होने में समय ही कितना लगता है?" वह मैं ही था।

"उस दिन भी तुझसे मैं इतने ही समय के लिए मिला था। आज भी तुम्हारे लिए मेरे पास इतना ही वक़्त है। अब चलता हूँ।"

"और यह मत पूछा कर कि कैसे हुआ? इस बात को समझ–जो होना है, वह होना है। जो नहीं होना है, वह नहीं होना है। तू क्या करना चाहता है? जो सहज है, वह सहज है। जो अनिवार्य है, वह अनिवार्य। बाक़ी सब व्यर्थ। बस इतना ही तो समझना है।"

लड़के ने संन्यासी की बात को दोहराया, "जो सहज है, वह सहज है। जो अनिवार्य है, वह अनिवार्य। बाक़ी सब व्यर्थ। बस इतना ही तो समझना है।"

और मेरे सामने एक और दुनिया खुलकर सामने आ गई। मानो कि हवा के एक तीव्र झोंके के साथ मेरे जीवन की किताब का पन्ना-दर-पन्ना खुलता चला गया!

इस तरह लड़का तक़रीबन दो महीने पहले शुरू हुई अपनी यात्रा की स्मृतियों में डूबता-उतराता एक बार फिर से वर्तमान में दाख़िल होने की कोशिश में लग गया। पर वह अतीत जिसे हम पीछे छोड़ आते हैं, वह हमारा पीछा कब छोड़ता है? उसकी यात्राओं में भटकाव था और इन्हीं छोटे-छोटे भटकाओं ने ही उसे लोग और लोक से परिचित करा जीवन का बोध कराया।

हरिद्वार में घटित इस मामूली-सी घटना से उसे यह समझ में आ गया कि यात्राओं में बहुत दूर जाकर भी हम सब एक न एक दिन लौटते हैं और अंतत: वहीं पहुँच जाते हैं जहाँ से हम सब चलना शुरू करते हैं।

हमारी ज़्यादातर यात्राएँ घर से शुरू होती हैं, और हम घर पर पहुँचते हैं। लेकिन उस लड़के की यात्रा भटकाव से शुरू हुई थी और वह लंबे समय तक भटकता रहा था। लेकिन वह बुद्ध होने के क़रीब पहुँचकर भी कभी बुद्ध नहीं बन पाया।

01

जीवन, गति और ठहराव

लड़का देर तक ऋषिकेश के उसी त्रिवेणी घाट पर बैठा अपनी पूर्व की यात्राओं और प्रेम के बारे में सोचता रहा। वह अब भी समझ नहीं पा रहा था कि उसके जीवन में आए इस बिखराव का अर्थ क्या है? वह यह सब क्यों कर रहा है? उसके द्वारा की गई अब तक की यात्राओं के अर्थ और मायने क्या हैं? जवाब खोजते पूरी रात उसे नींद नहीं आई।

अगली सुबह वह दुबारा वहीं पहुँच गया जहाँ संन्यासी से मिला था। कई नावों को वह आते-जाते देखता रहा और घंटों तक उसका इंतज़ार किया। एक बार उसे दुबारा अपनी प्रेमिका की याद आई और वह ख़त लिखने वाली लड़की भी जिसके लिए यात्राएँ करता रहा है। वह उसके लिखे अंतिम ख़त और उस ख़त से बनाई नाव के बारे में सोचता रहा। यह भी सोचा कि वह नाव कहाँ तक गई होगी? और फिर अपनी अतीत की स्मृतियों में एक बार फिर से खो गया।

ऋषिकेश में उसका दूसरा दिन था। रोज़ की तरह संन्यासी उस दिन भी स्नान-ध्यान के लिए घाट पर पहुँचा। यह एक तरह से उसका नित्य का क्रियाकलाप था। तभी उसकी नज़र उस लड़के पर पड़ी। संन्यासी को तनिक भी अंदाज़ा नहीं था कि वह लड़का उसे दूसरे दिन भी यहाँ मिल जाएगा। संन्यासी लड़के से सवाल करना चाहता था लेकिन उसे अपने ही विचारों में डूबा देख कमंडल को सीढ़ी पर रख बग़ल में बैठ गया। कोई बातचीत नहीं, कोई औपचारिक संवाद नहीं। दोनों के मध्य एक लंबी और गहरी चुप्पी छाई रही। कुछ देर ठहरकर संन्यासी ने पूछा, "तुम फिर आ गए?"

लड़के ने कोई जवाब नहीं दिया। शायद उसे यह सवाल ज़्यादा ज़रूरी ही नहीं लगा।

संन्यासी ने कहा, "तुम दुबारा यहाँ मिलोगे मुझे इसकी तनिक भी उम्मीद नहीं थी।"

लड़के ने कहा, "कुछ सवाल अधूरे रह गए थे। कुछ बातें भी। मैं रात भर सो नहीं पाया, बस उन्हीं सवालों के बारे में पूरी रात सोचता रहा और सुबह होते ही यहाँ चला आया।"

संन्यासी ने पूछा, "कहाँ ठहरे हो?"

लड़के ने कहा, "कहीं ठहरा ही तो नहीं हूँ। बस भाग रहा हूँ ताकि ठहराव मिल सके।"

"रह कहाँ रहे हो?" संन्यासी ने स्पष्टता चाही।

लड़के ने कहा, "कहीं नहीं, कोई ठिकाना ही तो नहीं ढूँढ़ पाया।"

"यह सब कब से चल रहा है?" संन्यासी ने उसके निजी जीवन के प्रति थोड़ी-सी उत्सुकता दिखाई।

लड़के ने कहा, "वर्षों से, या फिर यह कह लो कि जबसे घर छोड़ा। जगहें तो बहुत मिलीं पर घर छोड़ने के बाद फिर कभी घर नहीं मिला।"

संन्यासी ने कहा, "हाँ, यह सच है। एक बार घर छोड़ देने के बाद दुबारा घर नहीं मिलता, पर यह भटकाव किसने दिया?"

"गौतम बुद्ध ने।" लड़के ने जवाब दिया।

संन्यासी ने कहा, "वह एक राजा थे।"

"एक त्यागी और संन्यासी भी।" लड़के ने जवाब दिया।

संन्यासी ने कहा, "हाँ, उनके मन में कुछ सवाल थे। जैसे कि जीवन क्या है? संसार दुखों से क्यों भरा है? मृत्यु क्यों है? आदि।"

लड़के ने कहा, "मेरे पास भी कुछ सवाल हैं।"

उसकी बात सुन संन्यासी मुस्कुराया और पूछा, "रात में कहाँ ठहरे थे?"

"त्रिवेणी घाट।" लड़के ने जवाब दिया।

संन्यासी ने कहा, "यह एक तरह का भटकाव है और बुद्ध का भटकाव भटकाव नहीं विस्थापन था। एक दुनिया को छोड़कर उन्होंने एक दूसरी दुनिया को चुनी थी।

लड़के ने कहा, "वह एक राजकुमार थे और वह काम नहीं कर पाए जो

उन्हें करना था।"

संन्यासी ने कहा, "उन्होंने एक नयी राह चुनी। नया मार्ग बनाया जिस पर वर्तमान में सैकड़ों लोग चलते हैं।"

लड़के ने कहा, "मेरी भी दो दुनिया थी। एक जो मैं जी रहा था, दूसरी जो अक्सर जीना चाहता था। जिस दुनिया को जी रहा था वह सदैव आसान लगी और जिसे जीना चाहता था वह हमेशा से ही मुश्किल जान पड़ी थी। शायद, इसीलिए अपनी पसंद की ज़िंदगी जीने की चाह गहरी होने के बावजूद वर्षों से किसी अंतिम निर्णय पर नहीं पहुँच पाया। मेरे जीवन के कई महत्त्वपूर्ण साल यूँ ही गुज़र गए।"

संन्यासी ने कहा, "तो तुम सचमुच ख़ुद को गौतम बुद्ध मानते हो?"

संन्यासी की बात सुनकर लड़का हँसना चाहता था पर उसने कहा, "होना चाहता हूँ। परंतु सच कहूँ तो मेरे पास पिछले 15 साल की उम्र का कोई हिसाब नहीं है। बाक़ी शुरुआती 7 साल की महज़ कुछ धुँधली स्मृतियाँ हैं, जिनसे सच दिखाई नहीं देता, महज़ कभी-कभार झाँकता हुआ प्रतीत होता है। सवाल यह है कि मैंने इन सालों में किया क्या? महज़ अपने मन के अंतर्द्वंद्वों और भटकाव को जिया। काफ़ी हद तक यह सामान्य भी रहा। मैं स्कूल गया, अपने जैसे लोगों से मिला, किताबों से परिचित हुआ और एक लड़की से प्रेम भी किया लेकिन अपने मन के अंतर्द्वंद्वों से कभी बाहर नहीं निकल पाया। दादी के जाने के बाद से ही भटकाव मेरे जीवन का एक अभिन्न हिस्सा बन गया था। एक अच्छी-ख़ासी उम्र गुज़ार लेने के बाद एक लम्हा ऐसा आया जब लगने लगा कि निर्णय करना ज़रूरी है तो मैंने अपने लिए अपनी शुरुआती ज़िंदगी की राह पकड़ी, अपने लिए मैंने सबसे कठिन रास्ता चुना।"

"यह कब की बात है?" संन्यासी ने सवाल किया।

"कुछ दिन पहले की बात है।" लड़के ने जवाब दिया।

संन्यासी ने थोड़ी और स्पष्टता चाही, "कब की?"

"तक़रीबन दो महीने पहले की।" लड़के ने जवाब दिया और फिर कहा, "मुझे पता था कि मैं एक जन्मजात घुमक्कड़ हूँ और इसे ही अपने जीवन का अंतिम सत्य मान हिमालय की यात्रा पर निकल गया और 52 दिन 53

रातों तक बिना एक कौड़ी ख़र्च किए नदी, पहाड़, जंगलों में भटकता रहा। यह मेरे लिए आसान तो नहीं था लेकिन बुद्ध होने जितना मुश्किल भी नहीं।

"पर क्यों? यह सब क्यों?" संन्यासी ने पूछा।

लड़के ने कहा, "स्पष्ट नहीं कुछ भी, मानो कि मुझमें कोई तलाश छुपी थी। मैं एक साथ कई चीज़ों को ढूँढ़ना चाहता था जैसे कि उस लड़की को जिसके बारे में उसके गाँव के गड़ेरियों ने बताया था, जिसका घर दो पहाड़ियों के बीच में था, जिसके घर की छत पर बादल उतरते थे।"

"उस लड़की को या फिर अपने अंदर के लेखक और घुमक्कड़ को?" संन्यासी ने सवाल किया।

"बताया तो स्पष्ट कुछ भी नहीं, बस एक अंतिम निर्णय की बात थी और इसी छोटे से निर्णय ने मेरी पूरी ज़िंदगी की परिभाषा को बदल दी। मुझे जीवन के एक नये मोड़ पर लाकर खड़ा कर दिया। वह यात्रा पूरी हो चुकी है तो लोग मेरे बारे में जानना चाहते हैं। मेरी यात्रा को लेकर लोगों में एक गहरी उत्सुकता दिख रही है। लोग पूछ रहे हैं कि बिना रुपये-पैसे के आख़िर यह यात्रा संभव कैसे हुई? और मैं इन सबसे इतर यह सोच रहा हूँ कि क्या मैं अपने पूर्व के जीवन या फिर बचपन में लौट रहा हूँ? क्योंकि इस यात्रा का मेरा एक अहम उद्‌देश्य अपने बचपन को ढूँढ़ना और उसमें लौटना भी था और कुछ हद तक उस लड़की तक पहुँचना भी जिसका नाम अनिका था।" लड़के ने कहा।

"फिर जवाब क्या मिला? तुम पहुँचे कहाँ?" संन्यासी ने पूछा।

लड़के ने कहा, "दरअसल, मैं दो तरह के सवालों के बीच में उलझा हुआ हूँ। एक जो मेरा अपना है। दूसरा जो लोगों का है। मेरे लिए अपने सवाल का जवाब ढूँढ़ना पता नहीं क्यों ज़्यादा महत्त्वपूर्ण लगता है और मैं बार-बार अपने पूर्व के जीवन और स्मृतियों में खो जाता हूँ। युवा होने के बाद वह सब कर पाया जो बचपन से करना चाहता था। इसीलिए बार-बार मेरा बचपन खुलकर मेरी आँखों के सामने आ जाता है।"

संन्यासी ने कहा, "यह तो एक अच्छी और आदर्श स्थिति है। विगत की स्मृतियों को विस्मृत करके ज़िंदा रहो कब किसने कहा? लेकिन उस जीवन

का क्या जो अभी तुम जी रहे थे? उस जीवन का क्या जिसमें तुम अभी-अभी शामिल थे। यह विस्थापन न हो तो भी एक अलग तरह का जीवन है।"

लड़के ने कहा, "बुद्ध ने भी यही किया था। उन्होंने अपनी पत्नी और बच्चे को छोड़ दिया था। शायद स्त्रियाँ इसीलिए एक पुरुष के बौद्धित्व या बुद्ध हो जाने से डरती हैं।"

संन्यासी ने कहा, "तुम एक जीवन से दूसरे जीवन में प्रवेश कर रहे हो। मुझे पता है कि तुम काफ़ी कुछ समेटने की कोशिश कर रहे हो, पर ऐसे में बहुत कुछ छूट भी जाता है। तुम उसका क्या करोगे जो एक बार फिर से छूट जाएगा?"

"वह तो वैसे भी छूटना है।" लड़के ने जवाब दिया।

"फिर यह समेटने की कोशिश ही क्यों?" संन्यासी ने सवाल किया।

लड़के ने कहा, "मैं कुछ भी समेटना और छोड़ना नहीं चाहता था। मैं बस उबरना चाहता था और अब जब उन सब चीज़ों से उबर जाने के अंतिम पायदान पर खड़ा हूँ तो बस दर्ज कर देना चाहता हूँ।"

संन्यासी ने कहा, "तो तुम मेरी बात से सहमत हो, तो तुम सचमुच एक किताब लिखने के बारे में सोच रहे हो।"

लड़का हँसा। उसके चेहरे की उदासी धीरे-धीरे कटकर अलग होने लगी। वह बीते हुए दिन की अपेक्षा काफ़ी आत्मविश्वास से भरा हुआ था। दुख की एक नदी जो उसके अंदर बह रही थी वह अब धीरे-धीरे अपनी दिशा बदलने लगी थी। वह महीनों बाद कुछ अच्छा महसूस कर रहा था।

"ख़ैर, तुम्हारी यह यात्रा कैसी रही?" एक सवाल के साथ संन्यासी ने उसे उसके उलझाव भरे अतीत से बाहर लाने की कोशिश की।

लड़के ने कहा, "बावन दिन और तिरपन रातें बिना रुपये-पैसे के गुज़ारना आसान नहीं था। सचमुच, यह मेरे जीवन की सबसे बड़ी यात्रा थी। इस दौरान बहुत कुछ ऐसा हासिल हुआ जिसका कोई निर्धारित मापक नहीं होता है।"

"जैसे कि?" संन्यासी ने पूछा।

लड़के ने कहा, "ज़िंदगी में एक-एक करके सैकड़ों लोग शामिल हुए हैं। पहले की अपेक्षा ज़िंदगी एक बहुत ही विस्तृत रूप में खुलकर सामने आई है।

यह ज़िंदगी वही होकर भी उससे बहुत अलग है जो मैं कभी जी रहा था। जीवन पहले से कहीं ज़्यादा अर्थपूर्ण और ख़ूबसूरत लगने लगा है।"

संन्यासी ने कहा, "लेकिन यह इस जीवन का इकलौता या फिर एकतरफ़ा पहलू है।"

लड़के ने कहा, "दूसरी तरफ़ इसके ठीक विपरीत कई महीनों से समय के अभाव में अपने सगे-संबंधियों और दोस्तों से बात तक नहीं हो पाई है। एक ख़ालीपन मुझसे दो फलांग की दूरी पर खड़ा ख़ुद के भरे जाने के इंतज़ार में है। कुछ ऐसे सवाल हैं, जिनका जवाब दूर-दूर तक कहीं मिलता दिखाई नहीं दे रहा है। ऐसा लग रहा है बहुत दिनों बाद किसी गहरी नींद से जगा हूँ। या फिर किसी बहुत गहरे सपने से अपनी आँखें मलते हुए बाहर निकल रहा हूँ। यह विस्थापन है, या फिर नवजीवन का संकेत मुझे नहीं पता। सच कहूँ तो इस समय मेरे सामने दो दुनिया है, दो दरवाज़े, दो खिड़कियाँ, दो रौशनदान, दो ऊर्जा के स्रोत हैं। बावजूद इसके यह विचलित होने का दौर बिलकुल भी नहीं है। मुझे अच्छी तरह से पता है कि किस दरवाज़े से अपनी दुनिया में दाख़िल होना है, किस खिड़की से बाहर देखना है। किस दरवाज़े से बाहर निकलना है, किस खिड़की से अंदर झाँकना है। अब जब अपनी यात्राओं को पूरी करके वापस उसी जगह पर लौट आया हूँ जहाँ से चला था तो ऐसा लग रहा है कि दुनिया गोल है। खो जाने का डर बिलकुल ही ख़त्म हो गया है।"

"इससे आगे का क्या ?" संन्यासी ने सवाल किया।

लड़के ने कहा, "लोगों को लग रहा है कि यात्रा समाप्त हो गई। लेकिन सही मायने में मुझे मेरी यात्रा शुरू और यहाँ से और भी बड़ी होती दिख रही है। देश-दुनिया को अपने पैरों से नापने, किताबें लिखने तथा यायावरी एवं आवारगी के लिए अगले कई सालों तक की रूपरेखा लगभग अभी से निर्धारित होती जान पड़ रही है और यह सब कुछ अब तो जीवन में अनवरत चलते ही रहना है। मुझे अब इसी भटकाव को जीना है, बिना भटकाव के भला कौन कहाँ पहुँचा है ?"

संन्यासी ने कहा, "यह भटकाव एक तरह से जीवन का बोध है, अगर

जीवन को समझना चाहते हो तो इस तरह के भटकाओं से गुज़रना लाज़मी है। तुम मंज़िल पर न भी पहुँचो तो भी एक रास्ते पर तो हो। आगे से जब यह भटकाव तुम्हें विचलित करे तो अपने समानांतर चल रहे जीवन को देखना, बहुत कुछ स्पष्ट होता जाएगा।"

लड़के ने कहा, "जैसे?"

संन्यासी ने कहा, "जैसे कि तुम यह सोचने लगो कि तुम्हारे दोस्त क्या कर रहे हैं? किस तरह का जीवन जी रहे हैं? निःसंदेह तुम ख़ुद को सबसे बेहतर स्थिति में पाओगे, और ख़ुद को लेकर और ज़्यादा स्पष्ट होते जाओगे।"

संन्यासी की बातें लड़के को बहुत ही अच्छी लगीं। उसने अपने आस-पास के बहते हमउम्र दोस्तों के जीवन को समझने का प्रयास किया तो पाया कि सभी का जीवन भौतिकवाद और भोग-विलासिता के आस-पास स्थिर है। कोई अध्यात्म नहीं, कोई दर्शन नहीं, कोई गति नहीं।

लड़के ने कहा, "मेरे भटकाव भरे जीवन में गतिशीलता तो है, लोग तो हैं, लोक तो है, जीवन तो है। मेरी यात्राओं में बुद्धत्व न भी सही लेकिन एक तरह का बोध तो है। बस इतना ही मुझे चाहिए।"

02

ख़ुद में लौटना

जिन लोगों ने लड़के को नदी, पहाड़ और जंगलों में घूमते हुए देखा था वे उसके आगे के जीवन के संदर्भ में जानना चाहते थे। लड़का सुबह रास्ते पर निकलता, अनजान जगहों पर, अजनबी लोगों से मिलता और जहाँ शाम होने को होती उसी जगह पर अपना टेंट लगाकर सो जाता। इस तरह कई-कई रातें उसने नदी के किनारे या फिर पहाड़ी घाटियों में बिताईं और घुमंतू लड़के की अपनी पहचान को वापस पाई।

'घुमंतू', उसकी दादी उसे इसी नाम से संबोधित करती थी।

जब वह बड़ा हुआ तो उसकी यह पहचान कहीं खो गई। अब तो दादी भी नहीं थी जो उसकी यह पहचान वापस दिलाती। पर उसके जीवन में घटित घटनाओं और स्थितियों-परिस्थितियों ने जब एक बार फिर से उसी जगह पर लाकर खड़ा कर दिया जहाँ उसे उसकी दादी छोड़कर गई थी तो वह ख़ुद में लौटने के बारे में सोच पाया।

...और लौटा भी।

ऐसा नहीं कि उस लड़के का जीवन बहुत ख़ास था। वह पूर्वी उत्तर प्रदेश के एक घुमंतू परिवार से था जो काफ़ी समय से भेड़ पालन करता था और नेपाल के तराई की चरागाहों में सालों-साल भटकता रहता था। घुमक्कड़ी का संस्कार उसे उसकी दादी ने दिया था लेकिन दादी के जाने के बाद उसके जीवन का रुख़ मुड़ गया। वह भी बाक़ी बच्चों की तरह ही बड़ा हुआ, फिर पढ़ाई-लिखाई और नौकरी की दौड़ में शामिल हो गया।

इस मध्य मायरा किसी-न-किसी रूप में उसके साथ रही। यदा-कदा उस लड़की की स्मृतियाँ भी जिसने उसके अंदर पहाड़ पैदा किया था।

लड़के ने अपनी स्कूलिंग पूरी की, कॉलेज ज्वॉइन किया, फिर नौकरी

की जद्दोजहद। जॉब पर जॉब बदलता रहा और वह जीवन जिसकी कल्पना बचपन से किया करता था, कहीं खो गया। कभी-कभार याद भी आया तो उसे हर बार की तरह नज़रअंदाज कर दिया। लेकिन एक मोड़ पर जाकर यह मुश्किल लगने लगा।

"मुश्किल क्यों?" उसने ख़ुद से सवाल किया।

"क्योंकि यह दुनिया मेरी उस दुनिया से बहुत अलग थी जिसकी कल्पना मैंने अपने बचपन में की थी।" उसके भीतर से आवाज़ आई।

शायद इसलिए भी कि वह अपने साथ के लड़कों से थोड़ा ज़्यादा संवेदनशील था, दादी को वर्षों बाद भी नहीं भूल पाया। वह उसमें कहीं-न-कहीं बनी रहीं। किशोरावस्था के बाद प्रेम भी हुआ। दादी के जाने के बाद उसके जीवन में जो ख़ालीपन था उसे इस प्रेम ने भरने का प्रयास किया लेकिन फिर जब मायरा इस दुनिया से चली गई तो उसके हृदय पर इसका गहरा प्रभाव पड़ा।

लड़के ने कई बातों को स्वीकार किया–

"मैं तड़प उठा, और फिर सख़्त हो गया। मुझे लगा कि ईश्वर मर चुका है। मैंने उसे नकारने की कोशिश की और यहीं से मेरे जीवन में एक अंतर्द्वंद्व शुरू हो गया। मैंने अपनी स्थायित्व भरी ज़िंदगी को त्याग दिया। पढ़ाई-लिखाई, नौकरी, घर-परिवार, दोस्त सब एक-एक करके छूटते गए। मैं ख़ुद के साथ अकेला रह गया। उस अंतर्द्वंद्व से निकलने की प्रक्रिया में मैंने पाया कि वह बच्चा जिसे सात साल की उम्र में दादी छोड़कर गई थी अब भी मुझमें कहीं ज़िंदा है। दूसरे शब्दों में कहूँ तो मुझे लगा कि मैं दो आत्माओं के साथ ज़िंदा हूँ। इस आभास के साथ ही एक बहुत बड़े वैचारिक यात्रा पर निकल पड़ा। इस यात्रा में उलझाव तो है पर बाहर निकलने का कहीं-न-कहीं कोई रास्ता भी छुपा है। एक बंद कमरे से निकलकर ख़ुद के लिए रास्ता ढूँढ़ रहा हूँ। हर दिन बाहर निकलने की जद्दोजहद कर रहा हूँ, परंतु निकल नहीं पा रहा हूँ।

"कुछ लोग कहते हैं मैं खो गया हूँ। जबकि अपनी यात्रा के दौरान हर रोज़ मैंने ख़ुद को पाने की कोशिश की है। मैंने बचपन में एक अच्छा-ख़ासा

घुमंतू जीवन जिया है पर युवावस्था के इस पड़ाव पर आकर मेरी भेड़ें कहीं खो गई हैं। अच्छी बात यह कि मेरी प्रवृत्ति अब भी मुझमें ज़िंदा है। एक तरह से देखा जाए तो अब मैं शब्दों का चरवाहा हूँ। घूमने के साथ-साथ थोड़ा-बहुत लिखता हूँ। अपनी इन यात्राओं के माध्यम से फिर से अपने बचपन की स्मृतियों और घुमक्कड़ जीवन में एक बार फिर से लौटने का प्रयास कर रहा हूँ। एक बार फिर से अपनी भेड़ों के साथ चार पैरों से चलने की शुरुआत के वर्षों बाद अपने दो पैरों पर चलना सीख रहा हूँ और ऋषिकेश आकर मुक्ति का एक ऐसा मार्ग तलाश रहा हूँ जो मुझे मेरे पूर्व के जीवन और स्मृतियों से मुक्त कर दे। सुना है कि इस शहर में संतुलन है। मैं अपने उलझाव भरे जीवन को संतुलित करना चाहता हूँ। कुछ लोग तो यह भी कहते हैं कि मैं अपने बचपन और उस लड़की को नहीं बल्कि अपने अंदर के छुपे हुए एक घुमक्कड़ और लेखक को ढूँढ़ रहा हूँ। पर इस बात को लेकर भी मैं पूरी तरह से स्पष्ट नहीं हूँ।"

संन्यासी ने कहा, "मैंने भी तो यही कहा कि तुम एक काग़ज़ की नाव बनाकर उस पर सवार हो जाओ। तुम लिखना जानते ही हो, एक किताब लिखो। यह किताब दो मायने में तुम्हारे लिए महत्त्वपूर्ण हो सकती है। एक तो यह कि ये तुम्हें तुम्हारे पूर्व के दुखों से बाहर निकालेगी। दूसरा ये कि यह किताब तुम्हारे घुमंतू जीवन और लेखन की एक नयी शुरुआत होगी। जीवन को संतुलित करने के लिए विचारों में संतुलन का होना बहुत ज़रूरी है, सृजन तुमको अंतिम हद तक संतुलित करने का काम करेगा।"

लड़के ने कहा, "मैं भी बिलकुल ऐसा ही सोचता हूँ। शायद, इसीलिए एक ख़ाली कैनवास पर अपने अनुभवों और अनुभूतियों के कुछ गहरे रंग भरने की एक सहज कोशिश कर रहा हूँ। मेरे लिए यह बिलकुल ही अलग दुनिया है। यात्राएँ हमें जितना भरती हैं, उतना ही ख़ाली भी करती जाती हैं। मैं एक तरफ़ भरा तो दूसरी तरफ़ ख़ाली महसूस कर रहा हूँ। मैंने यात्राएँ ख़ूब की है और जानता हूँ कि यात्राएँ लेखन का ही एक हिस्सा हैं। जब हम घूमते हैं तो उससे प्राप्त अनुभवों और अनुभूतियों को कहीं-न-कहीं दर्ज भी तो करते हैं। मैंने भी अपनी इस यात्रा में काफ़ी कुछ मौखिक रूप से दर्ज किया है।"

यात्राएँ जो एक तरह की विरक्ति के साथ हममें पैदा होती हैं गहरे रूप से जोड़ने का काम करती हैं। हम अपनी यात्रा के दौरान न जाने कितनी जगहों, कितने लोगों, कितनी संस्कृतियों से जुड़ते हैं। कई लोगों से दिल मिलता है, कइयों से हम हृदय से इस क़दर जुड़ जाते हैं कि एक अनजान और अपरिभाषित रिश्ता जन्म ले लेता है। पिछली यात्रा के दौरान हिमालय से जुड़े ज़मीनी रिश्तों ने जगहों के प्रति उस लड़के के अंदर एक गहरा आकर्षण और कई दिलों के प्रति बहुत लगाव पैदा किया था। वह प्रकृति की भाषा को पहले से ज़्यादा समझने लगा था।

लड़के ने कहा, "अब तो ऐसा लग रहा है कि जीवन के कुछ महत्त्वपूर्ण साल इसी की ही परिधि में रहकर गुज़ारने हैं। कुछ किताबें, कुछ मुलाक़ातें, कुछ रिश्ते अभी भी जीने बाक़ी हैं। उन्हें आने वाली मुलाक़ातों में समेटकर रख लेना है। इस छोटे से जीवन में उम्र की कई सीमाएँ लाँघनी हैं। ज़िंदगी को गले तक डूबकर जीना है, दिल भरके लिखना है और फिर कुछेक मामूली कसक के साथ दुनिया भर की तमाम राहों को अपने पीछे उदास छोड़ आगे बढ़ जाना है। मेरे लिए ज़िंदगी बस इतनी ही है।"

"बाक़ी ?" संन्यासी ने पूछा।

लड़के ने कहा, "बाक़ी ऐसे दोस्तों की इनायत जिनमें से कुछ से तो कभी मुलाक़ात भी नहीं हुई है, जो दूर रहकर भी अपनापन और क़रीब होने का हमेशा एहसास दिलाते रहते हैं। जिनसे संवेदनाओं, भावनाओं और अहसासों का एक गहरा रिश्ता है। मेरी यह यात्राएँ बस उन्हीं चंद लोगों के लिए हैं जो इस दुनिया को लेकर अभी भी सकारात्मक दृष्टिकोण रेखते हैं, जो मेरे जैसा सोचते हैं और मेरी घुम्मकड़ी को प्यार करते हैं। आख़िर यही तो जीवन है।"

"मुझे ख़ुशी है कि तुम जीवन को समझ पा रहे हो।" संन्यासी ने कहा।

लड़के ने कहा, "यह सब कुछ ज़रूरी नहीं होते हुए भी बस इसलिए दर्ज कर देना है ताकि मेरे बाद भी वह मानवीय संवेदनाएँ, निश्छल भावनाएँ, गहरे एहसास और मेरी यात्राएँ लंबे समय तक लोगों के दिलों में ज़िंदा रहें।"

"यह तो अमर होने की कोशिश है।" संन्यासी ने कहा।

लड़के ने कहा, "नहीं, ऐसा मैं नहीं सोचता और न ही ऐसा चाहता हूँ। मैं

बस कहीं पहुँचना चाहता हूँ। यह यात्रा जो पहले क़दम से शुरू होती है बहुत दूर तक जाती है। इसलिए इसकी तैयारी बड़ी होनी चाहिए। सच कहूँ तो मेरे साथ एक दिन में यह सब कुछ घटित नहीं हुआ।"

संन्यासी ने कहा, "किसी के साथ भी कोई बड़ी चीज़ एक दिन में घटित नहीं होती। टुकड़ों-टुकड़ों में ही जीवन पूरा होता है।"

लड़के ने कहा, "मेरे जीवन को एक ऐसा ख़ाली कैनवास मिल गया है जिसमें अपने टुकड़े-टुकड़े जीवन को समग्रता का बोध कराया जा सके।"

"यह बोध क्या इंसान के जीवन में बड़ी-बड़ी यात्राओं से आता है?" संन्यासी ने सवाल किया।

"नहीं, ये हमारी छोटी-छोटी यात्राओं से आता है।" लड़के ने जवाब दिया।

"फिर इसका फलक क्या है?" संन्यासी ने सवाल किया।

लड़के ने कहा, "एक छोटी यात्रा। 'तीन दिन की पैकिंग के साथ घर से निकल रहा हूँ, पता नहीं जाना कहाँ है! कल सुबह तक संभवतः उत्तराखंड या फिर हिमाचल प्रदेश के किसी गाँव में नंगे पाँव चलते हुए मिलूँ।' यह 16 फ़रवरी 2020 का फ़ेसबुक स्टेटस है जो रात के 11 बजे मैंने पोस्ट किया था। आज तक़रीबन यात्रा के साल भर बाद 01 नवंबर 2021 को घर से अपने जीवन की सबसे लंबी यात्रा पर निकलते हुए यह सोच रहा हूँ कि हमारी छोटी-छोटी यात्राएँ आगे चलकर कितनी बड़ी बन जाती हैं। उस समय जब घर से बाहर निकलने का यह ख़याल मन में आया था तो मैंने सोचा भी नहीं था कि एक दिन अपने इन्हीं नंगे क़दमों से मैं हिमालय को छू लूँगा और महज़ तीन दिन की यात्रा आने वाले दिनों में तीस दिनों या फिर इससे भी कहीं लंबी बन जाएगी और फिर अंततः जीवन भर की। हाथ में एक नक़्शा होगा और पैरों के नीचे एक उबड़-खाबड़ लंबा रास्ता, बाक़ी सब कुछ पीछे छूट जाएगा। अपनी इस यात्रा में कितना कुछ तो पीछे छोड़ आया हूँ और जो बचा रह गया है उसे समेटना चाहता हूँ।"

इतना कहकर लड़के ने एक गहरी साँस ली। संन्यासी उस लड़के के जीवन को समझने के बजाय पढ़ने लगा था। एक तरह से लड़के का पूरा

जीवन ही एक संस्मरण में परिवर्तित हो चुका था। संन्यासी पर बार-बार यह संदेह हावी होता रहा कि वह कोई किताब पढ़ रहा है या फिर जीवन!

"आख़िर किताबों में भी तो जीवन ही होता है!" संन्यासी के मन में ख़याल उठा।

"हाँ, कुछ लोग किताबों के माध्यम से जीवन में पहुँचते हैं तो कुछ लोग जीवन के माध्यम से किताबों के लिए एक आधारभूत संरचना का निर्माण करते हैं ताकि जीवन बातों, विचारों और भावनाओं पर लंबे समय तक टिका रह सके, हम इस बात को जान और समझ सकें कि असल में जीवन क्या है, दर्शन क्या है!" संन्यासी ने मन में ही सोचते हुए कहा।

03

घुमंतू जीवन

संन्यासी को लड़के द्वारा सुनाया गया संस्मरण काफ़ी रुचिकर लगा। कुछ हद तक रहस्यमय और आध्यात्मिक भी। वह अपनी जगह से उठकर नदी की उतरती सीढ़ियों की तरफ़ बढ़ा। शायद, उसके स्नान का समय हो गया था। दो डुबकी गंगा में लगाई और पानी से बाहर निकलते हुए लड़के से पूछा, "वो कौन था?"

लड़के ने कहा, "मुझे नहीं मालूम।"

"फिर भी?" संन्यासी ने थोड़ा ज़ोर दिया।

"सचमुच, मुझे कुछ नहीं पता।" लड़के ने धीमी आवाज़ में जवाब दिया। फिर दूसरे ही पल चौंका, पूछा, "कौन?"

संन्यासी ने कहा, "वही साधु जो तुम्हें हरिद्वार में मिला? जिसने यह कहा–भिक्षुक से साधु बनने में वक़्त ही कितना लगता है।"

लड़के ने कहा, "मुझे नहीं पता, पर यह बात आपको किसने बताई?"

संन्यासी ने कहा, "तुमने ही और किसने?"

लड़के ने कहा, "पर उस वक़्त आप वहाँ मौजूद नहीं थे।"

संन्यासी ने कहा, "मैं था बस तुम मेरी मौजूदगी को उस वक़्त भाँप नहीं पाए। कुछ देर बाद तुम मुझे देख पाए जब मैं तुम्हारे सामने आया।"

लड़के को संन्यासी की बात का कोई अर्थ समझ में नहीं आया।

संन्यासी ने कहा, "हम एक-दूसरे को उतना ही देख अथवा दिखा पाते हैं जितना कि हम चाहते हैं। हम दोनों एक-दूसरे को स्पष्ट रूप से कहाँ देख पा रहे हैं? और तुम्हारी यात्रा तो हरिद्वार पहुँचकर समाप्त हो गई थी! फिर यहाँ ऋषिकेश में कैसे पहुँचे? तुम्हें तो अब तक अपने घर होना चाहिए था?"

लड़के ने कहा, "एक लंबी कहानी है।"

"बावन दिन लंबी?" संन्यासी ने उत्सुकता दिखाई।

"नहीं, इससे भी कहीं लंबी। एक ज़िंदगी जितनी।" लड़के ने कहा।

लड़के की बात को सुन संन्यासी मुस्कुराया, "क्या तुम सचमुच उसी जीवन की बात कर रहे हो जो तुम अपनी किताब में लिखना चाहते हो? या फिर उन 52 दिनों की जिसमें तुमने फ़क़ीरी को जिया? बिना रुपये-पैसे के महीनों तक जंगलों और पहाड़ों के बीच भटकते रहे हो?"

"मुझे नहीं पता।" लड़के ने जवाब दिया।

इस दौरान लड़के को वो दिन एक बार फिर से याद आने लगे जब बिना रुपये-पैसे के साइकिल लेकर वह हिमालय की यात्रा पर निकल गया था। वो बहुत ही बिखराव भरे दिन थे, लड़का अपना सब कुछ खो चूका था और जब कहीं दूर-दूर तक कोई उम्मीद, कोई रौशनी नहीं दिखाई दे रही थी। इस दौरान उसे अपनी दादी की याद आई जो अक्सर कहा करती थी–'एक लंबी यात्रा के अलावा जीवन में लौट पाने का कोई मार्ग नहीं होता।' वह लड़का लौटना चाहता था और बिना किसी बात की परवाह किए एक रात घर से निकल पड़ा। अपने छोटे-छोटे क़दमों से महीनों तक यात्रा की और फिर वहीं लौट आया जहाँ से चलना शुरू किया था।

लड़का अब जब लौट आया है तो इस बात को भली-भाँति समझ पा रहा है कि हम सबका अपने-अपने जीवन में लौटना कितना ज़रूरी है। शायद, उतना ही जितना कि अपने पूर्व के दुखों से उबरना। वह अब किताब लिखकर अपने आपको दोहराना और अपने सारे अतीत के दुखों से पार होना चाहता है। शायद, उस प्रेम से भी जो कि आभासी रहा है। वह अतीत को पूरी तरह से भूलना तो नहीं पर वहाँ की दुखद स्मृतियों से उबरना चाहता है।

संन्यासी चुपचाप लड़के की मनोदशा को समझने की कोशिश करता है। लड़के के साथ हुई अब तक की बातचीत के मध्य उसे दो स्थितियाँ समझ में आती हैं। उसे बस ये नहीं समझ में आता कि लड़का इन दोनों स्थितियों में से सबसे ज़्यादा किसके क़रीब है। बावजूद इसके वह लड़के के जीवन में दिलचस्पी दिखाता है।

वह लड़के से कहता है, "निस्संदेह तुम यहाँ किताब लिखने के लिए

आए हो लेकिन यात्राओं के बारे में कुछ कहना चाहते हो?"

"बस इतना कि यात्राएँ कभी ख़त्म नहीं होतीं। जिस दिन हम ख़ुद को घर की चारदीवारों और छत से आज़ाद कर देते हैं, उस दिन से यह संपूर्ण ब्रह्मांड हमारा घर बन जाता है।"

"घुमंतू जीवन की ये शुरुआत कहाँ से हुई?" एक सवाल के साथ संन्यासी ठहर जाता है।

लड़का कहता है, "इसके दो चरण है– एक चरण बचपन से शुरू होता है, दूसरा जवानी से।"

"वह कैसे?" संन्यासी पूछता है और उसके घुमंतू जीवन की पड़ताल में लग जाता है।

लड़का विस्तार से बताता चला जाता है–

पहले चरण में मेरे पास अपनी दादी की स्मृतियाँ हैं, दूसरे चरण में मेरी प्रेमिका की यादें और दोनों ही अथाह दुखों से भरी हुई हैं। मेरे ख़याल से हर इंसान के पास दो दुनिया होती है, एक वह जिसे जी रहा होता है, दूसरी जो वह जीना चाहता है। मेरे पास भी दो दुनिया थी। अभी भी नहीं विश्वास हो पा रहा है कि बिना रुपये-पैसे के मैं पूरा हिमालय घूमकर लौटा हूँ। पहाड़ों पर घर-घर की रोटी खाई है, घाट-घाट का पानी पिया है। दूर-दराज़ के इलाक़ों से बच्चों की लिखी कविताएँ एकत्रित करके लाया हूँ और सबसे बड़ी बात यह कि अपनी ज़िंदगी को आसमान की तरह खुलकर, धरती की तरह फैलकर, समुद्र की तरह गले तक डूबकर जिया हूँ। अपनी ही ज़िंदगी में अब दोबारा एक अलग तरीक़े से लौटा हूँ। इन तमाम छोटी-बड़ी यात्राओं ने मुझे बहुत ज़्यादा बदल दिया है। मैं दिन की परवाह नहीं करता अब, रातें कहीं भी गुज़ार देता हूँ। अक्सर ऐसा लगता है कि मेरे अंदर कोई अनजान शहर, या फिर एक खोया हुआ बच्चा है, जिसे अपने जीते जी मैं ढूँढ़ लेना चाहता हूँ। ऐसा लगता है वह शहर और बच्चा दोनों मेरे साथ-साथ चल रहे हैं। मैं उस बच्चे को कभी ख़ुद में ढूँढ़ता हूँ तो कभी-कभी उस अनजान शहर में।

मेरे लिए हर छोटी यात्रा एक भ्रम है, और बड़ी यात्रा उससे भी बड़ी भ्रम। जैसे-जैसे यात्रा आगे बढ़ती है, मेरा भ्रम और भी बड़ा होता जाता है।

इस भ्रम से बचने के लिए हर बार अपने पैरों के नीचे की ज़मीन देखता हूँ। हर पल ख़ुद को आश्वस्त करने के लिए अपने पैरों के अँगूठे से उस ज़मीन को कुरेदता हूँ जिस पर आगे चलकर मेरे पाँव टिकने वाले हैं। रास्ते वही होते हैं, मंज़िल वही होती है। बस हर यात्रा में इंसान बदल जाता है। पिछली यात्रा में इन्हीं राहों पर चलते हुए मैं कोई और था, इस यात्रा कोई और हो गया हूँ।

लोग कहते हैं मेरी ज़िंदगी बदली है। हाँ, बदली है। क्या था मैं? क्या हूँ? क्या होना चाहता हूँ? अब तो इस तरह का दिमाग़ में कोई सवाल भी नहीं रहा। अगर इसे ही बदलाव कहते हैं तो हाँ, सचमुच मैं बदल गया हूँ।

ये सब बताने के बाद लड़का चुप हो गया।

"लेकिन इस बदलाव का मूल अथवा सूत्र क्या है?" संन्यासी ने पूछा।

लड़का कहता है, "एक दिन में कुछ भी नहीं बदलता, एक दिन में सिर्फ़ घटित होता है। घटनाएँ कभी वक़्त नहीं लेतीं, पर हर बदलाव का अपना एक निश्चित एवं निर्धारित वक़्त होता है। शायद इसलिए मन के बचपन से ही घुमक्कड़ होने के बावजूद दोबारा घर से निकलने में तक़रीबन 15 साल लगे। पिछले पाँच साल तक मैं उस नक़्शे को लेकर उठता, बैठता, सोता रहा जिसे जेब में रखकर मैं दुनिया घूमना चाहता था। महज़, दो जोड़ी अच्छे जूते ख़रीदने के लिए मैंने सात साल तक नौकरी की। तब कहीं समझ में आया कि घुमक्कड़ी कोई घटना नहीं है। यह जीवन है, जिसमें बदलाव जन्म लेता है, जिसमें छोटी-बड़ी घटनाएँ वक़्त-बेवक़्त अपना स्थान बना लेती हैं।"

कुछ लोगों ने लड़के से आग्रह किया था कि जब किताब लिखना तो जगहों के बारे में लिखना। उसने भी यही सोचा था। क्योंकि जगहें किसी भी तरह के पर्यटन के लिए सबसे बड़ी आकर्षण होती हैं। लेकिन इस बात को उसने आगे चलकर ख़ुद ही कुछ हद तक ख़ारिज कर दिया। क्योंकि उसने तो पर्यटन किया ही नहीं। न तो गाड़ी-घोड़े से कोई लंबा सफ़र तय किया, न किसी महँगे होटल में रुका, न ही किसी प्रसिद्ध रेस्टोरेंट में खाना खाया।

यह बात जानकर संन्यासी ने पूछा, "ऐसा क्यों? क्या तुम्हें इन सब चीज़ों से परहेज़ है?"

लड़के ने कहा, "क्योंकि यह सब करने के लिए पैसे चाहिए। ऐसा नहीं

कि मेरे पास पैसे नहीं थे। लेकिन बिना पैसे के इसलिए घर से निकला था ताकि घुमक्कड़ी कर सकूँ, जी भर के घुमंतू और बंजारा जीवन जी सकूँ, जिसे जीना मुझे मेरी दादी ने सिखाया था। खाने-रहने के बहाने लोगों की रसोई तक जा सकूँ, ताकि उनके दिलों में अपना घर बना सकूँ, ताकि एक टुकड़ा बुद्ध हो सकूँ। अपनी यात्राओं में पता नहीं क्यों हर बार मैंने बुद्ध होना चाहा है और मैंने अपनी तमाम यात्राओं के दौरान यही किया भी।

"मेरी समझ कहती है किसी भी स्थान, स्थिति, सभ्यता, संस्कृति और उसके मध्य के जीवन की वास्तविकता को बिना लोगों के घर और रसोई तक पहुँचे कभी नहीं जाना जा सकता है। इस लिहाज़ से बिना पैसे की यात्रा वाला उपाय आगे चलकर मेरे लिए बहुत ही कारगर सिद्ध हुआ। पहाड़ के जीवन को मैंने वहाँ के लोगों के जीवन में शामिल होकर समझा और एक-एक टुकड़ा जोड़कर ख़ुद के जीवन को समृद्ध कर सका।

"लोग कहते हैं–चलता जोगी, बहता पानी एक जैसे ही होते हैं। दोनों को इस बात का नहीं पता होता कि अगला ठिकाना कौन-सा है। मुझे भी अपना अगला ठिकाना पहले से कहाँ पता था? किसी जोगी की तरह जहाँ-तहाँ कभी किसी के घर, कभी किसी की दुकान, कभी किसी स्कूल तो कभी खुले आसमान के नीचे साइकिल खड़ी करता और अपना मामूली-सा टेंट लगाकर सो जाता था। घर से एक घुमक्कड़ के भेस में निकला था पर फ़क़ीर हो गया था और इस बात को भी धीरे-धीरे समझने लगा था कि यह फ़क़ीरी सिर्फ़ जीवन नहीं बल्कि पूरी जीवनशैली है।"

"लेकिन इन सबके मायने क्या हैं? इन सबका क्या हासिल है?" संन्यासी ने सवाल किया।

लड़के ने कहा, "जीवन, मैंने इन सबसे जीना सीखा, चीज़ों को उनके असल अर्थ में महसूस करना सीखा और पाया कि बस यही जीवन है, गतिशील होने के बावजूद कई जगहों पर ठहरा हुआ। आख़िर हर इंसान यही तो चाहता है, अपने गतिशील और सक्रिय जीवन में ठहराव। जीवन गति भी है और ठहराव भी। इंसान को पता होना चाहिए की कहाँ चलना है और कहाँ ठहरना।"

04

घुमंतू जीवन की शुरुआत

यह एक जीवन को बदलने वाली यात्रा थी जिसमें सब कुछ नया हो जाता है। इस दौरान लड़का प्रकृति के बहुत ही क़रीब रहा। कभी किसी ख़ाली घाटी तो कभी किसी घने जंगल में रातें बिताईं। वह जगहें उसे बहुत अच्छी लगने लगीं थी जहाँ नदी अथवा झरने के बहते पानी का शोर हो। ऐसी जगहों पर तो बिना सुरक्षा की बात को ध्यान में रखे लोग टेंट लगा देते हैं, जबकि यह सही नहीं है।

लड़का आग जलाता, अपने लिए रुखा-सूखा जो भी बन पड़ता, ख़ुद ही पकाता था। कई बार दिन भारी और रातें बेहद कठिन साबित हुईं। लेकिन उस ज़िंदगी के लिए, जिसे उसने ख़ुद चुनी थी, ईश्वर को कभी दोषी नहीं ठहराया। हालाँकि संन्यासी के सामने उसने इस बात को ज़ाहिर किया कि भगवान को उसने सिर्फ़ वहीं दोषी ठहराया जहाँ पर उसने अपनी दादी और प्रेमिका को खोया। या जहाँ-जहाँ उसने मौत देखी। एक महत्त्वपूर्ण बात जो उसे इस दौरान समझ में आई वह यह कि घुमक्कड़ी आस्तिक और नास्तिक होने के बीच की कड़ी है। यह वह जगह है जहाँ ईश्वर मौजूद है और ग़ैरमौजूद भी। यह वह जगह है जहाँ पर सच-झूठ जैसी चीज़ों का अस्तित्व ही नहीं।

लड़े ने विस्तार से बताया, "मुझे पता है कि धरती के जिस टुकड़े पर खड़ा हूँ वहाँ का भगवान मैं ख़ुद हूँ। ये पूरी की पूरी धरती जहाँ तक दिखाई दे रही है मेरी है। यहाँ मेरे अलावा कोई है ही नहीं, जो करना है वह मुझे ही करना है। जैसे जीना है मुझे ही जीना है, ये पूरा साम्राज्य, पूरी धरती मेरी है।

"कई बार तो ऐसा भी लगा कि मैं सभ्यता के विकास के पहले चरण में हूँ। इस दौरान मैंने पत्थर से आग जलाना, अपना भोजन एकत्रित करना और जंगलों और पहाड़ों के बीच सुरक्षित रहना सीखा। वह ख़ुशी देखी जो बहुत

ही मामूली और छोटी-छोटी इच्छाओं के पूरी हो जाने मात्र से इंसान के मन में होती है। जब भी मैं आग बनाता था मेरी आँखें चमक जाती थीं। जब भी मुझे कोई जंगली फल मिल जाता था मेरी आत्मा उसे अपने हाथ में देखकर ही तृप्त हो जाती थी। मैंने नाव बनाई, नदी को पार किया। मैंने न जाने कितनी बार ख़ुद को मरने से बचाया और हर बार यही लगा कि ये मेरा नया जीवन है। उस जगह की हर एक चीज़ में नवीनता का बोध था।

"मैंने चीज़ों को छूकर देखा और पाया कि फूल जो आँखों को अच्छे लगते हैं अगर उनकी पंखुड़ियों को छू लो तो ऐसा लगता है कि वो आत्मा में उतर गए हैं। मैंने बहुत सारे फूलों को अपने भीतर खिलखिलाते महसूस किया। मैंने अपने अंदर बहुत सारी आवाज़ें पैदा कीं ताकि इस दुनिया की तमाम अनबोलती चीज़ों से संवाद स्थापित कर सकूँ। मैंने पेड़-पौधों, नदी-झरनों-पहाड़ों से बात करनी सीखी। मैंने प्रकृति से प्रेम करना सीखा और प्रकृति ने मुझे प्रेम किया। मैंने परिंदों को बुलाने के लिए उनकी आवाज़ें सीखीं और सबसे बड़ी बात ये कि मेरे बुलाने से परिंदे आ भी जाया करते थे। मैंने चींटियों के घर ढूँढ़े। झींगुरों और जुगनुओं के साथ सबसे ज़्यादा वक़्त बिताया।

"मैंने अपने अंदर पहाड़ की गर्जना और नदी का शोर सुना और अगले ही पल लोरी और संगीत भी। रात में मैं तन्हा किसी नदी के किनारे सोया होता था तो पहाड़ मुझमें अपनी कहानियों को दोहराने लगते थे और नदी संगीत सुनाने लगती थी। सब कुछ अलग था यहाँ, सब कुछ अनोखा पर जीवन से जुड़ा हुआ। एक पल को लगा मैं किसी और दुनिया में हूँ। यह दुनिया मेरे अब तक के जी गई दुनिया से एकदम अलग थी। मुझे कई बार लगा कि शायद मैं किसी और ग्रह पर आ गया हूँ। या फिर धरती के किसी ऐसे टुकड़े पर जो अब तक मानव की पहुँच से अछूता हो! मैं हिमालय घूम रहा था।

"ये अवास्तविक और आभासी महज़ इसलिए लग रहा था कि हम अपनी ज़मीन को न जाने कब, कहाँ छोड़ आए हैं। याद आया कि हम अपनी वास्तविक ज़िंदगी में प्रकृति से कितने दूर जा चुके हैं। हमें समझना चाहिए कि प्रकृति जीवन है और अपने जीवन में एक बार फिर से लौटने की कोशिश

करनी चाहिए। एक बार फिर से अपनी ज़मीन तलाशनी चाहिए।"

इतना कहकर लड़का चुप हो गया।

लड़के ने अपनी यात्रा के दौरान हर क़दम पर अपनी ज़मीन और जीवन तलाशने की कोशिश की। कही-सुनी बातों से इतर वह सिर्फ़ इतना ही समझ पाया कि जिस दिन हम ख़ुद को घर की चारदीवारों से आज़ाद कर देते हैं, उस दिन से यह संपूर्ण ब्रह्मांड ही हमारा घर बन जाता है। आपके पास कुछ भी नहीं हो लेकिन पैरों के नीचे यह दूर तक फैली विस्तृत धरती, सिर पर खुला आसमान, और अथाह समुद्र अपना होता है। यह नदी, पहाड़, झील, झरने सब इस धरती के प्राणियों के लिए ही तो हैं? बाँहें खोलो, जी भरके गले तक साँस लो; यही, बस यही जीवन है।

एक और महत्त्वपूर्ण चीज़ जो उसने महसूस की, वह यह है कि इस तरह की घुमक्कड़ी के दौरान ज़िंदगी सिर्फ़ एक दिन की होती है। आप महीने और साल के बारे में कभी सोच ही नहीं पाते हैं। शायद इसलिए यह संभव भी हो पाता है अन्यथा सालों साल तक भटकाव भरा जीवन जीना आसान काम नहीं। एक दिन काटना आसान है, एक महीने मुश्किल और यदि एक उम्र काटनी हो तो और भी मुश्किल। परंतु तभी तक जब तक कि आप उस चीज़ को जीना नहीं शुरू कर देते हैं। जब आप जीना शुरू कर देते हैं तो जीवन बेहद आसान हो जाता है। बेहद सहज, बेहद सरल, बेहद प्रवाहमय।

लड़का अपनी यात्रा के दौरान सिर्फ़ एक दिन के बारे में ही सोच पाता था, सिर्फ़ एक दिन की ज़िंदगी जीता था, बस इतना ही ख़याल रहता था कि आज कितना किलोमीटर साइकिल चला पाऊँगा? आज कितना मील पैदल चलना पड़ सकता है? आज का खाना कहाँ और कैसे मिल सकता है? रात को सोने के लिए छत नसीब होगी भी कि नहीं?

लड़के के लिए हर रात अलिफ़ लैला की एक जादुई कहानी की तरह रही। अपनी घुमक्कड़ी के 52 दिन और 53 रातें अलग-अलग अजनबी जगहों पर अकेले या फिर अजनबी लोगों के साथ बिताईं, जिसका अपना अलग-अलग बोध और अपनी अलग-अलग कहानियाँ हैं। वह कितने घुमक्कड़ों और संन्यासियों से मिला। कुछ उस जैसे थे, कुछ उससे अलग।

इस दौरान तक़रीबन 300 घुमंतू क़िस्सों और कहानियों को बेहद ही नज़दीक से जीकर देखा।

एक घुमंतू इंसान के लिए पूरी धरती उसका आँगन और आसमान उसके घर की छत होती ही है। जहाँ शाम ढली, रात होने को आई, आसमान की खुली छत के नीचे, धरती के आँगन में सो गया। सुबह नींद खुली तो सूर्य के साथ या फिर उसके विपरीत दिशा में अपने आगे के सफ़र पर निकल लिया।

लड़के ने संन्यासी को बताया, "एक मोड़ ऐसा आया जब यह लगने लगा था कि महज़ चलना ही जीवन है, बस ऐसे ही अनवरत चलते रहें। पर यह पूर्ण विचार नहीं था क्योंकि परिवार पीछे छूट रहा था, मेरे अपने लोग पीछे छूट रहे थे, मुझे अपनी माँ, पिता और बहन की याद आई और यह भी समझ में आया कि अगर आप बुद्ध नहीं हैं तो लौटना ज़रूरी है। मैं भी बुद्ध नहीं हूँ, एक न एक दिन लौट जाऊँगा।"

"तो तुम क्या हो ? कौन हो ? कहाँ से आए हो ? तुम्हारा जीवन ? तुम्हारा भटकाव क्या है ?" संन्यासी ने लड़के के सामने एक साथ कई सवाल रख दिए।

लड़के ने जवाब दिया, "जब यह पता चल जाएगा कि मैं कौन हूँ, कहाँ से आया, मेरा जीवन और भटकाव क्यों है तब तो सारे सवाल ही ख़त्म हो जाएँगे। मुझे नहीं पता कि मैं कौन हूँ। मेरे पास महज़ कुछ कहानियाँ हैं, महज़ कुछ बातें और विचार हैं, जो आपको सुना रहा हूँ। आप समझ जाओ तो ठीक अन्यथा कल होते-होते मैं किसी और जगह पर होऊँगा, कुछ नये लोगों और अपनी कुछ नयी कहानियों के साथ। यह जो भटकाव है, यह न तो मुझे स्थिर होने देता है और न ही मेरे जीवन को।।"

अच्छी बात यह रही कि लड़के को कभी भी भूखे पेट नहीं सोना पड़ा। हालाँकि इसके लिए उसने अपने आपको पूरी तरह से तैयार कर रखा था। हरिद्वार में सादा स्वादिष्ट भोजन किया, देहरादून में दो मिनट में बनने वाली मैगी खाई, उत्तरकाशी के एक गाँव में चावल के साथ शराब का स्वाद चखा, रूद्रपुर में उड़ीसा के एक दोस्त ने डालमा बनाकर खिलाया, चमोली में थुनेर की चाय पी, मौरी में स्कूली बच्चों के साथ भाँग लगाना सीखा।

पिथौरागढ़ में भाँग की सब्ज़ी खाई, चंपावत में भाँग की चटनी तो मुंसयारी में पहुँचकर यह जाना कि मांस को अपने घर की छत के ऊपर जमी बर्फ़ में कैसे फ्रिज करने के बाद महीनों तक खाया जा सकता है। कुल मिलाकर एक ऐसा विविधतापूर्ण जीवन जिया जिसकी कल्पना उसने कभी सपने में भी नहीं की थी।

इस पूरी यात्रा में जितना रोमांच था कहीं उससे भी ज़्यादा ठहराव था। पर एक दुख था जो लड़के की स्मृतियों का ही एक ख़ास हिस्सा था। इस पूरी यात्रा में वह एक घर ढूँढ़ रहा था। वह घर जो दो घाटियों के बीच में था, जहाँ पर हर रोज़ बादल उतरते थे। उस लड़की के बारे में वह बचपन से ही सिर्फ़ सुनता आया था। वह लड़के के ख़यालों में थी, या फिर हक़ीक़त में उसे ख़ुद नहीं मालूम। कहीं वह इसी लड़की की तलाश में ही तो उस रात अपने घर से नहीं निकला था!

लड़का उसे याद करता और दुखी होता था लेकिन वह लड़की उसके दुख की असल वजह नहीं थी। दुख लड़के के अंदर था और परस्पर उसके साथ-साथ चल रहा था। लड़की उस लड़के के अंदर ख़याल पनपने, तरह-तरह की कल्पनाओं को जन्म देने और जीवन तक पहुँचने का एक माध्यम थी। वह अपने जीवन की हर एक चीज़ को दोहराना चाहता था और वही कर रहा था।

इन यात्राओं में उसने अपनी भागती-दौड़ती ज़िंदगी में रुकना और थोड़ा-सा ठहरना सीखा। यह जाना कि सिर्फ़ मंज़िल पर पहुँचना मायने नहीं रखता, रास्तों के भी रिश्तों की तरह अपने कुछ मायने होते हैं। लेकिन पहुँचने की जल्दी रास्तों के उस मायने को खो देती है। वह लड़का सफ़र से ज़्यादा रास्तों को एंज्वॉय करता था लेकिन इस बार वैचारिकता उस पर हावी थी इसलिए वह तरह-तरह की बातों और विचारों में उलझ गया। इस बात को कई मौक़ों पर उसने संन्यासी के सामने स्वीकार भी किया।

संन्यासी ने कहा, "हमें तो कभी भी किसी तरह की जल्दी नहीं रहती है। पर आज मैं उस वादे को पूरा करने के बारे में सोच रहा हूँ जो कुछ दिन पहले किया था।"

"कौन-सा वादा?" लड़के ने सवाल किया।

संन्यासी ने कहा, "तुम्हें नीलकंठ महादेव के दर्शन कराने का।"

लड़का मुस्कुराया फिर बोला, "हिमालय तो शिव का घर है, यहाँ के कण-कण में उनका वास है। मैंने जिस भी जगह पर अपना क़दम रखा वहाँ शिव को पाया है। हिमालय में शिव को जीने का एक अलग ही अनुभव है, इसमें इतिहास भी है और पौराणिकता भी। और इस बात का बोध भी कि ईश्वर अभी ज़िंदा है।"

संन्यासी को लड़के की बातें अच्छी लग रही थीं, वह पूरे मार्ग पर चलते हुए उसकी बातें सुनता रहा। लड़के ने कहा, "मैं केदारनाथ होकर आ गया, पंचकेदार भी गया, शिव के एक-एक करके सैकड़ों रूपों का दर्शन किया। पता नहीं क्यों मैं वर्षों से नीलकंठ जाना चाहता हूँ, पर पहुँच नहीं पा रहा हूँ। अब यह एक अच्छा मौक़ा है।"

दोनों स्नान-ध्यान के बाद पैदल ही महादेव के दर्शन के लिए निकल पड़े।

संन्यासी ने कहा, "यह पहली जगह है जहाँ पर शिवलिंग की जगह शिव के उस कंठ को पूजा जाता है जो समुद्र मंथन के बाद निकले विष को पीने के बाद नीला पड़ गया था।"

यह सुनकर लड़के के मन पर समुद्र मंथन का पूरा दृश्य उभर आया और साथ ही हरिद्वार और उससे जुड़ी अपनी दादी की स्मृतियाँ भी। लड़के की जितनी दिलचस्पी रास्तों में थी उससे भी कहीं ज़्यादा अपनी पूर्व की कही बातों में। दोनों आपस में बातचीत करते उस पहाड़ी रास्ते पर आगे बढ़ने लगे। कुछ दूर शांत चले, लड़के ने दोबारा अपनी पूर्व की यात्राओं के बारे में उसे बताना शुरू किया।

संन्यासी बस निश्चिंत होकर उस लड़के की बात को सुनता और आगे बढ़ता रहा।

05

जीवन का बोध

यात्रा सिर्फ़ कहीं पहुँचने के लिए नहीं होती, घुमक्कड़ी तो बिलकुल भी नहीं। घुमक्क्ड़ी का एक मतलब ख़ुद तक पहुँचना हो सकता है लेकिन यात्रा सिर्फ़ यात्रा के लिए होती है। यह ज़रूरी नहीं कि हर यात्रा के बाद कहीं पहुँचा ही जाए। ऐसा भी उस लड़के के साथ कई बार हुआ। वह घूमने के लिए निकला और किसी अजनबी जगह पर पहुँचकर कई-कई रातें एक बंद कमरे में बिताकर वापस लौट आया।

इस बार दिल्ली से निकलते हुए तमाम तरह की आशंकाओं और अंदर छुपे डरों की वजह से कभी नहीं ख़र्च करने की शर्त पर उसने अपनी जेब में एक हज़ार रुपये रख लिए थे और जब वापस लौटा तो उसकी लगभग ख़ाली हो चुकी जेब में 335 रुपये शेष बचे थे, जिससे उसने एक दोस्त के साथ बीयर पी थी।

नीलकंठ की तरफ़ बढ़ते हुए लड़के ने संन्यासी को बताया, "यात्राओं ने महज़ दो महीने में काफ़ी कुछ बदल दिया था। यह वह वक़्त था जब मेरी जेब में एक रुपया भी नहीं था पर मैं ख़ुद को इस दुनिया का सबसे अमीर इंसान मान रहा था।"

"सच, फ़क़ीरी में इंसान बहुत ही धनवान हो जाता है।" संन्यासी ने कहा।

लड़के ने कहा, "आप यह सोच रहे होंगे कि इतने कम पैसे (महज़ 665 रुपये) में 52 दिन तक उत्तराखंड को घूमना कैसे संभव था।"

"कैसे संभव हो सका?" संन्यासी ने पूछा।

लड़के ने बताया, "यह आपको आहिस्ता-आहिस्ता पता चलेगा। यहाँ मैं सिर्फ़ लोगों को इतना ही बताना चाहूँगा कि अगर आप अपने अंदर जटिलता को निकाल दें तो बहुत सारी चीज़ें आसान हो जाती हैं। यात्राएँ इंसान को

सहज बनाती हैं। इस दौरान मैंने हज़ारों मील साइकिल चलाई। सैकड़ों मील पैदल चला। साँस फूल जाने की अंतिम हद तक दौड़ा। दर्जनों रातें पहाड़ों के बीच किसी नदी, नाले, झरने के किनारे खुले आसमान के नीचे निचाट जंगल में बिताई। वह भी नवंबर-दिसंबर के महीने में जब हिमालय की ज़्यादातर जगहों पर तापमान शून्य से नीचे उतर आता है। इसलिए नहीं कि कोई मजबूरी थी। बस इसलिए क्योंकि यह सब मैं अपनी ज़िंदगी में कम-से-कम एक बार करना चाहता था, कम-से-कम एक बार ये सब जीना चाहता था।"

"क्यों ?" संन्यासी ने पूछा।

"क्योंकि यह सब करना मेरा वर्षों पुराना सपना था। यही एक राह थी जिसके सहारे मैं अपनी स्मृतियों और अपने जीवन तक पहुँच सकता था। यह सब आसान नहीं था। पर ज़्यादा मुश्किल भी नहीं साबित हो पाया। अगर आप भी अपने सपनों को उतने ही क़रीब से खड़े होकर देखते हैं जितना मैं देखता हूँ तो यह सब कुछ आप भी कर सकते हैं। कंधे पर अपना ट्रेवल बैग रखना और बिना कंपास और दिशा ज्ञान के बेपरवाह कहीं निकल जाना। किसी भी दिशा में, किसी भी माध्यम से, कहीं भी। अतंतः जहाँ आप पहुँचेंगे वही आपकी मंज़िल होगी।"

"ऐसा कैसे कह सकते हो ?" संन्यासी ने पूछा।

"क्योंकि यात्रा और घुमक्कड़ी में एक बारीक-सा फ़र्क़ होता है और अपने आपको मैंने हमेशा पर्यटक के बजाय एक घुमक्कड़ के रूप में ज़्यादा देखा है। इसलिए सोचा, जगहों के बारे में नहीं जीवन के बारे में लिखा जाना चाहिए। जगहें तो महज़ एक राह की छोटी-छोटी पड़ाव होती हैं जिन्हें पकड़कर चलना होता है।"

"और राह बीच में ही ख़त्म हो गई तो ?" संन्यासी ने फिर सवाल किया।

लड़के ने कहा, "राहें कभी ख़त्म नहीं होतीं। क्या आपने किसी राह को ख़त्म होते देखा है ? ये मुड़ती हैं और यह जानकर आपको आश्चर्य होगा कि दुनिया की सभी राहें एक ऐसे मोड़ पर आकर मिलती हैं जिसे आज तक कोई नहीं ढूँढ़ पाया है। हममें से हर इंसान हर सुबह उसी मोड़ को ढूँढ़ने के लिए निकलता है, हर शाम लौटकर घर आ जाता है और जो नहीं लौटता यह

दुनिया उसे खोया हुआ मान लेती है। पर यहाँ खोए तो हम सभी हैं। एक साथ खोए हैं इसलिए खोने जैसा हम सबको एहसास नहीं हो पाता है और अकेले खोने वालों को खोया हुआ मान लिया जाता है।"

लड़के ने अपनी एक कविता में लिखा था– बेटी पढ़ते-पढ़ते किताब में खो जाती है, पत्नी खाना बनाते-बनाते रसोई में खो जाती है, और मैं अपने ही घर के किसी कोने-अतरे में खोया हुआ हूँ।'

"हर लंबा सफ़र खो जाने का एक बहाना भर है और घुमक्कड़ी उसी बहाने का एक बहुत बड़ा सच। लोग जो कहते हैं कि मैं जीवन या फिर किसी जगह की खोज में निकला हूँ, वो मुग़ालते में हैं।"

"तुम यह इतने स्पष्ट रूप से कैसे कह सकते हो?" संन्यासी ने पूछा।

"क्योंकि मैंने भी कुछ ऐसा ही सोचा था कि जीवन की खोज में निकला हूँ। पर यह मुग़ालता लंबे समय तक मेरे साथ नहीं बना रह सका। घर से बाहर रहकर स्पष्ट हो गया कि भागदौड़ भरी ज़िंदगी से थोड़ा-सा वक़्त उधार लेकर ख़ुद को भुलाने के लिए निकला हूँ। कुछ दिन बाद आख़िरकार दोबारा उसी ज़िंदगी में लौट जाना होगा। परंतु कुछ दिन बाद... इस परंतु ने मुझे रोक लिया।

"मुझे लगा फ़िलहाल अभी यह मेरा वक़्त है, मैं कुछ समय के लिए जहाँ-तहाँ अन्यत्र खो जाना चाहता हूँ। उसके बाद लौटना है। कुछ लेकर नहीं आना है, बस समझकर आना है। शायद इसीलिए अपने जीवन को खोजने के बजाय मैंने वहाँ के जीवन को समझने की कोशिश की। नदी, पहाड़, जंगल और जीवन को ख़ुद में समाते हुए देखा। स्वयं को उस स्थानीयता और ज़िंदगी में ढालने की कोशिश की जैसा वहाँ के लोग जी रहे हैं।

"पहाड़ हमें अपनी ओर खींचते हैं, नदियाँ सदैव पास बुलाती हैं, जंगल हमें ख़ुद में समाहित कर लेते हैं, बावजूद इसके वहाँ सब कुछ अच्छा-अच्छा नहीं है। वहाँ भी जीवन के दो पहलू हैं। हमारी आँखों पर एक पर्दा है, बस एक धुँधलका, जिसके बाद कुछ भी दिखाई नहीं देता है। बस हम सब कुछ अच्छा होने की कल्पना कर लेते हैं। पहाड़ों के साथ भी कुछ ऐसा ही है। इनके अपने हिस्से के कुछ दर्द हैं, कुछ घाव और आँसू हैं, उनके सीने में

बहुत कुछ ऐसा दबा हुआ है जिसे हम सब नहीं जान पाते। उस दर्द के एक टुकड़े को भी अपनी घुमक्कड़ी के दौरान मैंने छूने की कोशिश की।

"मैंने लोगों के जीवन में झाँककर देखा और पाया कि यहाँ तो दुख और सुख दोनों हैं। वह दिखाई नहीं देता क्योंकि लोगों ने दुख को अपनी मुस्कुराहटों के नीचे कहीं दबा रखा है। ख़ैर, मैं यात्रा में था और मेरी यात्रा परस्पर आगे की तरफ़ बढ़ती रही।"

नीलकंठ महादेव का मंदिर अब कुछ ही दूर रह गया था। संन्यासी ने लड़के को बताया। शिव ने तो इस सृष्टि को बचाने के लिए पूरा विष का घड़ा ही पी लिया था जिसकी वजह से उनका गला नीला हो गया था और वह नीलकंठ कहलाए।

लड़के ने कहा, "इसीलिए तो हम भी उनके दर्शन के लिए जा रहे हैं। ये रास्ते मुझे मेरी पिछली यात्राओं की याद दिला रहे हैं। कितनी सुकून देने वाली बात है कि मैं एक अंजाने प्रदेश में था और कोई-न-कोई चप्पे-चप्पे पर मेरा इंतज़ार कर रहा था। बावजूद इसके ज़्यादातर समय मैंने उत्तराखंड के दूर-दराज़ गाँवों और बच्चों संग छोटे-बड़े स्कूलों में बिताया। एक स्कूल में ज़्यादा-से-ज़्यादा एक-दो दिन रुकता था। इतने ही समय में स्कूली बच्चों से ऐसा लगाव हो जाता था कि उनसे अलग होने को दिल ही नहीं मानता था। उनसे बात करते-करते मुँह थक जाता था। अंत में जब निकलना होता था तो उनके आँसू अंदर से रुला जाते थे। सच कहूँ तो आते-आते अपने साथ पहाड़ों का एक टुकड़ा दर्द भी समेटकर लाया हूँ। वह दर्द आपको मेरी बातों के दौरान देखने को मिलता रहेगा। आप रोएँगे नहीं पर कुछ जगहों पर आपकी आँखें डबडबा जाएँगी।"

लड़के की बातें संन्यासी ध्यान से सुनता रहा और जब दोनों नीलकंठ मंदिर के पास पहुँच गए तो उसने कहा, "मेरा सवाल अभी भी वहीं पर है, मैं तुमसे तुम्हारी संपूर्ण यात्रा के बारे में नहीं पूछ रहा हूँ। मेरी कहानियों में कोई दिलचस्पी नहीं, मैं एक संन्यासी हूँ, मेरे लिए बोध ही पर्याप्त है। मैं सिर्फ़ यह जानना चाहता हूँ कि तुम ऋषिकेश क्यों आए? तुम्हारा अंतिम ध्येय क्या है?"

लड़का अपनी स्मृतियों में खोया रहा और संन्यासी की बात का कोई जवाब नहीं दिया।

कुछ देर ठहरकर कहा, "यह सवाल कि तुम ऋषिकेश क्यों आए एक लंबी यात्रा है जिसने मुझमें कई तरह का बोध पैदा किया। मेरे जीवन का संपूर्ण रहस्य ही इसी एक सवाल में छुपा है कि मैं ऋषिकेश कैसे पहुँचा। पर ये रहस्य कभी एक साथ नहीं खुलता। यह एक सहज-सा मामूली जान पड़ने वाला सवाल मेरे जीवन से जुड़े हज़ारों सवालों से होकर गुज़रता है।"

लड़के की बात सुन संन्यासी अपने सवालों के बीच ही मानो कहीं ठहर गया। दोनों ने मंदिर पहुँचकर अपने हाथ-मुँह धुले, शिव का दर्शन किया और वापस लौटने लगे तो संन्यासी को याद आया कि ये सब बातें जो लड़का अभी कर रहा था, पिछले दिनों काफ़ी सुर्ख़ियों में रही थीं। यह बहुत बड़ा साहस भरा काम था। लड़के ने वह कर दिखाया था जिसे बड़े-बड़े लोग नहीं कर पाते और उसकी कृति देश ही नहीं अपितु पूरी दुनिया में फैल चुकी थी।

संन्यासी ने कहा, "तुम कहीं वही तो नहीं?"

इस बात का लड़के ने कोई जवाब नहीं दिया। बस मुस्कुराकर रह गया। वह लड़का घूम नहीं बल्कि किसी चीज़ को तलाश रहा था। न जाने वह अपने जीवन से क्या चाहता था!

लड़के ने कहा, "मैं एक बार ख़ुद से मिलना चाहता था।"

"तुम ख़ुद से मिलना चाहते थे?" संन्यासी इस सवाल के साथ हँसा।

लड़के ने कहा, "सच्चे अर्थों में हमारी सारी यात्राएँ ख़ुद तक पहुँचने के लिए ही तो होती हैं।"

संन्यासी को याद आया– उसके स्वयं का भटकाव भी तो ख़ुद तक पहुँचने के लिए ही था और एक मोड़ पर जाकर दोनों की कहानियाँ एकाकार होने लगी थीं। सिद्धार्थ अलग थे, गौतम अलग, और बुद्ध अलग। पर सिद्धार्थ ही सिद्धार्थ गौतम थे और सिद्धार्थ गौतम ही गौतम बुद्ध। एकाकार ब्रह्म की परिकल्पना भी तो यही है कि एक दिन हम सब एक हो जाएँगे। हम सब शिव बन जाएँगे और सब कुछ शून्य में विलीन हो जाएगा।

06

हमारा आधारभूत डर

नीलकंठ महादेव की यात्रा के उपरांत दोनों देर रात आश्रम पहुँचे। भोजन के पश्चात जब नींद नहीं आई तो फिर से घाट की तरफ़ निकल पड़े। ऋषिकेश एक ऐसी जगह है जो हर किसी को विविधतापूर्ण जीवन जीने की सहूलियत देता है। इस जगह पर यदि आप पहुँच गए तो अपने मुताबिक़ समय व्यतीत कर सकते हैं।

कुछ जगहें तो ऐसी हैं जो हमारे अंदर के अजनबीपन को ही मार देती हैं। ऐसा लगता है कि इनसे हमारा कोई बहुत पुराना परिचय है, ख़ासकर यहाँ के घाटों के संबंध में यही कहा जा सकता है।

लड़के को इस नगर में आए अभी कुछ ही दिन हुए थे, पर उसे भी कुछ ऐसा ही लगने लगा था।

"क्या वह तुम्हारी पहली यात्रा थी?" संन्यासी ने पूछा।

लड़के ने कहा, "नहीं पहली यात्रा नहीं थी पर इस तरह की पहली यात्रा थी जिसमें मैंने सिर्फ़ फ़क़ीरी को जिया, लोग और लोक तक पहुँचा, उनसे बातें की। बहुत ही ख़ूबसूरत अनुभव रहे।"

"ख़ूबसूरत अनुभव?" संन्यासी लड़के की बात सुनकर हँसा। फिर बोला, "ख़ूबसूरती और डर दोनों एक-दूसरे के विरोधाभासी जान पड़ते हैं।"

"हाँ।" लड़के ने जवाब दिया।

संन्यासी ने कहा, "कुछ देर पहले तुम एक डर की बात कर रहे थे और अपनी बात पूरी नहीं की।"

लड़के ने कहा, "एक नहीं सैकड़ों तरह का डर। इतने डर थे कि उनके बारे में सोचने से ही रूह काँप जाती थी। इसलिए एक छोटा-मोटा अपने हिसाब का अपने ही हाथ से नक़्शा बनाया और निकल पड़ा था। वह यात्राओं

के लिहाज़ से शुरुआती दिन थे। अब जब यात्रा पूरी हो चुकी है तो ऐसा लग रहा है कि मैंने उन सारे डरों को जीत लिया है।"

संन्यासी ने कहा, "वह किस तरह का और कैसा डर था? आख़िर वही तो मैं जानना चाहता था।"

लड़के ने कहा, "इस संबंध में आपसे मैं बस इतना कहना चाहूँगा ये वैसा ही डर था जब कोई पहली बार अपने घर से किसी अनदेखे-अनजाने जगह की लंबी यात्रा पर निकलता है। थकने का डर, हारने का डर, टूटने का डर, बिखरने का डर, दोबारा ख़ुद को नहीं सँभाल पाने का डर। यह यात्रा में एक तरह का आधारभूत डर है। जिसे हमारा दिल-दिमाग़ और आत्मा नहीं स्वीकार कर पाती। इन सबके अलावा हर क़दम पर एक डर आपका इंतज़ार कर रहा होता है। आप ज़रा भी डगमगाए तो वह डर आपको दबोच लेता है। इसलिए, घर से निकलने से पहले एक यात्री को यह बात मान लेनी चाहिए कि ख़तरा बरक़रार रहेगा इसलिए घबराना नहीं है बल्कि एक-एक करके उस डर को जीतते जाना है।

"मैंने सबसे पहले राहों के डर को ख़त्म किया। मैंने मान लिया कि हर राह आसान नहीं होगी। इसमें तरह-तरह के मार्ग आएँगे। हमें हर तरह के मोड़ों से होकर गुज़रना होगा। फिर मैंने अपने अंदर की अजनबियत के डर को मारा। मैंने मान लिया कि अजनबी कोई नहीं होता, जो लोग भी रास्ते में मिलते हैं, वो हमारे पूर्व जन्म के रिश्तेदार अथवा दोस्त हैं। जिससे भी मिलना है दिल खोलकर मिलना है।

"फिर मैंने अपने भूख और थकान के डर को मारा। मैंने सोचा एक यात्रा पर ही तो आया हूँ। आराम से चलना है और जब पैर जवाब देने लगें तो रुक जाना है। इस देश में भूख के हज़ारों विकल्प हैं। गाँव, समाज और लोगों के बीच में रहेंगे तो लोग आपका ख़याल रख लेंगे। बस आपको उनके बीच बने रहना है।

"अंत में घर नहीं होने के डर को ख़त्म किया। आप रास्ते पर हों तो धूप भी होगी, छाँव भी, ठंड और बारिश भी। हर मौसम आपके साथ-साथ चलता है। आप जब तक एंज्वॉय कर सकते हैं मौसम को एंज्वॉय कीजिए जब भी

आपको लगे कि वह आप पर भारी पड़ रहा है, हथियार डाल दीजिए। यदि आप यात्री हैं तो एक बात हमेशा याद रखिए कि आपको प्रकृति के ख़िलाफ़ कभी नहीं जाना है। आप किसी से भी लड़कर जीत सकते हैं लेकिन प्रकृति से लड़ेंगे तो हारेंगे ही हारेंगे। इसलिए, जितना भी हो सके प्रकृति के साथ उसके प्रेम और सान्निध्य में रहना है लेकिन ये भी नहीं भूलना है कि ख़ुद के साहस से बड़ा डर कोई नहीं है।"

संन्यासी ने कहा, "हाँ वह साहस ही है जो हर ख़राब परिस्थिति से हमें बाहर निकालता है। निःसंदेह तुमने अच्छा जीवन जिया होगा इस दौरान और बहुत सारे अनुभवों के साथ लौटे होंगे। क्या तुम और कुछ बताना चाहोगे?"

लड़के ने कहा, "दरअसल मैंने यात्रा में होते हुए भी कोई यात्रा नहीं की, बस अपने आपको महीनों तक ढूँढ़ता रहा।"

"इस ख़ुद के ढूँढ़ने का क्या अर्थ है?" संन्यासी ने पूछा।

लड़के ने कहा, "ख़ुद के ढूँढ़ने का अर्थ है ख़ुद को जानना, ख़ुद को समझना, ख़ुद के जीवन का अर्थ तलाशना। मैं अपनी पूरी यात्रा के दौरान यही तो करता रहा। इस छोटी-सी यात्रा में भी तो हम दोनों यही कर रहे थे। ऋषिकेश से नीलकंठ महादेव पहुँचने के क्रम में हम दोनों सिर्फ़ रास्ते को नहीं ख़ुद को भी तो तलाशते रहे हैं और शिव तो मंदिर में नहीं, हमारे अंदर हैं। पर वह हमें तभी दिखाई देते हैं जब हम अपने हृदय को एक मंदिर जितना पवित्र कर लेते हैं।"

कहकर लड़का शांत हो गया। दोनों कुछ देर के उपरांत आश्रम लौट आए। फिर कुछ लम्हे के लिए दोनों के मध्य एक ख़ामोशी बात करती रही। यह ख़ामोशी और गहरी हो उससे पहले संन्यासी ने पूछा, "क्या तुम कुछ पीना पसंद करोगे? चाय, कॉफ़ी, या कहवा?"

लड़के ने कहा, "गंगाजल।"

संन्यासी की मुस्कुराहट हँसी में फूटकर हवा में बिखर गई।

लड़के की मनोदशा बदल चुकी थी। उसने कहा, "मैं इसी वक़्त मरना चाहता हूँ।"

अचानक से लड़के की इस बदली हुई मनोदशा पर संन्यासी पहले चौंका,

फिर हँसते हुए कहा, "ये इतना आसान नहीं। तप करना पड़ता है, संयमित जीवन जीना पड़ता है। सभी विकारों से मुक्त हो अपनी इंद्रियों पर विजय प्राप्त करना होता है। यह वह स्थिति है जिससे इंसान अपने जीवन को अपने वश में कर लेता है।"

"और मृत्यु को?" लड़के ने पूछा।

"कुछ हद तक मृत्यु को भी।" संन्यासी ने बताया।

लड़के ने अपने आपको दोनों हाथों से टटोला और कहा, "कभी-कभी ऐसा लगता है कि मैं एक सपने को जी रहा हूँ और बहुत गहरी नींद में उतर जाता हूँ। मेरा लिखना, पढ़ना, बात करना सब बंद हो जाता है। पिछली दफ़ा कब कुछ लिखा मुझे अच्छे से याद नहीं, शायद एक महीने हो गए। जबकि मेरे लिए यह ज़रूरी है। कई बार मन में होता है कि इस नींद और सपनों से बाहर निकल जाऊँ लेकिन अंदर की दुनिया बाहर की दुनिया से कहीं ज़्यादा सकून देती है। कोई शोर नहीं, कोई हो-हल्ला नहीं! किसी के अच्छे, बुरे, बहुत अच्छे होने से कोई लेना-देना नहीं। यह एक अलग दुनिया है।"

"तुम किस दुनिया की बात कर रहे हो? क्या तुम किसी आध्यात्मिक यात्रा की बात कर रहे हो?" संन्यासी ने कई सवाल पूछे।

लड़के ने कहा, "हर इंसान की दो दुनिया होती है। एक उसके अंदर की दुनिया, दूसरी उसके बाहर की। इंसान कुछ यात्राएँ बाहरी तौर पर करता है कुछ आंतरिक। हिमालय में अपनी 52 दिन की बाहरी यात्रा के बाद अभी एक आंतरिक यात्रा पर हूँ। अपनी देह में रेंगते हुए एक बार फिर से मैं उन 52 दिनों को दोहराना चाहता हूँ। ...और किताब लिखना भी एक आंतरिक यात्रा ही तो है।"

लड़के की बात सुनकर संन्यासी हतप्रभ हुआ पर बोला कुछ नहीं। उसे उसकी कहानी सुनकर और उसके छोटे से जीवन के बारे में जानकर हर बार अचंभा हुआ। क्योंकि लड़के के जीवन में काफ़ी कुछ अजीब और अलग था। जैसे कि उसकी दादी और प्रेमिका का जाना। उस लड़के का दो आत्माओं के साथ ज़िंदा होना। मायरा और अनिका, दो लड़कियों से प्रेम करना। एक साथ दो उम्र को जीना। उसके शब्द, भाव, विचार, कल्पना और

स्मृतियाँ। अब उसकी ये यात्राएँ। कितना अलग और विविधतापूर्ण है लड़के का जीवन! संन्यासी ने अपने मन-ही-मन में सोचा।

लड़के ने कहा, “अपने आपको दोहराने के लिए, अपने मन और अंतस में उतरने के लिए किताब लिखने से सहज और सुगम कोई और रास्ता नहीं।”

संन्यासी ने पूछा, “यह सब तुम्हें किसने बताया?”

लड़के ने कहा, “उसी साधु ने जो मुझे दो बार हरिद्वार में मिला था।”

“क्या तुम सचमुच नहीं जानते हो कि वह कौन था?” संन्यासी ने पूछा।

लड़के ने कहा, “नहीं, कोई कौन है यह भला कोई और कैसे बता सकता है? चेहरा देखकर किसी की रूह तक कैसे पहुँचा जा सकता है? वह पहली बार मुझसे एक भिक्षुक के भेष में मिला था और दोबारा संन्यासी के भेष में। मेरे पूछने पर उसने कहा था कि एक भिक्षुक से संन्यासी होने में वक़्त ही कितना लगता है? उस साधु का यह सवाल मेरे अंदर अभी भी ज़िंदा है। मैं एक भिक्षुक और एक संन्यासी दोनों के जीवन को पृथक करके अध्ययन करना चाहता हूँ।

“फिर वह एक पागल के रूप में मिला। एक ही इंसान को मैंने तीन मुलाक़ात में तीन अलग-अलग रूपों में देखा। वह अपने आपको अंत में हत्यारा मान चुका था और ख़ुद को तीन-तीन हत्याओं का दोषी मान बैठा था। उसने मुझे हर बार अपनी हर मुलाक़ात में अचंभित किया। शायद, उसे भी नहीं पता था कि वह कौन है?”

थोड़ा रुककर लड़के ने पूछा, “आप कौन हैं? क्या आपको पता है?”

“मैं एक संन्यासी हूँ।”

“कल क्या थे?”

“क्या इस सवाल का जवाब ज़रूरी है?” संन्यासी थोड़ा-सा ठिठका।

पहली बार लड़के ने उस संन्यासी की ज़ुबान को लड़खड़ाते और इस तरह से उसे असहज होते हुए पाया। लेकिन इस संबंध में उसने संन्यासी से कोई बात नहीं की। उसने कहा कि हम किसी के बारे में सिर्फ़ उतना ही जान सकते हैं जितना कि हमें सामने वाला इंसान बताना चाहता है। यह सामने वाले को तय करना होता है कि कौन-सा सवाल उसके लिए कितना ज़रूरी

है ? वह पहली बार मुझसे एक भिक्षुक के भेष में मिला था, दोबारा साधु। क्या पता अगली मुलाक़ात में वह एक सनकी अथवा घुमक्कड़ के रूप में सामने आ जाए!

कोई कौन है, यह उस अमुक के अलावा कोई नहीं जानता।

07

हम कौन हैं ?

संन्यासी को लड़के की बातें काफ़ी तर्कसंगत लगीं। वह लड़के की बातों और उसके जीवन को लेकर थोड़ा और स्पष्ट होना चाहता था। वह सीधे-सीधे पूछना चाहता था जैसे कि तुम कौन हो? तुम क्यों घूमते हो? तुम्हारे लिए घर की परिकल्पना क्या है? तुम क्यों लिखते हो? आदि-आदि। पर लड़का इस बार भी पिछली बार की ही तरह इस सवाल को टाल गया।

लड़के ने संन्यासी के मन में उपजे सवालों से अनभिज्ञता दिखाते हुए अपनी बात को आगे जारी रखा।

"यह एक तरह का ट्रांसफ़ॉर्मेशन है। यह लड़का जो एक घुमक्कड़ के रूप में आपके सामने खड़ा है क्या पता अगली मुलाक़ात में एक लेखक के रूप में आपसे मिले! या फिर जो लेखक बनने की राह तलाश रहा है वह पूरी तरह से घुमक्कड़ बन चुका हो! एक घुमक्कड़ से लेखक हो जाना कोई मामूली घटना नहीं है और न ही एक घुमक्कड़ का लेखक होना। मेरी संपूर्ग दृष्टि, मेरे सोचने-समझने के तरीक़े को ये बदल देता है। मेरा पूरा नज़रिया बदल जाएगा, किसी चीज़ को देखने का तरीक़ा बदल जाएगा। मैं वह होकर भी वह नहीं रह जाऊँगा जो अभी हूँ।"

"हाँ, संभव है। तुम शायद इसी प्रक्रिया में हो!" संन्यासी ने लड़के की बात पर सहमति जताई।

"सिर्फ़ मैं नहीं। हम सब इसी प्रक्रिया में हैं।" लड़के ने संन्यासी की बात को पूरा किया।

"दरअसल, यहाँ इच्छाओं का कोई अंत नहीं है। हम सब इस धरती पर कुछ-न-कुछ होने, कुछ-न-कुछ बनने के लिए आए हैं। लेकिन असल सच ये है कि यह मृत्युलोक है। जो पैदा हुआ है, उसका मरना तय है। चीज़ें जो

निर्मित हुई हैं, उनका नष्ट होना प्रायोजित है। सृष्टिकर्ता ने हमें इस लोक में ढकेलने से पहले एक उम्र सौंपी थी। उस उम्र को जी लेने के पश्चात हम सब अपनी देह को छोड़कर कहीं किसी और दुनिया में प्रस्थान कर जाएँगे।"

"और इच्छाएँ?" संन्यासी ने पूछा।

लड़के ने कहा, "इच्छाएँ कभी पूरी नहीं होतीं, और न ही ख़त्म। ये अजेय और अमर हैं। मेरी दादी ने भी अपनी अधूरी इच्छा के साथ इस दुनिया को छोड़ा था और प्रेमिका ने भी। मैं भी एक दिन अपनी अधूरी इच्छा के साथ मर जाऊँगा और आप भी इस संसार में सौ साल से ज़्यादा ज़िंदा नहीं रहेंगे।"

"तुम्हारी नज़र में वैराग्य क्या है?" संन्यासी ने पूछा।

लड़के ने कहा, "मोह, माया और दुनिया के प्रलोभनों से मुक्ति।"

"और सवाल?" संन्यासी ने पूछा।

लड़के ने कहा, "इंसान के ख़ुद में ज़िंदा बचे होने के मामूली सबूत"।

संन्यासी ने कहा, "मतलब जो लोग सवाल करते हैं वह दुनिया के सबसे ज़िंदा लोग हैं।"

लड़के ने कहा, "हाँ, मगर जो लोग ख़ुद से सवाल करते हैं।"

संन्यासी ने कहवा ख़त्म करके कटोरी को बग़ल में रखते हुए लड़के से कहा, "मेरे पास तुम्हारे लिए कुछ सवाल हैं। पहला यह कि तुम कौन हो? दूसरा तुम क्यों घूमते हो अथवा तुम्हारे लिए घर क्या है? तीसरा तुम क्यों लिखते हो?"

लड़के ने कुछ देर तक सोचा और कहा, "मैंने बताया तो कि यह एक लंबी जीवन यात्रा है। इसे मेरे लिए महज़ कुछ शब्दों में बता देना संभव नहीं। मेरा जीवन बिखराव भरा है। मैं टुकड़ों में बँटा हूँ। रही बात घूमने और लिखने की तो मेरे लिए घूमना ख़ुद के सवालों का जवाब ढूँढ़ने के लिए होता है और लिखना उन सवालों के जवाब उन बाक़ी लोगों तक पहुँचाना जो इन मामूली सवालों के जवाबों तक चलकर नहीं पहुँच सकते। एक घुमक्कड़ के लिए पूरी दुनिया ही उसका घर है। क्या आप जानते हैं–किताबों के पैर नहीं होते, बावजूद इसके ये अपनी नियत जगह पर पहुँच जाती हैं।"

लड़के की बात में गहनता थी। एक दिशा भी जो एक खोए हुए इंसान

को जीवन के भटकाव से उबार सकती थी। वह सचमुच एक तरह के ट्रांसफ़ॉर्मेशन की प्रक्रिया में था। वह एक घुमक्कड़ से लेखक होने की एक लंबी राह पर था।

इस बात को महसूस करने के बाद संन्यासी ने कहा, "सचमुच तुम्हें किताब लिखनी चाहिए। मैं ही कुछ हद तक ग़लत था। तुम्हारे पास उद्देश्य है और विषय भी। अपने और लोगों के जीवन से जुड़ी तमाम छोटी-बड़ी कहानियाँ भी।"

लड़के ने कहा, "नहीं, यह कोई कहानी नहीं बस जीवन का सच है। ये मेरे जीवन की वो छोटी-छोटी सच्चाइयाँ हैं जिनको मैंने ख़ुद जिया है।"

संन्यासी ने पूछा, "क्या तुम ये बता सकते हो कि एक सपने को सच होने में कितना समय लगता है ?"

लड़के ने कहा, "शायद एक जीवन। हमें अपना पूरा जीवन झोंकना होता है अपने छोटे-छोटे सपनों को मूर्त रूप देने के लिए।"

संन्यासी ने पूछा, "क्या तुम उन लोगों से कुछ कहना या फिर उन लोगों से अपने बारे में कुछ बताना चाहते हो जो दुनिया घूमना चाहते हैं, जो लिखकर लोगों को लोगों के सवाल तक पहुँचाने की एक अनोखी प्रक्रिया में हैं ?"

लड़के ने कहा, "नहीं, बिलकुल नहीं। मैं किसी से कुछ भी नहीं कहना चाहता हूँ। मैं बस आपकी उसी पुरानी बात पर एक बार फिर से ज़ोर देना चाहता हूँ कि हर घर में कुछ खिड़कियाँ और कुछ दरवाज़े होते हैं। खिड़कियाँ उम्मीद होती हैं, दरवाज़े राह। अपने घर की चौखट को लाँघकर जब तुम मुख्य दरवाज़े से बाहर निकलोगे तुम्हें कोई-न-कोई मार्ग मिल जाएगा। घर से निकलने के बाद एक दिन आप वहीं पहुँचेंगे जहाँ आप पहुँचना चाहते हैं। मैंने बिलकुल ऐसा ही किया।"

संन्यासी ने कहा, "हाँ मैंने ऐसा कहा था, पर क्या यह सभी के लिए संभव है ?"

"घर से बाहर निकलना ?" लड़के ने पूछा।

संन्यासी ने कहा, "नहीं, वह सब कुछ जो तुमने किया ? जो तुमने चुना ?

जो तुमने जिया?"

लड़के ने कहा, "इस दुनिया में हर वो चीज़ संभव है जिसके बारे में हम सोच पा रहे हैं। बस हमें तय करना होता है। ये तय करना पड़ेगा कि अपनी चाहतों को बस एक उम्मीद तक सीमित रहने दें और ताउम्र खिड़की से झाँकते रहे। या फिर ये तय कर लें कि घर की चौखट को लाँघकर मुख्य दरवाज़े से बाहर निकल जाएँ जहाँ से एक राह मुख्य सड़क तक जाती है और फिर वह सड़क न जाने कितने छोटे-बड़े रास्तों में बदल जाती है। एक बार घर से निकल गए तो जहाँ आपको पहुँचना है वह राह पहुँचा देगी। पर इस मध्य रास्तों की पहचान करना सीखना होगा। लोगों से मिलना और सबसे उचित व्यवहार करना सीखना होगा। इस बात को समझना होगा कि हम सब मुसाफ़िर हैं और हर छोटे-बड़े रास्ते के अनुकूल ख़ुद को ढालते जाना होगा।"

संन्यासी ने कहा, "कितना सहज मार्ग है फिर भी ये संभव नहीं हो पाता है। शायद, हम तय नहीं कर पाते। कहीं-न-कहीं चूक जाते हैं। हम लंबे समय तक दिशाहीन जीवन जीते हैं। लड़के ने संन्यासी की बातों पर अपनी सहमति दी और संन्यासी द्वारा किए गए अन्य सवालों पर विचार करने लगा और कुछ देर के लिए बिलकुल शांत हो गया।

संन्यासी ने एक नज़र लड़के की तरफ़ देखा। लड़का थोड़ी देर मौन रहा। मानो वह अपने मौन में उतरकर कुछ सोच रहा हो फिर कहा, "मैंने एक घुमकक्ड़ के तौर पर एक लंबा जीवन जिया और तरह-तरह की यात्राओं का अनुभव किया है। इतना ही कहूँगा कि– घुमक्कड़ों तुम मंज़िल के नहीं राहों के मुसाफ़िर हो।"

इतना कहकर अपने विचारों की गहराई में परस्पर उतरता चला गया।

वह लड़का सचमुच बहुत अलग था और उसकी दुनिया कहीं उससे भी ज़्यादा अलग। वह अक्सर किसी-न-किसी विचारों में उलझा अक्सर ख़ुद को बाहर निकालने की कोशिश में लगा रहता और परस्पर और भी ज़्यादा उलझता चला जाता। किसी को समझ में नहीं आता कि यह उसके जीवन का उलझाव है या फिर सिर्फ़ विचारों का! एक लेखक और घुमक्कड़ का

जीवन भी ना जाने कितना रहस्यमयी होता है!

लड़के का पूरा जीवन रहस्यों से भरा हुआ था। वह जीवन को नहीं बोध को जी रहा था। जिसमें यात्रा भी थी, साहित्य भी और जीवन भी। वह अध्यात्म और दर्शन सब कुछ समझ रहा था। वह एक साथ कई-कई लोगों का जीवन जी रहा था। शायद, यही वह मूल बात थी जो लड़के को बाक़ी के अन्य लोगों से अलग करती थी।

08

मैं क्यों घूमता हूँ!

एक दिन लड़के ने संन्यासी के सामने बाबा काली कमली वानप्रस्थ आश्रम जाने की इच्छा व्यक्त की तो संन्यासी ने बताया कि इसके साथ ही संभव हो तो बीटल्स आश्रम चौरासी कुटिया भी देखकर आना।

लड़के ने इन जगहों के बारे में सुना तो था लेकिन गया कभी नहीं था। एक सुबह जब संन्यासी ध्यान में लीन था, तब वह आश्रम से निकल गया और पूरे दिन इन्हीं जगहों पर घूमता रहा। देर शाम जब घर लौटा तो उसके मन में संन्यासी के वही दो सवाल घूमते रहे कि तुमने घूमना और लिखना कैसे सीखा? उसे अपनी पिछली यात्रा के दौरान मिले एक बूढ़े मुसाफ़िर की कही बात याद आई।

बूढ़े मुसाफ़िर ने कहा था– 'घर से निकलकर सड़क पर आ गए हो तो भागो मत। दुनिया भर के घुमक्कड़ों और लेखकों यह संपूर्ण ऊबड़-खाबड़ धरती तुम्हारी है। हर क़दम स्थिरता से रखो। तुम मंज़िल के नहीं राहों के मुसाफ़िर हो।'

इस तरह संन्यासी के सवालों पर अमल करते हुए लड़का जैसे अपने जीवन में उतर गया हो। वह बिलकुल एक लेखक की तरह बात और व्यवहार कर रहा था।

लड़के ने कहा, "कभी-कभी सोचता हूँ कि मैं यात्रा क्यों करना चाहता हूँ और लंबे वक़्त तक शांत हो जाता हूँ। मेरे मन में ख़याल आता है ईश्वर की बनाई दुनिया देखने के लिए। फिर सोचता हूँ कि ईश्वर कौन-सा मेरा अपना सगा है? महज़ इतनी-सी बात पर मेरा ईश्वर मुझसे नाराज़ हो जाता है। मेरे मन का ख़याली कीड़ा मेरे पैरों के तलवों में गुदगुदी पैदा करता है और मैं एक लंबी यात्रा पर निकल जाता हूँ। यह कोई एक बार की बात नहीं है, मैंने अपने जीवन

की सारी बड़ी यात्राएँ ऐसे ही की हैं। वह चाहे लाहौल स्पीति की हो या फिर लेह लद्दाख की। रेगिस्तान की हो या फिर सिल्क रूट की। यहाँ तक कि मैंने अपने जीवन की सबसे बड़ी हिमालय यात्रा भी कुछ इसी तरह से की थी। मेरा ईश्वर अक्सर छोटी-बड़ी बातों पर मुझसे नाराज़ होता रहता है और मैं हर बार घर से खिन्न मन से निकल पड़ता हूँ।

"ऐसे में मुझे समझ में नहीं आता कि ईश्वर की मेरे प्रति नाराज़गी बड़ी है या फिर मेरी अपने ईश्वर के प्रति। परंतु हम दोनों अक्सर एक-दूसरे से नाराज़ ही रहते हैं। सामान्यत: यह अच्छी स्थिति नहीं कही जा सकती है। लेकिन यात्राओं के लिहाज़ से ये संयोग हर बार मेरे लिए शुरुआती जीवन में अच्छा साबित हुआ।

"एक बार जूते में पैर पड़ जाने और घर से निकलने के पश्चात सड़क के समांतर भागते मेरे क़दम सारे गणितीय समीकरण भूल जाते हैं। कभी ठहरने, थकने, थमने का नाम ही नहीं लेते हैं। परंतु कहीं तो ठहरना होगा? कभी तो पैर थकेंगे? कहीं तो पहुँचकर ये क़दम थम जाएँगे और अंदर से एक आवाज़ आएगी कि अब और नहीं।

"समझ में नहीं आता कि उस दिन मेरा क्या होगा? क्या मैं सचमुच इतनी दूर जाकर लौट पाऊँगा? फ़िलहाल मेरे पास इस सवाल का अभी कोई जवाब नहीं है। शायद, तब कहीं जाकर मुझ में बोध पैदा होगा। पिछली कुछ यात्राओं से इस तरह का परस्पर बोध हुआ भी है। यह बोध जब भी होता है मैं ठहर जाता हूँ और उस वक़्त बूढ़े मुसाफ़िर की लिखी उपरोक्त पंक्तियाँ दवा की तरह असर करती हैं। ऐसा लगता है कि उस बूढ़े यात्री ने मेरे कंधे पर हाथ रख दिया है।"

"बूढ़ा मुसाफ़िर?" संन्यासी ने उत्सुकतावश बीच में ही सवाल किया।

लड़के ने कहा, "हाँ वह बूढ़ा यात्री जिसने मेरे अंदर घुमक्कड़ी का मंत्र फूँका था।"

"वह कहाँ मिला?" संन्यासी ने फिर पूछा।

लड़के ने कहा, "वह मुझसे उसी यात्रा के दौरान मिला था। वह मेरे कंधे पर जब भी हाथ रखता है मैं बिलकुल शांत हो जाता हूँ। ख़ुद के भागते

क़दमों को जगह-जगह रोकने की कोशिश करता हूँ और जूते से अपने पैर को निकाल किसी निर्जन स्थान पर चटाई बिछाकर चुपचाप बैठ जाता हूँ। पिछले सप्ताह उसने मुझसे पूछा था–'तुम्हारा सबसे बड़ा डर क्या है?' फिर साथ में यह भी पूछा था कि किसी इंसान का सबसे बड़ा डर क्या हो सकता है? मैंने कई रातों तक इस सवाल का जवाब ढूँढ़। वह बूढ़ा यात्री मुझे रोकता है। उसके छोटे-छोटे सवाल मुझ में स्थिरता और गति दोनों एक साथ लाते हैं! उसके दोनों सवालों को अपनी अगली यात्रा के लिए अपने जूते की डोरी से सख़्ती से बाँधकर रख दिया है। अब मुझे ऐसे एक और दिन का इंतज़ार है, जब मेरा ईश्वर मुझसे नाराज़ हो और यात्रा का कोई संयोग बने। फिर मैं उसे इस सवाल का जवाब अच्छे से दे पाऊँगा।

"सच कहूँ तो कई लंबी और बड़ी यात्राओं के बाद यह जान पाया हूँ कि हर यात्रा हमें थोड़ा-थोड़ा करके ख़ुद के क़रीब लाती है और इस मध्य एक स्थिति ऐसी आती है जिसमें इंसान अपनी आत्मा को छू लेता है। लेकिन उस स्थिति तक पहुँचना मामूली बात नहीं है। लोग अक्सर यात्राएँ करते हैं बावजूद इसके हर बार अपनी आत्मा को छूने से वंचित रह जाते हैं। मुझे इस बात का संतोष है कि मैं अपनी आत्मा को छू पाया। मैंने जीवन की तमाम छोटी-बड़ी चीज़ों का रहस्य समझने की कोशिश की और काफ़ी हद तक ख़ुद को जान पाया।

"वह ख़याली कीड़ा जिसे मन में पैदा होना चाहिए, जिसे मन में रहना चाहिए, मेरे पैरों के नीचे दबी मिट्टी में पैदा होता है। महज़ लम्हे भर में रेंगता हुआ तलवों से चलकर मेरी जाँघ, कमर और छाती पर आ जाता है और न जाने कब मन के किसी कोने में जाकर शांत बैठ जाता है।

"कुछ दिन बाद... मैं फिर सोचने लगता हूँ कि मैं यात्रा क्यों करना चाहता हूँ? फिर से वही ख़याल आता है कि ईश्वर की बनाई दुनिया को देखने के लिए। फिर से मुझे लगता है कि ईश्वर कौन-सा मेरा सगा है! मेरा ईश्वर फिर से मुझसे नाराज़ हो जाता है। फिर मन का ख़याली कीड़ा मेरे पैरों की तलवों में गुदगुदी पैदा करने लगता है और मैं एक किसी और लंबी यात्रा पर निकल पड़ता हूँ। इस तरह मेरी यात्राओं की संख्या बढ़ती जाती है।

"यात्रा के बाद मैं शांत हो जाता हूँ। कुछ और दिनों के लिए घर में रुक जाता हूँ। कुछ दिन बाद वह कीड़ा रेंगता हुआ मेरी देह के तमाम हिस्सों पर दुनिया का एक कच्चा नक़्शा बना देता है। वह इसे ट्रेवल मैप कहता है। इस तरह मैं अपनी देह में रहते हुए भी कई बार दुनिया घूमने लगता हूँ। यह थोड़ी-सी अजीब बात है लेकिन इंसान की बाहरी यात्राओं के साथ-साथ उसकी एक आंतरिक यात्रा भी चलती रहती है।"

"क्या ये लेखन जैसी ही है?" संन्यासी ने पूछा।

लड़के ने कहा, "शायद हाँ और शायद ना भी। मेरा विश्वास दोनों ही तरह की यात्राओं को लेकर प्रगाढ़ हुआ है। बस समझ में नहीं आता कि ज़्यादा सुखद कौन है? दरअसल, समझ आने की बात नहीं। क्योंकि दोनों ही तरह की यात्राओं में मुझे आनंद आता है। अपनी यात्राओं के दौरान कभी ख़ुद की देह के आंतरिक हिस्सों की कभी देह के बाह्य कणों में उपस्थिति को महसूस करता हूँ। किसी को दिखाई नहीं देता पर हर सफ़र में वह ख़याली कीड़ा मेरे साथ होता है। वही ख़याली कीड़ा ही मेरे अंदर के यात्रा-सृजन का बीज है।

"घुमक्कड़ दोस्तों, अगर तुम्हें भी घूमते रहना है तो सबसे पहले अपने पैर के नीचे की ज़मीन तलाशो। ख़ुद में घुमक्कड़ी का एक कीड़ा पैदा कर लो। तुम जिस राह पर चलना चाहते हो, उस तक पहुँचने का यही पहला और आख़िरी रास्ता है।"

कहते हुए लड़के ने अपनी बात ख़त्म की और देखते-ही-देखते उस लड़के और संन्यासी का संवाद एक नये रास्ते पर निकल पड़ा। संन्यासी ने लड़के की सारी बातें सुनीं और कहा, "सब ठीक है लेकिन बावजूद इसके ईश्वर के प्रति तुम्हारी नाराज़गी मुझे समझ में नहीं आती।"

"क्या मेरे प्रति ईश्वर की नाराज़गी आपको समझ में आती है?" लड़के ने संन्यासी से सवाल किया।

"नहीं।"

"हम जैसों के प्रति जो दो आत्माओं के साथ ज़िंदा हैं?"

"नहीं, बिलकुल नहीं।"

लड़के ने कहा, "आपको इस बात को समझना चाहिए कि जो बातें हमें बचपन में सिखाई जाती हैं, जिन पर विश्वास करना सिखाया जाता है उसका कोई आधार नहीं होता।"

लड़के की इस बात में काफ़ी हद तक सच्चाई भी थी। ईश्वर के होने और नहीं होने को लेकर एक बच्चे के ही नहीं बल्कि हम सभी के मन में सवाल होता है, पर इसका प्रमाणिक जवाब दूर-दूर तक किसी के पास नहीं है। वह लड़का सवाल करता है और उसे कोई जवाब नहीं मिलता है। वह हताश और निराश होता है, उसे लगता है कि उसका ईश्वर नाराज़ है, वह उसकी पीठ पर परिस्थितियों के कोड़े मारता है। लड़के को लगता है कि उसने उसकी दादी को उससे छीन लिया है, उसकी प्रेमिका से उसको अलग कर दिया है और वह इसी झुँझलाहट में एक उम्र गुज़ार देता है।

बावजूद इसके उसे अपने सवालों का हल मिलता नहीं दिखता।

लड़का कहता है, "सच कहूँ तो मेरा मेरे ईश्वर के साथ बहुत बड़ा विरोधाभास है जो मेरे जन्म के साथ शुरू होता है और शायद ही कभी ख़त्म होगा। मैं शायद ही कभी अपनी दादी को भूल पाऊँगा। मैं शायद ही अपनी प्रेमिका के नहीं होने को लेकर जीवन में सहज रह पाऊँगा। मैं अपने जीवन के हर मोड़ पर इसी विरोधाभास को ख़त्म करने की लालसा लिए घूमता रहा हूँ, अपने ईश्वर से हर रोज़ मिलता हूँ, सदैव एक संवाद स्थापित करने की कोशिश करता हूँ। यह मेरे घूमने का दूसरा अहम कारण है!"

लड़के की बात संन्यासी बहुत ही ध्यान से सुनता है और उसकी कही हर बात पर मनन भी करता है। लड़के की कही बातें जितनी सार्थक लगती हैं उतनी ही दिलचस्प भी होती हैं।

लड़का कहता है, "मैं अपने ईश्वर से कहता हूँ कि रिश्तों में प्रगाढ़ता के लिए परस्पर बातचीत बेहद ज़रूरी है। आख़िर यह ईश्वर के साथ एकतरफ़ा क़ानून कब तक चलेगा? लेकिन ईश्वर होने की शायद उसकी अपनी ज़िद है। जैसे कि हममें से कुछ इंसानों को भगवान होने की होती है। कभी-कभी मुझे लगता है कि मेरा ईश्वर मेरी उम्र के साथ या फिर समानांतर बड़ा हो रहा है और बचपन से चले आ रहे इस झगड़े का कोई और विकल्प नहीं है।

“विरोधाभास धीरे-धीरे गतिरोध का रूप ले लेता है। यह गतिरोध मुझे पहले रोकता है और आगे चलकर मुझमें ठहराव पैदा करता है। ऐसी स्थिति में मैं अपनी यात्रा को विश्राम देकर किसी पुलिया, सड़क के किनारे चलती हुई रेलिंग, घने जंगलों के बीच या फिर नदी के किसी छोर पर शांत बैठ जाता हूँ। अपनी दिन भर की थकान को कम करने की कोशिश करता हूँ। ऐसा लगता है कि मैं अपने जन्म के साथ से ही न जाने कितना थका हुआ हूँ और उम्र-दर-उम्र थकता ही जा रहा हूँ और न चाहते हुए भी ईश्वर की बनाई चीज़ों पर विचार करने लगता हूँ। हमेशा एक कनेक्शन ढूँढ़ता हूँ। नदी पर बनाए पुल का दो विखंडित हुए भूभागों से, एक ही सड़क के किनारे बसे अलग-अलग दो शहरों का जीवन से, गाँवों की छोटी- छोटी पगडंडियों का बड़ी-बड़ी सड़कों से, जंगलों के बीच मनुष्य का प्रकृति से, नदियों का समुद्र से और संवाद परस्पर गहरा होता जाता है। इतना गहरा कि मेरे लिए उस विचार से बाहर निकल पाना मुश्किल हो जाता है।

“दरअसल, मैं जीवन को समझना चाहता हूँ परंतु इस समझने की जिजीविषा और असल जीवन की समझ के बीच बहुत ही बड़ा भटकाव है। शायद इसीलिए मेरी सारी यात्राएँ भटकाव भरी रही हैं। मुझे पता ही नहीं होता है कि असल में जाना और पहुँचना कहाँ है? शायद इसीलिए मेरे पास इतने सारे सवाल हैं। रही बात ईश्वर की तो उसने मुझे कभी यह नहीं बताया कि उसने मुझे इस धरती पर क्यों भेजा है? इस दुनिया में आने का मेरा असल उद्‌देश्य क्या है? मेरी दादी और प्रेमिका की मौत का सार क्या है? मेरे दुख और अकेलेपन की वजह क्या है? ईश्वर कहता है– अपना उद्‌देश्य ख़ुद ढूँढ़, ख़ुद की राह ख़ुद ही तय करो। पहले तो ईश्वर की इन बातों से मैं ज़रा भी इत्तेफ़ाक़ नहीं रखता था लेकिन अब लगता है कि शायद यही जीवन है। बावजूद इसके मैं ईश्वर को ख़ारिज कर देता हूँ। उसके अस्तित्व पर मेरा सवाल उठाने का मन होता है।

“सवाल यह है कि जब सब कुछ हमें ही करना है तो फिर ईश्वर का इतना बड़ा इंटरफ़ियरेंस क्यों है हमारे जीवन में? हर बात पर टोका-टाकी क्यों? हम मनुष्यों के सौ साल के भारी भरकम जीवन से आख़िर वह क्या

हासिल करना चाहता है? इन सवालों का मुझे कभी कोई सटीक जवाब नहीं मिलता। शायद, इसीलिए मेरी ईश्वर से तनिक भी नहीं बनती। ईश्वर मेरे एक भी सवाल का जवाब नहीं देना चाहता है। लेकिन मैं हर दिन उससे बात करता हूँ। मुझे लगता है कि मेरी हर बात, हर निर्णय में वह है। हर दिन मेरा संवाद एकतरफ़ा होते हुए भी उससे बहुत ज़्यादा गहरा होता जाता है। मैं उसे बताता हूँ कि इन दिनों देश और दुनिया में क्या चल रहा है। उसे मैं दिखाता हूँ कि जिसे तुम पाप और पुण्य कहते हो उसे इंसानों ने कब का समझना छोड़ दिया है। जिसे तुम अच्छा और बुरा कहके संबोधित करना चाहते हो दरअसल अब वैसी कोई चीज़ धरती पर अस्तित्व में ही नहीं रही। मैं उसे तरह-तरह से समझने का प्रयास कर रहा हूँ।

"मैं नास्तिक नहीं होना चाहता। मेरा ईश्वर में भले ही विश्वास न हो, जीवन में है। मैं किसी को कैसे समझाऊँ कि बिन मौसम बारिश उसकी ज़िद है। कैसे बताऊँ की यह बादलों का फटना सिर्फ़ प्राकृतिक आपदा नहीं है। पहाड़ों का दरकना, ज्वालामुखी का विस्फोटक होना, तूफ़ान में जीवन का तबाह हो जाना ईश्वर के द्वारा प्रयोजित एक ऐसा सच है जिसमें सब कुछ नष्ट हो जाता है। लेकिन मेरा ईश्वर अपने बच्चे होने तक को नहीं स्वीकार पाता है। वह सब कुछ अपनी बंद आँखों से कहीं दूर बैठा देखता रहता है। बस उससे ये सारी लड़ाई उसके आँखें बंद कर लेने से है। क्या उसे सचमुच यह सब कुछ दिखाई नहीं देता जो इस दुनिया में हो रहा है?"

09

घुमक्कड़ी संपूर्ण जीवन है

कई बार ये सवाल आपके मन में आया होगा कि घुमंतू लड़का जब पूरे जीवन दुख और प्रेम में डूबा रहा तो यात्राएँ कब किया? या इन यात्राओं की शुरुआत उसके जीवन में कब हुई? ये सवाल मेरे मन में भी हैं, लेकिन लड़के की बात को हमेशा केंद्र में रखकर सोचना और सवाल करना होगा।

लड़का कहता है, "मैं इस बात को समझता हूँ कि घुमक्कड़ी सिर्फ़ पल दो पल का उन्माद नहीं है और ना ही घड़ी दो घड़ी का नशा है। यह एक संपूर्ण जीवन है। मन का कीड़ा सिर्फ़ मन में नहीं कुलबुलाता है। यह देह और दिमाग़ में भी कुलबुलाता है तब कहीं जाकर क़दम बाहर निकल पाते हैं! अपनी यात्राओं के दौरान सुबह घर से मैं जल्दी निकलता हूँ और देर रात थकान के बाद ख़ुद को किसी घाटी या फिर निर्जन जगह पर खुले आसमान के नीचे सोया हुआ पाता हूँ। थकान देह को इस क़दर चूर कर देती है कि कभी-कभी सोने से पहले पैर से जूते तक निकलना याद नहीं रहता। जूतों को पैर से नहीं निकालने का एक बहाना यह भी है कि रात में मेरे पैर के जूते मुझसे बातें करते हैं। मेरी सारी पिछली यात्राओं का हिसाब-किताब सब मेरे इन्हीं दो जोड़ी जूतों के पास होता है।"

संन्यासी से लड़के ने अपने जूतों की तरफ़ देखने का इशारा किया।

"दो जोड़ी क्यों?" संन्यासी ने पूछा।

लड़के ने कहा, "क्योंकि एक जोड़ी पहनता हूँ। दूसरा अपने बैग के साथ लटकाकर चलता हूँ। रातें जगह-जगह रोकती हैं मुझे और अँधेरा प्यार करता है। शहरों की चकाचौंध से दूर ढिबरी की रौशनी में जब ज़िंदगी को थोड़ा धुँधलाकर देखता हूँ तो ऐसा लगता है कि यही धुँधलका ही मेरी ज़िंदगी का असल सच है।"

"तो इससे पहले तुम किसी नौकरी में थे?" संन्यासी ने पूछा।

लड़के ने कहा, "नौकरी नहीं, ग़ुलामी। हम सब किसी-न-किसी की ग़ुलामी कर रहे हैं। 'मुद्रा' ईश्वर से भी कहीं बड़ी हो गई है।"

संन्यासी ने कहा, "कल ही किसी अख़बार में पढ़ा था कि एक व्यक्ति ने चार रुपये के झगड़े में किसी की हत्या कर दी। यह भी पढ़ा कि तीन साल की बच्ची का एक अधेड़ युवक ने बलात्कार कर दिया।"

लड़के ने कहा, "यह सब विध्वंस की बातें हैं, इस वक़्त मैं सिर्फ़ सृजन की बात करना चाहता हूँ। जीवन का यह वह मोड़ है जहाँ से आप आसानी से अँधेरे के आरपार देख सकते हैं। आप ख़ुद की ख़ुद में मौजूदगी का अच्छी तरह से मूल्यांकन कर सकते हैं। अपनी ज़्यादातर यात्राओं में मैं अकेले होता हूँ और जैसा कि मैंने बताया कि हर यात्रा से पहले मैं अपने ईश्वर से नाराज़ होकर घर से निकलता हूँ इस लिहाज़ से यहाँ आने से पहले मेरा ईश्वर मेरा साथ छोड़ चुका है!"

"क्या ईश्वर से तुम्हारी नाराज़गी का कारण ईश्वर का साथ छोड़ देना है?" संन्यासी ने पूछा।

लड़के ने कहा, "शायद यही या फिर इससे भी बड़ा क्योंकि ईश्वर किसी भी यात्रा में मेरे साथ नहीं होता और न ही मेरे जीवन में ही उसका कोई ख़ास अस्तित्व बचा है। इसीलिए यहाँ पहुँचकर मैं सिर्फ़ ख़ुद को और ख़ुद के जूतों को देखता हूँ। और पैरों के नीचे की ज़मीन और सिर पर एक टुकड़े आसमान के अलावा अपने इर्द-गिर्द कुछ भी नहीं पाता। मेरा मन तक मेरा साथ नहीं देता!"

"फिर तुम अपनी यात्राओं में दो होने की बात क्यों करते रहे हो?" संन्यासी ने पूछा।

लड़के ने कहा, "कभी-कभी लगता है कि उजाला महज़ भ्रम है, अँधेरा सच। मैं चीज़ों को खुली आँखों से देखने के बजाय उन दिनों बंद आँखों से देखना ज़्यादा पसंद करता हूँ। चीज़ों को बंद आँखों से देखने का एक फ़ायदा यह है कि व्यर्थ का आकर्षण बादलों की तरह छटकर जीवन से अलग हो जाता है। नीला आसमान थोड़ा और स्पष्ट, थोड़ा और पारदर्शी दिखाई देता

है। हरी-भरी धरती थोड़ी और हरी और ख़ूबसूरत दिखने लगती है। समुद्र का सारा खारापन देह में ऐसे घुल जाता है, जैसे दाल में अंदर तक नमक का स्वाद घुल जाता है।

"बंद आँखों से देखने का एक फ़ायदा यह है कि पूरे परिदृश्य से देह ग़ायब हो जाती है। देखने के लिए सिर्फ़ हृदय और आत्मा होती है। मैं अपनी यात्राओं के दौरान अपना हृदय देखता हूँ, किसी इंसान की आत्मा में झाँकने से बचता हूँ। दरअसल, किसी की आत्मा में झाँकना ईश्वर हो जाने के समतुल्य है। मैं ईश्वर होने से डरता हूँ। मैं बस उसका हृदय देखता हूँ और वही सब कुछ लिखता भी हूँ जो दिल से महसूस कर पाता हूँ। शायद इसीलिए मेरा लिखा मुझे ही कभी-कभी किसी जादुई यथार्थ की तरह लगने लगता है तो कभी-कभी बिलकुल झूठ की तरह दिखता है।"

थोड़ा रुककर लड़के ने यह भी बताया कि उस बूढ़े मुसाफ़िर ने उससे कहा था– 'एक का झूठ दूसरे की दुनिया का सच है। दूसरे का झूठ पहले की दुनिया का सच। इसलिए कभी सच और झूठ के फेर में मत पड़ना।'

"वह कौन था बूढ़ा मुसाफ़िर?" संन्यासी ने उत्सुकतावश पूछा।

लड़के ने कहा, "मुझे नहीं पता, वह बस एक यात्री था। ऐसे ही आप ही की तरह किसी मोड़ पर मिल गया था। वह बहुत ही अलग और अजीब बातें करता था। बहुत ही अलग दुनिया थी उसकी, उसने मुझे तरह-तरह की बातें बताईं। उसके बारे में जानकर ऐसा लगता है कि यह मेरी नहीं किसी और दुनिया का सच-झूठ है जिसके बारे में मैं नहीं जानता। मेरे मन का ख़याली कीड़ा जो मेरे पैरों के तलवे में पैदा होता है उसी की जादुई यथार्थ का एक अहम हिस्सा है।

"मेरे मन के उस कीड़े को हम मनुष्यों के संवाद और दुनिया के अच्छे-बुरे से ज़्यादा कुछ लेना-देना नहीं होता। वह चंचल है। वह हमेशा उन्माद में रहता है। वह बिलकुल मेरे अंदर के बच्चे की उम्र का है, महज़ सात साल या फिर इससे भी छोटा। वह हर ठहराव को ख़त्म कर देने का अपने साथ हुनर रखता है। मेरे एकांत, मेरी देह की थकान से उसे कोई ख़ास मतलब नहीं। वह फटाफट आगे का नक़्शा तैयार करता है और मैं उसकी उँगली पकड़कर

उसके साथ चल देता हूँ। वह कभी हम मनुष्यों की तरह ख़ुद की बात को ज़ाहिर नहीं करता। परंतु उसे ऐसा लगता है कि ईश्वर कोई तानाशाह है और हम समस्त मनुष्य उसके क़दी। वह हम मनुष्यों को अलग-अलग बैरकों में क़ैद कर रखता है जिसे घर कहा जाता है। उसकी नज़र में ईश्वर हम मनुष्यों पर अपना हुक्म चलाता है, हमें डरा-धमकाकर रखता है, जुर्म ढाता है और अच्छे काम पर रिवॉर्ड भी देता है।"

"क्या तुम उसकी बातों से इत्तेफ़ाक़ रखते हो?" संन्यासी ने पूछा।

लड़के ने कहा, "मैं उसकी बात से इस हद तक इत्तेफ़ाक़ नहीं रखता। हालाँकि ईश्वर के संपूर्ण रवैये से मुझे भी चिढ़ है। परंतु मैं उसके जैसा हरगिज़ नहीं सोचता। हाँ, इतना ज़रूर पता है कि मेरे संबंध ईश्वर के साथ सामान्य नहीं हैं। मैं बात-बात पर अपने ईश्वर का विद्रोह करता हूँ, वह बात-बात पर मेरी नंगी पीठ पर वक़्त और परिस्थितियों के कोड़े मारता है। वह कभी-कभी तो बदले पर भी उतर आता है। मेरी दादी और प्रेमिका की मौत मुझे उसके उसी प्रतिशोध का एक रूप जान पड़ती है।

"सच्चे अर्थों में समझ में नहीं आता कि ईश्वर का मनुष्य के साथ क्या रिश्ता है। वह अगर सब कुछ जानता अथवा समझ सकता है तो हम निरीह जीवों के सामने ऐसी स्थितियाँ और परिस्थितियाँ क्यों खड़ी करता है?"

लड़के ने इस एक सवाल के साथ अपनी बात ख़त्म की।

संन्यासी ने कहा, "तुम एक तरह के उलझाव में हो, विचारों में पूरी तरह से डूबे हुए। मुझे समझ में नहीं आता कि तुम्हारे सवाल तुम्हारे ख़ुद के सवाल हैं कि एक लेखक के?"

लड़के ने कहा, "इससे क्या फ़र्क़ पड़ता है, मेरा संपूर्ण जीवन ही स्मृतियों का एक उलझाव है! मैं दौड़ रहा हूँ, मगर एक बेहद ही थका और हारा हुआ इंसान हूँ। एक लेखक अपने इंसान होने से अलग तो नहीं हो सकता न?"

संन्यासी ने कहा, "नहीं, बिलकुल नहीं।"

लड़के ने कहा, "सच कहूँ तो देह पर उस ख़याली कीड़े का रेंगते रहना मेरे लिए एक गहरे सकून की तरह है। उसके देह का खुरदरापन मेरी देह के ज़ख़्म को थोड़ा कम करके आँकना सिखाता है। जब वह दर्द में मेरी देह पर

रेंगता है तो मुझे लगता है कि इससे बड़ा सुख इस दुनिया में कोई और नहीं है। मेरे मन का ख़याली कीड़ा सही मायने में मेरे मन का ही दूसरा प्रतिरूप है। दूसरा प्रतिरूप इसलिए क्योंकि जो मन नहीं करता यह कीड़ा उसके होने को संभव कर देता है।

"मेरे जीवन में अथाह दुखों के बीच सकून की सबसे बड़ी वजह घुमक्कड़ी का वह कीड़ा ही है। मैं उसके साथ-साथ अपनी देह पर बने नक़्शे के सहारे बहुत दूर तक निकल जाता हूँ। मेरे लिए घुमक्कड़ी सुख और दुख दोनों का साधन है। देश-दुनिया से जब मैं बहुत ज़्यादा दुखी हो जाता हूँ तो यात्रा करना चाहता हूँ और जब मैं बहुत ख़ुश होता हूँ तो भी यात्रा करना चाहता हूँ। जीवन को जीवन से थोड़े और क़रीब रखकर देखना चाहता हूँ। उन तमाम स्थितियों-परिस्थितियों, दुश्वारियों से होकर गुज़रना चाहता हूँ जिसमें आज का इंसान ज़िंदा है।

"मैं अपनी छोटी-छोटी यात्राओं के माध्यम से हर बार अपने जीवन की संपूर्णता में उतरता हूँ। अगर आपको भी घूमना है तो मेरी तरह अपनी देह पर दुनिया का एक नक़्शा बना लीजिए। क्योंकि हमारी देह हमारा देश है!"

"देह-देश का नक़्शा! क्या यह कोई ज़रूरी टूल है?" संन्यासी ने पूछा।

लड़के ने कहा, "ख़ुद में बने रहने का एक तरीक़ा। मैंने कहा था न कि मैं हमेशा घर से अपने ईश्वर से नाराज़ होकर निकलता हूँ। इसी बीच एक सवाल आता है कि आख़िर जाना कहाँ है? किस बात की इतनी जल्दी है? सच कहूँ तो कोई ऐसी जगह दिखाई नहीं देती, जहाँ एक लम्हा भी ठहरा जा सके! जहाँ हम दुनिया की हवा को अपने अंदर खींचते हुए एक लंबी साँस ले सकें। हम जहाँ पहुँचना चाहते हैं वहाँ पहुँचकर ज़िंदगी लाख अच्छी हो जाए परंतु सकून के पल बहुत ही कम हैं। आख़िर कहाँ पहुँच गए हैं हम? कहाँ क़ैद होकर रह गए? एक घुमक्कड़ के तौर पर मैं ऐसे हर पिंजड़े से आज़ाद होना चाहता हूँ जो मेरी उन्मुक्त उड़ान में बाधक हो।

"हमारे नन्हें-नन्हें क़दम जो बचपन से ही चलने के आदी थे, न जाने कब से दिशाहीन होकर भागने लगे! न जाने कब ये भागना सीख गए! तब से लेकर अब तक बस भागे ही जा रहे हैं। बिना रुके, बिना थके। आख़िर इन

भागते क़दमों की कोई तो मंज़िल होगी? कोई तो अंतिम निशाँ होगा? ये कहीं तो रुकेंगे, कहीं तो थकेंगे? फिर! फिर उसके बाद का क्या?"

"फिर एक दिन मुझे वही समझ में आया जो कि आज मैं आपको समझा रहा या फिर समझना चाह रहा हूँ। हम इंसानों की देह एक नक़्शा है जिसमें बहुत सारे देश हैं। हर देश में, हर देश के प्रत्येक हिस्से में हमें रुकना होता है। ख़ासकर, घुमक्कड़ों के लिए यह एक अनिवार्य शर्त है। मैं अपनी देह के अलग-अलग हिस्सों में रहता हूँ। कब कहाँ ठहरना है यह मेरा अपना ख़ुद का चुनाव होता है। मैं अपनी देह में भी कभी एक जगह स्थिर नहीं रह सकता। कभी हृदय, कभी आत्मा, कभी मन। एक इंसान जिसे हम महज़ एक इंसान के तौर पर जानते हैं वह सैकड़ों हिस्सों में बँटा हुआ है। एक ही दिल में न जाने कितने साँचे, एक ही दिमाग़ में न जाने कितने सॉकेट बने हुए हैं। देह का हर एक पार्ट अलग-अलग तरीक़े से रिस्पॉन्स करता है और मन इन सबसे परे कुछ और ही बुन रहा होता है। इन सबके बीच हम कहाँ हैं? कई बार हमें ख़ुद नहीं पता होता है। देह पर चमड़ियों की इतनी परतें हैं कि संवेदना के तत्व कहीं खो जाते हैं। संवेदना की किस परत के नीचे हम सब दबे पड़े हैं हमें भी कहाँ मालूम?"

संन्यासी ने कहा, "इसलिए तो कह रहा हूँ, इन सबसे तुम बाहर निकलो।"

लड़के ने कहा, "दूर से देखने पर चीज़ें ज़्यादा स्पष्ट दिखाई देती हैं। मेरे साथ यह सब अनुभव के तौर पर हुआ तब ये जान पाया कि सवाल जो शुरुआती दिनों में छोटा जान पड़ा था हर मोड़ के पार करने के साथ कितना बड़ा होता जाता है। दादी की मौत के पश्चात जब जीवन में लंबा ठहराव आ गया था तब भी मैं भाग ही रहा था। ऐसा लगता था कि भागकर सब कुछ समेट लूँगा। लेकिन क्या और कितना समेट पाया? इसी बीच ख़ुद को समेटकर एक बार फिर से मैंने एक उम्मीद पाली। मुझे लगा कि दादी की जगह प्रेमिका के आने के बाद मेरे जीवन की रिक्तता भर जाएगी और भरी भी लेकिन उसके जाने के साथ ही जीवन का जो ख़ालीपन था एक निर्वात में बदल गया। मुझे लगा चलो जीवन में सब कुछ तो ख़त्म हो गया। लेकिन जो कुछ बचा है उसी को बचा लिया जाए। फिर मुझे अनिका की याद आई।

मुझे नहीं पता था कि वह है भी कि नहीं! वह हमेशा से ही मेरी स्मृतियों की हिस्सा रही थी। वह हमेशा से महज़ मेरी कल्पना में थी।

"अंततः यही समझ में आया कि जो कुछ, जितना भी बचा है, बचा लेना चाहिए। यहीं से बचाने की जद्दोजहद शुरू हुई। कई बार मेरे मन में ख़याल आया कि मुझे उस लड़की से मिलना चाहिए। जिससे भी इस संबंध में बात करता वह मेरी बात सुन हँसता था। सब कहते– 'ख़याली पुलाव पकाना छोड़ो और कल्पना की दुनिया से बाहर निकलो।' ...और मेरे पास उसका कोई निश्चित पता भी तो नहीं था। कहाँ जाता? कैसे मिलता? और मिलने का वह ख़याल हर दिन भारी होता गया। ऐसा नहीं कि मैं वस्तुस्थिति से अनभिज्ञ था। लेकिन कई बार ख़ुद को समझा पाना दुनिया का सबसे दुरूह काम लगता है।

"हालाँकि मैंने कोशिश की। मैंने ख़ुद से कहा–वह लड़की है ही नहीं जिसे मैं ढूँढ़ना चाहता हूँ। मैंने ख़ुद को समझाया कि वह महज़ मेरी कल्पना और स्मृतियों का हिस्सा है। फिर भी मेरा मन नहीं माना। तब मुझे अंदाज़ा नहीं था लेकिन अब समझ में आता है कि बचपन से ही मेरे अंदर एक लेखक बैठा था। पर सुखों और दुखों की इतनी ज़्यादा उस समय बहुलता थी कि वह हर बार अंदर ही दबा-सिमटा बैठा रहा। और जब भी मौक़ा मिला उसने बाहर आने की कोशिश की। मेरे मन का ख़याली कीड़ा भी उसी लेखकीय संसार का एक हिस्सा है।

"ज़िंदगी में अनिका के समग्रता से आने के क्रम में उसने भी धीरे-धीरे बाहर निकलना शुरू कर दिया था। वह लड़की जो सिर्फ़ मेरी स्मृतियों में थी। सिर्फ़ और सिर्फ़ मेरी कल्पना का हिस्सा थी मेरे अंदर का लेखक उसे ज़िंदा करने की कोशिश करने लगा तो उसका होना और न होना मेरे लिए सवाल बनता गया। मेरी स्मृतियों ने मेरी कल्पना को परवान चढ़ाया और उस लेखक ने उसे ज़िंदा करने की दिशा में एक अहम भूमिका निभाई। कुछ दिनों बाद मुझे एक सूरत नज़र आने लगी। मैं बस उसकी कल्पना को जीने लगा और लंबे समय तक अपने अंदर उसे ज़िंदा रखा। इस बीच ज़िंदगी में और भी बहुत कुछ घटित हुआ। बहुत सारे लोग ज़िंदगी में दाख़िल हुए और बाहर भी

गए। मैं ठहरा रहा, कभी एक चेहरे तो कभी उसकी उसकी स्मृतियों के बीच।

"इसी बीच मुझे एक लड़की का पत्र मिला। वह भी किसी पहाड़ पर रहती थी और मुझे पत्र में कभी बारिश तो कभी पहाड़ भेजती थी। कभी नदी तो कभी नाव और कभी तो उसका उफान भेजती थी। वह कभी उदासी तो कभी प्रकृति के अनगिनत रंग भेजती थी। शुरू में मैंने उसके लिखे ख़तों पर ध्यान नहीं दिया लेकिन एक समय बाद जब उसने ख़त लिखना बंद कर दिया तो मुझे उसकी सुधि आई।

"आख़िर कौन थी वह? कहाँ रहती थी? इतने दिनों से मैंने पूछा क्यों नहीं? उसके सैकड़ों ख़तों में से किसी एक का भी जवाब क्यों नहीं दिया? अपनी ज़िंदगी की आधारभूत और ज़मीनी हक़ीक़तों को भूलकर हर दिन अपने ही विचारों और ख़यालों के मध्य कहीं उलझता गया। एक समय बाद ये उलझाव इस हद तक पहुँचा गया कि दो चेहरे एक होने लगे।

"मुझे कभी लगता कि ये वही लड़की है जो बचपन से मेरी स्मृतियों में ज़िंदा रही है, जो महज़ मेरी कल्पना का हिस्सा रही है। फिर लगता कि नहीं यह वह नहीं कोई और है। लेकिन ख़त लिखने वाली लड़की की बातें मेरे अंदर अपनी जगह बनाती गईं। कुछ दिन बाद मैंने पाया कि हर दिन के उलझाव, हर दिन के ख़याल और तरह-तरह के विचारों की आपस में टकराहट ने मुझे फिर से वहीं पर लाकर खड़ा कर दिया है जहाँ मैं अपनी दादी और प्रेमिका की मौत के बाद खड़ा था। यहाँ भी मुझे उतना ही दुख, उतना ही अँधेरा नज़र आता था जितना कि उस समय मेरे इर्द-गिर्द था। पर यहाँ एक अच्छी बात ये थी कि यहाँ किसी के होने, किसी के लौटने, किसी को पा जाने की उम्मीद ज़िंदा थी जबकि दूसरी तरफ़ की सारी उम्मीदें मर चुकी थीं।"

"फिर क्या किया?" संन्यासी ने बीच में पूछा।

"मैंने उस दिन ख़ुद से कहा–यही ज़िंदगी है... और एक लंबी यात्रा पर निकल पड़ा। मेरे सामने बस एक काल्पनिक चेहरा था और मेरे अंदर के लेखक के सामने उसे ज़िंदा करने की चुनौती। चीज़ें जब तेज़ी से मर रही थीं तो उस लेखक को पता नहीं क्यों लगता था कि वह कुछ-न-कुछ बचा

लेगा और निर्जीव चीज़ों को भी सजीव बना देगा। कभी-कभी मैं अपने अंदर के लेखक पर हँसता था। जब मैं यात्रा पर होता तो वह अपनी आंतरिक यात्रा पर। एक तरह से मेरे अंदर एक साथ दो-दो यात्राएँ चल रही थीं। एक आंतरिक और दूसरी बाहरी। यह वह समय था जब मेरे अंदर के लेखक और घुमक्कड़ का एक-दूसरे में विलय हो रहा था।

"घर से निकलने के बाद बिना किसी उद्देश्य के ही महीनों तक जंगलों, पहाड़ों, नदियों के साथ भटकता रहा। शायद, कुछ ढूँढ़ रहा था लेकिन क्या, मुझे मालूम नहीं था। शायद मैं अपने दुखों से उबरना चाहता था। शायद मैं अपनी दादी या फिर अपनी दुनिया में लौटना चाहता था। चलो, दादी की दुनिया तो ठीक है लेकिन मेरी कौन-सी दुनिया? मेरी तो अब तक कोई दुनिया थी ही नहीं। यहीं पर अपनी दुनिया बनाने का पहली बार ख़याल आया। मैंने इस बात को समझने की कोशिश की कि एक इंसान की दुनिया क्या होती है? और ये कैसे निर्मित होती है? फिर मेरे भागते क़दमों के साथ ही मेरी स्मृतियों की यात्रा शुरू हुई। मैंने अपनी दुनिया को तलाशना शुरू किया।"

"तो तुम इस समय भी किसी यात्रा पर हो?" संन्यासी ने सवाल किया।

लड़का बताने लगा, "यात्रा नहीं, एक लंबी आंतरिक यात्रा, यात्राओं की यात्रा, स्मृतियों की यात्रा।" लड़के ने जवाब दिया और कहा, "यात्रा का जो अर्थ आपके लिए है, बिलकुल वही मेरे लिए नहीं हो सकता है। परंतु कुछ बातें हम सभी के लिए एक जैसी होती हैं। कुछ बातें हम सब की ज़िंदगी के लिए होती हैं। मैंने दुनिया की तमाम बड़ी-बड़ी यात्राएँ करके ही इस बात को जाना है कि सिर्फ़ भागना, भागते रहना, ज़िंदगी नहीं है। रुकना ज़िंदगी है, ठहरना ज़िंदगी है, सुस्ताना ज़िंदगी है। किसी से गले मिलना, किसी की बाँहों में ख़ुद को लंबे वक़्त तक खुला छोड़ देना, किसी के उलझे बालों को सुलझाना ज़िंदगी है। यही तो वह जगह है जहाँ लम्हे ठहरते हैं। हम इंसानों को भी ठहरना चाहिए। ख़ुद में ख़ुद के होने को महसूस करना चाहिए। नहीं तो हम इंसान ज़िंदा होते हुए भी मर जाएँगे।

"वह बूढ़ा मुसाफ़िर कहता था–साँसों की ज़रूरत भला किसे नहीं होती? फिर भला ऐसी ज़िंदगी का क्या करना, जहाँ एक लंबी साँस लेने तक की

फ़ुरसत न हो और सुकून के सारे पल ज़िंदगी की मामूली अच्छाइयों में सिमटकर रह गए हों। ख़ुद से बुरा बनने में इतना भी क्या हर्ज़? ख़ुद के सकून के लिए, ख़ुद से थोड़ा बुरा बनकर तो देखो। अपने कम्फ़र्ट ज़ोन से बाहर निकलो, एक बार बग़ावत करके तो देखो। ज़िंदगी हसीन लगेगी।' मैंने उस दिन पहली बार अपने भागते क़दमों को रोकने के बाद अपनी दोनों आँखों के सामने अपने दायें हाथ की हथेली को हिलाया। सिर्फ़ यह जानने के लिए कि कहीं यह भ्रम तो नहीं! उस दिन पहली बार मैंने एक मासूम बच्ची के बालों में अँगुलियाँ फिराईं, एक वृद्ध का माथा और उसकी हथेलियों को चूमा। पहली बार ख़ुद में ख़ुद के ज़िंदा होने को पूरी तरह से महसूस किया और ज़िंदा हो उठा। ऐसा मैं इसलिए कह रहा हूँ क्योंकि यात्राएँ जीवन की भागमभाग और धमाचौकड़ी से इतर जीवन की ठहराव होती हैं। यात्राएँ हमें ज़िंदा रखती हैं। हर यात्रा के बाद इंसान ख़ुद में थोड़ा-सा ज़िंदा होकर लौटता है।"

10

दो आत्माओं के साथ

संन्यासी को लड़के की बातों में दिलचस्पी आ रही थी। वह कभी मौन तो कभी किसी सवाल के साथ उसकी बाह्य अथवा आंतरिक यात्राओं में बना रहा। वह लड़के के विचार और उसकी वैचारिक प्रक्रिया को समझकर किसी निर्णय पर पहुँचना चाहता था। वह उसकी बातों को सुनकर मुस्कुराया और देर तक मुस्कुराता रहा। लड़के ने उसकी तरफ़ देखा और चेहरे पर बिना कोई भाव ज़ाहिर करते हुए बोला कि अब आपके दूसरे सवाल पर आते हैं। संन्यासी का ध्यान अब पूरी तरह से लड़के की बातें सुनने पर था।

लड़के ने कहा, "घूमने के अलावा जो एक और चीज़ पसंद है, वह लिखना है। मुझे अक्सर ऐसा लगता है कि एक समय में मैं दो अलग-अलग ज़िंदगी जीता हूँ। एक लेखक की दूसरी घुमक्कड़ की। लेखक होना मैंने चुना है, अपनी सहूलियत के हिसाब से, अपनी कल्पनाओं को ज़िंदा करने के लिए लेकिन घुमक्कड़ तो जन्मजात हूँ। यह मेरा वह कर्म है, जो किसी भी इंसान को उसके परिवार से विरासत में मिलता है। मैं एक घुमंतू परिवार से आता हूँ। मेरे पुरखों ने मुझे विरासत में घुमक्कड़ी दी है।

"मेरा ईश्वर भले ही मर चुका है लेकिन मैं काफ़ी कुछ अपनी ज़िंदगी में उसी ईश्वर की इनायत मानता हूँ। मुझे लगता है कि ईश्वर अपने नहीं होने में भी मुझमें कहीं था और अभी भी कहीं दबा बैठा है। अन्यथा, मेरे पास इतने सवाल-जवाब की सहूलियत नहीं होती। लिखना और बड़ी-बड़ी यात्राएँ करना मुझ जैसे सामान्य इंसान के बस की बात बिलकुल भी नहीं है। वह कोई और ही होगा जो लिखता और घूमता रहता है। मैं अपने आपमें बहुत ही सूक्ष्म, सहज, छोटा और मामूली इंसान हूँ। हाँ, पर उन दोनों से मेरा कोई गहरा कनेक्शन है।"

"उन दोनों से मतलब लेखक और घुमक्कड़ से?" संन्यासी थोड़ा और ज़्यादा स्पष्ट होना चाहा।

लड़के ने हामी भरी और कहा, "कभी-कभी लगता है कि जब मैं लिख रहा होता हूँ तो साथ ही उसे जी भी रहा होता हूँ। लिखना मेरे लिए एक साथ कई तरह की ज़िंदगियों को जीने की सहूलियत की तरह है। इस दौरान मैं अपने लेखन में एक ऐसे घुमक्कड़ की ज़िंदगी को जी रहा हूँ जो कभी भी झोला उठाकर निकल पड़ता है। लेखक और घुमक्कड़। दोनों का आपस में बहुत ही ग़ज़ब का कनेक्शन है! मैं हर बार इन्हीं दोनों माध्यमों के ज़रिये ख़ुद में लौटता हूँ।

"मेरा मन मेरे हृदय की बात को न जाने कैसे पढ़ लेता है। सामने आईना होता है। मैं अपनी आँखों में उतरकर देखता हूँ वहाँ एक ग़ज़ब की चमक दिखाई देती है। लगभग रौशनी जितनी और हम दोनों उसी रौशनी के सहारे अगले मुकाम की ओर बढ़ जाते हैं। चलते-चलते मेरे मन में ख़याल आता है कि मैं क्यों लिखना चाहता हूँ? इस ख़याल से मैं चौंकता हूँ। फिर मद्धिम-सी आवाज़ में यह कहता हूँ कि शायद इंसानों की बनाई दुनिया को समझने के लिए।"

संन्यासी ने पूछा, "लेकिन क्यों?"

लड़के ने जवाब दिया, "सचमुच मैं दुनिया को समझना चाहता हूँ। इतनी-सी बात पर मेरा ईश्वर मुझ पर चीख़ता है और फिर से नाराज़ हो जाता है। नाराज़गी भरे लहजे में वह मुझे समझाने की कोशिश करता है। मुझे समझ में आता है कि यहाँ भी दो तरह की दुनिया है। पहली वह जिसे ईश्वर ने अपने चमत्कारों से बनाई और दूसरी जिसे इंसानों ने अपनी मेहनत और हौसलों से बनाई है। मैं भी एक मज़दूर हूँ जो हर सुबह पौ फटने से पहले अपनी जगह से निकल पड़ता है और देर रात जहाँ कहीं ठिकाना मिला अपनी नींद की ख़राक पूरी कर सुबह दोबारा दिहाड़ी पर निकल पड़ता है।

"यह कितनी अजीब बात है कि मेरे अंदर का घुमक्कड़ ईश्वर की बनाई दुनिया को देखने को लेकर जिज्ञासु है और मेरे अंदर का लेखक इंसानों की बनाई दुनिया को लेकर। कुछ दिनों से मैंने यह भी महसूस किया है कि अब

मुझे यात्रा के लिए किसी ईश्वर की नाराज़गी की ज़रूरत नहीं रही। ईश्वर को बार-बार ख़ारिज करने और मरा हुआ घोषित करने के बाद मैंने अपने अंदर के लेखक और घुमक्कड़ी के कीड़े से ही दोस्ती कर ली है। अब हम तीनों अपनी मर्ज़ी के मालिक हैं। मैं, मेरा लेखक और घुमक्कड़।"

लड़के ने बहुत पहले अपनी डायरी में लिखा था–मंज़िल होती तो मैं तुम्हें पा लेता लेकिन तुम तो राह हो, तुम पर ही चलकर, मुझे एक दिन ख़त्म हो जाना है।'

सचमुच, एक घुमक्कड़ मंज़िल का नहीं राहों का मुसाफ़िर होता है।

संन्यासी ने लड़के की बातों में हामी भरी और देखा कि घड़ी ध्यान का समय बता रही है! वह ज़मीन पर चटाई बिछाकर ध्यान में लीन हो गया।

लड़का धीरे-धीरे उस लड़की के ख़यालों में ग़ोते लगाने के क्रम में गहरी नींद में उतर जाता है और ख़ुद को दो साल पीछे अतीत में पाता है। ऐसा लगता है कि उसके सपनों के भीतर एक और दुनिया का पदार्पण हो रहा है। उसका लेखक मन उसे एक और दुनिया में लेकर पहुँच जाता है–एक अलग ही दुनिया में।

नवंबर महीने का दूसरा सप्ताह है। पहाड़ों में सर्दियाँ गुलाबी होती जा रही हैं। वह लड़का अपनी जगह से उठकर खिड़की पर आ जाता है। खिड़की के इस पार वह ख़ुद खड़ा है, दूसरी तरफ़ स्मृतियाँ। वह अपनी स्मृतियों के घने होते जंगल में खो जाता है। एक सपना देखता है और उस सपने की बिना पर एक ख़्वाब बुनता है।

एक लड़की जो प्रेम में है उस लड़के को ख़त लिखती है और कहती है कि काग़ज़ और महज़ उस पर लिखे चंद अल्फ़ाज़ के सहारे बारिश भेज रही हूँ। लड़का ख़त को पढ़कर अपनी देह में एक सिहरन महसूस करता है। पूरी तरह से लड़की के प्रेम में भीग जाता है। रज़ाई खींचता है, नींद उसे अपनी आग़ोश में लेती है। लड़का गहरी नींद में है।

इस ढलती हुई शाम के मुहाने पर दो ज़िंदगियाँ बिलकुल वैसी ही ठहरी हुई हैं जैसे एक लड़की की छाती पर सिर टिकाये एक लड़का नीम अँधेरी रातों के बियाबान जंगल में रुककर अपनी ज़िंदगी तलाशता है। वह लड़की

उस लड़के के बालों में अपनी अँगुलियाँ फेरती है, लड़का अनंत में खोने लगता है।

सर्द मौसम में थोड़ी और नमी घुल आई है। लड़की अगले महीने तक इस नमी के बढ़ने की बात करते हुए खिड़की से बाहर झाँकने का प्रयास करती है। हल्की सर्द हवा उसकी देह को स्पर्श करती हुई उसके अंदर छाती में उतर जाती है। लड़की अपनी देह में सिहरन महसूस करती है, वह लड़के को अपनी छातियों के बीच वैसे ही दुबका लेती है, जैसे एक माँ अपने बेटे को दुबकाती है।

लड़का उन्नीस साल का है, लड़की सत्रह की। सही मायने में यह कच्ची उम्र का जवाँ होता प्रेम है जिसे स्कूल की सीढ़ियों या फिर कैंटीन की टेबल से शुरू होकर महज़ कुछ ही दिनों में बहुत दूर तक अपनी बेलें फैलानी हैं।

लड़का उम्र में बड़ा होने के बावजूद नादानी करता है परंतु लड़की की भावनाएँ, संवेदनाएँ, एहसास बहुत ही परिपक्व हैं। वह सँभालती है, ख़ुद से ज़्यादा उस लड़के को। उसकी महत्त्वाकांक्षाओं और अपनी देह को भी। लड़का झुँझलाता है, ख़ुद को लड़की के सीने से झटककर अलग कर लेता है। थोड़ी दूरी पर बैठ मद्धम और बेहद सौम्य ध्वनि में बुदबुदाता है। तुम मुझसे प्रेम नहीं करती, बिलकुल भी नहीं।

लड़की पल भर में अपनी उम्र को भूल उस मासूम बच्चे की माँ बन जाती है। फिर से उस लड़के को अपने सीने से दुबकाते हुए, उसके उलझे बालों में अँगुलियाँ फेरने लगती है। इस स्पर्श के बाद लड़के की भावनाएँ, संवेदनाएँ, एहसास, सौम्य और कोमल हो जाते हैं।

लड़की कुछ देर बाद निढाल होकर सो जाती है। पर लड़के की आँख में नींद कहाँ? वह प्रेम में है। उसका प्रेम में होना ही उसे उस अतीत की तरफ़ ले जाता है जहाँ से उसके अंदर प्रेम का बीज फूटा था। एक लड़की के प्रेम में होते हुए भी वह लड़का जानना चाहता है कि उसका पहला प्यार क्या था? कुछ याद करने की कोशिश करता है परंतु स्मृतियों पर किसी भी ऐसी घटना की छाप स्पष्ट रूप से नहीं उतर पाती है। उसे लगता है कि वह किसी नदी के तट पर बिलकुल किनारे की तरफ़ खड़ा है। वह अपनी देह

को उस लड़की के साथ छोड़ एक धुँधलके के सहारे अतीत की पगडंडियों पर निकल पड़ता है।

लड़की का प्रेम गहरी नींद में भी ज़िंदा है। वह लड़के की देह को अभी भी अपने सीने से चिपकाए सो रही है। लड़का जगा होने के बावजूद भी पूरी तरह उस लड़की की गिरफ़्त में नहीं आना चाहता। दरअसल, प्रेम में लड़की उस बंदरिया की तरह है जो पानी में डूब जाने के बावजूद, मरते दम तक अपने बच्चे को अपनी छाती से चिपकाए रखती है और लड़के की स्थिति जाले में फँसे उस मकड़े की तरह जो प्रेम में होने के बावजूद अक्सर अन्यत्र कहीं उलझा होता है। लड़की उसे समझाने की कोशिश करती है, तभी लड़के की नींद टूट जाती है।

अरे! यह तो सपना था– कहकर लड़का चौंकता है।

यह वही लड़की है जो अक्सर उसे ख़त में एक टुकड़ा पहाड़ भेजती है? नहीं, यह वह नहीं कोई और है। शायद अनिका, जो उसकी स्मृतियों में बड़ी हुई है। हाँ, अनिका के साथ उसकी ज़िंदगी की शुरुआत ऐसे ही हुई थी। लेकिन दो कहानियों का इस तरह से एक साथ विलय लड़के को चौंकाता है।

वह लड़का समझ नहीं पाता है कि असल में वह लड़की कौन थी? वह जो उसे ख़त में पहाड़ भेजती थी, या वह जो उसकी स्मृतियों में ज़िंदा थी। वह उस लड़की के भेजे तमाम ख़तों को आलमरी से बाहर निकालता है। फिर ख़त को पढ़कर दोबारा लिफ़ाफ़े में रख देता है और एक ऐसी यात्रा के बारे में सोचने लगता है जिसमें वह लड़की और बारिश दोनों हो। लेकिन यह संभव नहीं जान पड़ता है। इतनी जल्दी तो बिलकुल भी नहीं।

वह एक बार फिर से स्मृतियों के उन्हीं घने जंगलों में खोया सो जाता है। लड़के को फिर से नींद आने लगती है। अर्धनिद्रा में उसे याद आता है कि वह उसी नींद और सपने में एक बार फिर से उतरने की कोशिश कर रहा है और कुछ देर बाद फिर से सपना टूट जाता है। वह उस देखे हुए सपने को बार-बार दोहराता है!

तभी संन्यासी का ध्यान टूटता है। वह आश्रम में लौट आता है।

लड़का उदास है, यह उदासी उसके जीवन में कहाँ से आई, इसका स्रोत

क्या है? संन्यासी को कुछ भी समझ में नहीं आता है। वह उसके बग़ल में आकर बैठ जाता है। वह लड़का संन्यासी के सामने उन दोनों लड़कियों का ज़िक्र करता है। एक वह जिसके बारे में उसे गाँव के गड़ेरियों ने बताया था और दूसरी वह जो उसे ख़त लिखती थी।

वह संन्यासी को अपने टूटे हुए सपने के बारे में भी बताता है। संन्यासी को लड़के की बात पर पूरा विश्वास नहीं होता। वह कहता है कि भला क्या ये संभव है? लड़का हँसता है और फिर कुछ ही देर में दोबारा गंभीरता के उसी आवरण को ओढ़ लेता है जिसे अक्सर ओढ़ता रहा था और संन्यासी के सामने नींद में देखे उस सपने की व्याख्या करने लगता है। यह व्याख्या भी उसे एक अलग दुनिया में लेकर जाती है।

"सपना टूटता है। मैं लपककर बिस्तर से उठता हूँ। हड़बड़ाकर नींद से बाहर आता हूँ। अपनी पीठ को सहलाते हुए देर तक एक कमरे से दूसरे कमरे में चहलक़दमी करता हूँ और कुछ देर बाद आईने के सामने जाकर खड़ा हो जाता हूँ। इसी दौरान मेरे काँपते हुए पैर अपना संतुलन खो देते हैं। मैं आईने में गिर जाता हूँ। एक सपने से निकलकर आईने में गिर जाने के दौरान कितना कुछ टूट जाता है इसे मैं शब्दों में बयान नहीं कर सकता।

"मुझे रसूल हमजातोय बहुत याद आते हैं। जीवन का सारा निचोड़ सिमटकर उन पाँच पंक्तियों में सिमट जाता है जहाँ से वे अपनी पुस्तक 'मेरा दागिस्तान' की शुरुआत करते हैं–

जब आँख खुलती है
तो बिस्तर से लपककर ऐसे मत उठो
मानो किसी ने तुम्हें डंक मार दिया हो
तुमने जो कुछ भी सपने में देखा है
उस पर विचार कर लो।

"यहीं से मुझे अपनी अगली रचना का कोई एक धागा मिल जाता है।"

लड़के को समझ में आता है कि यही वह स्थान है, जहाँ से किसी नये लेखक को अपने अंदर विचारों को जन्म देने का अवसर मिलता है। फिर इस तरह सैकड़ों रातों की नींद, हज़ारों सपनों के टूट जाने के डंक और विचारों के

अरबों-खरबों क्रोमोसोम्स मिलकर एक अपरिभाषित प्रक्रिया के तहत लेखक के दिल-दिमाग़ और आत्मा के विभिन्न हिस्सों में अपना अस्तित्व क़ायम करते हैं और एक अच्छी रचना की नींव तैयार होती है।

"वह अच्छी रचना क्या है?" संन्यासी ने पूछा।

लड़के ने कहा, "वह अच्छी रचना कुछ भी हो सकती है। जैसे कि एक पेंटिंग, एक कविता या फिर एक पूरी किताब।"

"ये काफ़ी अच्छा है।" संन्यासी ने सहमति जताते हुए कहा।

दरअसल, लेखक होना, एक माँ होना है। शायद इसीलिए निर्दयी ईश्वर ने औरत बनाया होगा और जिन लोगों को औरत या फिर माँ होने के सुख से दूर रखा होगा उनके प्रति थोड़ी-सी सहृदयता दिखाते हुए लेखक होने के विकल्प को खुला छोड़ दिया होगा। एक लेखक होना उतना ही दुखद है जितना कि माँ होना और उतना ही सुखद जितना कि एक लेखक का लेखक होना होता है। दोनों ही सृजन है, अपने सृजन के प्रति न्याय, निष्ठा और प्रेम दोनों के ही मूल तत्व हैं। वर्तमान में लड़का घुमक्कड़ था और वे सब भी जो उस जैसा होने की इच्छा रखते थे।

संन्यासी ने कहा, "यायावरी या आवारगी में से किसी एक या फिर दोनों को चुनना होगा! तुम किसे चुनना चाहते हो? थोड़ा विचार कर लो!"

लड़के ने कहा, "उस बूढ़े मुसाफ़िर ने कहा था–'दो बातें हैं। एक, तुम्हें मान लेनी चाहिए। दूसरी, तुम्हें विचार करनी चाहिए। तुम कौन-सी मानोगे?' मैंने दूसरी कहा था।

"हाँ, इस धरती के सभी विद्वान और बुद्धिजीवी यही करते हैं। लेकिन मैं इस धरती का एक मूर्ख प्राणी हूँ और मेरा मानना है कि एक अच्छे लेखक को महज़ इसलिए मूर्ख होना चाहिए क्योंकि उसकी किताब का कोई एक पाठक मूर्ख भी हो सकता है। इसलिए मैं पहले विकल्प की तरफ़ जाना पसंद करता हूँ। हालाँकि पहले ऐसा नहीं था लेकिन अब लगता है कि जब तक मैं किसी बात को मानूँगा नहीं तब तक उस पर विचार नहीं कर पाऊँगा। इसलिए यह बात भी यहीं पर स्पष्ट हो जाती है कि हर लेखक का अपना सच होता है। जैसे कि आपका और मेरा सच, जैसे कि एक ही चीज़ को लेकर आपका सच कुछ

और है, मेरा कुछ और है। एक ही चीज़ के कितने सच हो सकते हैं यह आप नहीं जानते, मैं भी नहीं जानता, लेकिन जो जिस सच का स्मरण करता है वह उसके बारे में जानता है। एक अच्छे पाठक के संबंध में भी यही है। एक अच्छे पाठक को महज़ इसलिए मूर्ख होना चाहिए ताकि वह उन सतही बातों को भी अच्छे से समझ पाए जो उसके देश-काल, पर्यावरण का हिस्सा नहीं रही हैं।

"एक ख़ास वजह यह भी है कि पहले विकल्प पर जाने वालों के लिए दूसरे तक जाने का विकल्प खुला रहता है। शुरू से शुरू करना मुझे अच्छा लगता है। हालाँकि कुछ लोग अपनी किताब पढ़ने की शुरुआत अंत से करते हैं लेकिन इसके पीछे उनके अपने कुछ कारण होंगे। मुझे अपने लिए ऐसा कोई कारण नहीं समझ में आता। मेरी दुनिया और समझ दोनों ही इस दुनिया के बाक़ी लोगों से थोड़ी अलग है। थोड़ी विपरीत, थोड़ी-सी अलहदा, जिसे मैं हर दिन एक निश्चित आकर देने की कोशिश में हूँ।"

कहकर लड़के ने अपनी बात ख़त्म की। इस तरह संन्यासी को अपने दूसरे सवाल का भी जवाब मिल गया।

11

सपनों पर विचार

रसूल हमजातोय की बातों को लड़का मानता है लेकिन उसकी उन पाँच लाइनों पर अमल नहीं कर पाता। आज भी नींद अथवा सपने से बाहर आते ही बिस्तर से लपककर उठता है और किसी आईने में गिर जाता है। विचार करता है पर बाद में– गिरने के बाद, टूटने के बाद, या फिर लड़खड़ाने के बाद।

लड़का कहता है, "सच कहूँ तो हमजातोय की बातों को मैं पूरी तरह अमल में नहीं ला पाया और ना ही लाना चाहता हूँ। मैं यह भी नहीं चाहता कि मेरी कही बातों पर मेरी आने वाली पीढ़ियाँ पूरी तरह से अमल करें। लेकिन कुछ हद तक अमल करता हूँ और इतनी ही अपने पाठकों से अपेक्षा भी रखता हूँ। अगर मेरी कही बातों पर मेरे पाठक थोड़ा-बहुत अमल करते हैं तो अच्छा है। क्योंकि हर लेखक की तरह मुझे भी इस बात का बहुत बड़ा भ्रम है कि मेरे विचारों से दुनिया बदल सकती है। एक लेखक की पलकों के नीचे भी एक दुनिया बसती है। सपने और किताबें इस बात के सबसे बड़े उदाहरण हैं। लेकिन जीवन भी इन सबसे कोई बहुत ज़्यादा अलग नहीं है। नींद के दूसरी तरफ़ खड़ा इंसान भी काफ़ी कुछ अपनी बंद आँखों से देखता है। यहाँ इंसान अपनी स्मृतियों, ज्ञान, पूर्वभावनाओं, निजी अनुभवों को जाने-अनजाने दृष्टि तत्व के रूप में उपयोग करता है।

"इस बात को भी समझना ज़रूरी है कि आँख से देखी गई हर घटना पूरा सच नहीं होती और ना ही किताब में पढ़ी गई जानकारी के आधार पर किसी घटना के सच होने का पूरी तरह से दावा किया जा सकता है। यहाँ ज्ञान और दृष्टि की बात की जा रही है। क्योंकि इस दुनिया में सबसे प्रगाढ़ विश्वास इन्हीं दो चीज़ों पर है।

"पहला यह कि मैंने अपनी आँखों से देखा है। दूसरा मैंने इसे पढ़ा अथवा

ज्ञान के द्वारा जाना है। लेकिन उस विरोधाभास का क्या जो इन दोनों के मध्य उत्पन्न होता है ? एक ही चीज़ को लेकर ज्ञान कुछ और कहता है और दृष्टि कुछ और कहती है। दृष्टि जिसे भारी भरकम पेड़ कहती है, ज्ञान उसे एक सूक्ष्म से बीज का सबसे बड़ा रूप कहता है। ज्ञान जिस आकाश को अनंत बताता है, दृष्टि उसे कुछ ही किलोमीटर के अंतराल पर धरती पर झुका हुआ पाती है। अभी भी खिड़की से बाहर मेरे सामने जो आसमान है वह कुछ दूरी पर जाकर धरती से मिलता हुआ दिखाई दे रहा है।"

संन्यासी ने पूछा, "अनंत कहाँ है ? तुम किस तरफ़ जाना चाहते हो ? ज्ञान की तरफ़ ? या फिर दृष्टि की तरफ़ ?"

लड़के ने कहा, "हर चीज़ का एक मध्यम मार्ग होता है। दरअसल, बात कुछ हद तक नज़रिये की भी है। ज्ञान और दृष्टि के अलावा तीसरी चीज़ इंसान का अपना चीज़ों को देखने का ख़ुद का नज़रिया भी होता है। यह इंसान को विरोधाभास की हर स्थिति से बचाता है। मैंने यात्राएँ कीं और पाया कि घुमक्कड़ी एक मध्यम मार्ग है। इस राह पर बढ़ता हुआ इंसान जितना बंद आँखों से देखता है, उतना ही खुली आँखों से भी देखना चाहता है। वह जितनी आंतरिक यात्राएँ करता है उतनी ही बाहरी दुनिया को देखता है। आँखें बंद करने के बाद ध्यान की जिस स्थिति से होकर गुज़रता है वैसा ही ऊँची-नीची मिट्टी की कच्ची पगडंडियों और चारकोल की बनी सड़कों से गुज़रते हुए उस जगह पर जाने की अदम्य इच्छा रखता है, चीज़ों के मध्य तारतम्य बैठाने की कोशिश करता है।"

"तुम भी यही कर रहे हो ?" संन्यासी ने चंदन का लेप लगाते हुए लड़के से पूछा।

लड़के ने कहा, "मैं सपनों पर विचार करता हूँ और जीवन पर भी। एक घुमक्कड़ के तौर पर बस राहों पर विचार नहीं करता। राहें मुझे हमेशा जीवन के बीचोबीच बिछे कोरे कैनवास की तरह दिखाई देती हैं। मुझे लगता है कि इनमें काले और सफ़ेद के इतर भी कुछ रंग भरा जा सकता है। मुझे तमाम राहों से गुज़रते हुए हर बार यही लगता है कि मैं किसी ऐसी इंद्रधनुष की तलाश में हूँ जिसमें से अपने हिस्से का कुछ रंग चुरा, अपनी ख़ाली कोरी देह

पर मल सकूँ। मुझे अपनी यात्रा में जीवन का हर वह रंग ढूँढ़ना है जिसे एक इंसान जीता है या फिर जीना चाहता है।

"यात्रा के लिए अक्सर घर से भूखे पेट निकलता हूँ। इन्हीं रास्तों पर भूख और प्यास का विकल्प तलाशता हूँ। नींद और सपनों से होते हुए जीवन तक पहुँचने की कोशिश करता हूँ। इन्हीं रास्तों पर चलते हुए रंक हो जाता हूँ और राजा भी। बस बुद्ध होने से डर जाता हूँ। काश कि मैं बुद्ध हो पाता!"

"पर मैं तो बुद्ध हूँ।" संन्यासी ने कहा।

लड़के ने कहा, "बुद्ध होना सिर्फ़ अपने राज-पाट, पत्नी को छोड़ना भर नहीं है। बुद्ध होने का एक मतलब है कि कभी नहीं लौटना। और यह कभी नहीं लौटना एक साधना है जिसका एक अर्थ यह भी है कि ख़ुद का हो जाना। ख़ुद का हो जाना यानी कि ईश्वर का हो जाना या फिर ईश्वर हो जाना है।"

"हाँ, अब मैं ईश्वर का हो चुका हूँ।" संन्यासी मन में ही बुदबुदाया।

लड़के ने कहा, "मेरी स्थिति समान होते हुए भी थोड़ी उलट है। मैं ख़ुद का होना चाहता हूँ पर ईश्वर का हो जाना या फिर ईश्वर होना मुझे मंज़ूर नहीं है। मैं एक घुमक्कड़ हूँ और एक घुमक्कड़ के तौर पर मैं महज़ बुद्ध होना चाहता हूँ। लेकिन यह मार्ग बहुत ही कठिन है। इसीलिए हर यात्रा के बाद लौट आना मेरी नियति बन गई है। हर यात्रा चाहे वह कितनी भी बड़ी क्यों ना हो लौटकर ही पूरी होती है।

"गौतम बुद्ध की यात्रा इससे अलग थी। वह एक बार निकल गए तो निकल गए। कभी मुड़कर पीछे नहीं देखा। कभी वापस नहीं लौटे। उन्होंने अपनी हर यात्रा में ख़ुद तक पहुँचना चाहा। उनकी कोई भी यात्रा महज़ पूरी होने के लिए नहीं समाप्त हुई। वह ख़ुद परिपूर्ण हुए, वह ख़ुद पूरे हो गए। वह मानव होते हुए भी ईश्वर कहलाए। इसलिए मेरा ईश्वर जिसे मैं ढूँढ़ना चाहता हूँ वह बुद्ध हो सकते हैं। मैं अपने अंदर के खोए हुए ईश्वर को ढूँढ़ रहा हूँ। अपने अंदर के बुद्ध को ढूँढ़ रहा हूँ और उस बच्चे को ज़िंदा करने की कोशिश कर रहा हूँ जो मर चुका है। इस वक़्त मुझे एक ऐसे ईश्वर की तलाश है जो इस दुनिया को प्रेम कर सके।"

लड़के की बात सुनकर संन्यासी एक गहरे विचार में डूब जाता है और

उन्हीं विचारों के मध्य ख़ुद को धँसता हुआ पाता है। उसे यह बात समझ में आने लगती है कि यह लड़का कोई साधारण लड़का नहीं है। यह अपने जीवन में होकर भी मुक्ति का मार्ग तलाशने में लगा है। एक साधु या फिर संन्यासी होना भी तो यही है। क्या मैं मुक्त हो पाया हूँ ? नहीं मेरी भी तलाश तो अभी तक अधूरी है। फिर इस तरह से मैं संतुष्ट कैसे हो गया ? यह जीवन ? अतीत की स्मृतियाँ और भविष्य ? संन्यासी को अपनी बेटी याद आई। उसका नाम अनिका था और उसकी स्मृति के साथ कई सवाल खड़े हो गए।

एक अनिका जो उस लड़के के लिए भविष्य की कल्पना थी, वही संन्यासी के लिए अतीत का एक गहरा घाव जिसमें से दर्द रिसता था। दोनों में नाम के अलावा कोई समानता हो यह संभव नहीं, बावजूद इसके तलाश दोनों के ही जीवन का सच है। वह लड़का संन्यासी को अपनी तमाम तरह की कहानियों के माध्यम से अतीत के दरवाज़े पर ले जाकर छोड़ देता है जहाँ सिर्फ़ घुप्प अँधेरा है।

संन्यासी देर तक उसी अँधेरे में भटकता रहा और महसूस किया कि अब उसे एक प्रकाशपुंज की तलाश है, एक ऐसी रौशनी जो उसे दूर तक लेकर जाए। लेकिन उसे कुछ समझ में नहीं आ रहा था। वह अपने अतीत की बातों को याद कर परेशान हो गया। दूसरी तरफ़ वह लड़का अपनी सारी बातें उस संन्यासी से कहकर मुक्त हो गया, उसे एक रौशनी मिल गई। शायद, एक प्रकाशपुंज भी। इस मोड़ पर आते-आते उसका रास्ता पहले से कहीं ज़्यादा स्पष्ट हो गया। संन्यासी देर तक अपने मन में उठ रहे सवालों से बचता और अपने मनोभावों को छुपाने की कोशिश करता रहा।

संन्यासी ने पूछा, "अब तुम्हारा अगला पड़ाव कौन-सा है ?"

लड़के ने कहा, "वह लड़की जिसके बारे में मुझे मेरे गाँव के चरवाहों ने बताया था, बाक़ी यह राह जहाँ पर ले जाए।"

लड़के की बात सुनकर संन्यासी मुस्कुराया, पर उसकी मुस्कुराहट में एक गहरा विषाद था। मानो कोई दुख उससे चिपका रह गया हो। इस दुख को वह उखाड़ फेंकना चाहता था लेकिन वह उसके भीतर धँसता चला गया और एक वक़्त आया जब वह पूरी तरह से दुख में डूब गया।

यह एक संन्यासी का अपराधबोध है या फिर बुद्ध का? लड़के के मन में सवाल उठा। बुद्ध का अपराधबोध? लड़के को यह विचलित करता है। वह अपने तमाम दुखों को भूल संन्यासी के जीवन में झाँकने की कोशिश करता है और पाता है कि उस संन्यासी का जीवन उससे तनिक भी अलग नहीं है– वही दुख, वही विषाद, वही जद्दोजहद।

लड़के ने पूछा, "जीवन एक यात्रा है तो संन्यासी होना या फिर साधु होना भी तो एक यात्रा ही होगा?"

इस सवाल के साथ संन्यासी के जीवन का भी एक अध्याय खुल गया।

संन्यासी का हाथ पकड़कर लड़का अतीत से भविष्य की तरफ़ खींचने की कोशिश करता है और उसका वर्तमान आड़े आ जाता है, एक ऐसा वर्तमान जहाँ से एक खिड़की अतीत की तरफ़ खुलती है, दूसरी भविष्य की तरफ़। अतीत से भविष्य की तरफ़ लाने के क्रम में संन्यासी के जीवन की एक खिड़की अतीत में खुली रह जाती है जो बार-बार उसे अतीत में लेकर चली जाती है।

लड़के को समझ में नहीं आता कि क्या करे? कोई कविता? कोई कहानी? कोई सूत्र वाक्य नहीं मिलता जो सहारा बने, लेकिन लड़का परस्पर इस कोशिश में लगा रहता है। धीरे-धीरे उसे समझ में आता है कि संन्यासी का जीवन भी एक किताब की तरह है। न चाहते हुए भी वह उस किताब का पन्ना-दर-पन्ना पलटता जाता है जहाँ पर उसे कई नयी कहानियाँ मिलती हैं, कई नये किरदार भी।

जाने-अनजाने ही सही यहाँ से एक और दुनिया खुलती है। एक मार्ग, जिस पर दोनों देर तक चलते हुए जीवन के उस छोर पर पहुँचने की कोशिश करते हैं जहाँ पर सब कुछ अच्छा हो, जहाँ पर सब कुछ स्थाई और सुखद हो, जहाँ से मुक्ति का मार्ग खुलता हो। आख़िरकार बुद्धत्व भी तो यही है, मुक्त हो जाना, अपने सारे दुखों को पीछे छोड़ देना। लेकिन वह सिर्फ़ एक ही था और एक ही रहेगा।

काश कि मैं भी बुद्ध हो पाता, फिर जीवन में इतना दुख नहीं होता।

***

खंड 3

मुक्ति का मार्ग

कथा से पहले

मैं चाहता हूँ कि जब नींद टूटे तो मेरे बिस्तर की बग़ल वाली मेज़ पर एक कप चाय और एक नोटबुक रखी मिले ताकि मैं इस बात को दर्ज कर सकूँ कि हर बार बोलना, लिखना, प्यार करना और जताना ज़रूरी नहीं होता। महज़ बचे रहना ज़रूरी होता है। मैं हर हाल में ख़ुद को एक टुकड़ा बचा लेना चाहता हूँ।

संन्यासी ने अगले दिन लड़के के सामने पहली बार अपना एक टुकड़ा दुख ज़ाहिर किया।

लड़के को संन्यासी की बात पर सब कुछ जानते हुए भी भरोसा नहीं हो रहा था। क्योंकि उसको अभी तक यह लगता था कि एक संन्यासी का जीवन दुख और सुख से परे होता है। पर संन्यासी की भाव-भंगिमा और गंभीरता ने उसके भरोसे को लड़के के अंदर क़ायम रखा।

संन्यासी की बातों की प्रतिक्रिया स्वरूप लड़के ने कहा, "पिछले कुछ सालों में मैंने भी बहुत ही गहरे में उतरकर महसूस किया है कि हमारे आस-पास काफ़ी चीज़ें मर चुकी हैं। अगर कुछ ज़िंदा भी हैं तो हममें अपने ज़िंदा होने का एहसास नहीं करा पा रही हैं। जिसकी वजह से संवेदना और भावना के स्तर पर इस सामाजिक ढाँचे में जीना मुश्किल हुआ है। हम हर रोज़ न चाहते हुए भी एक लड़ाई लड़ रहे हैं। मुझे समझ में नहीं आता कि इन लड़ाइयों को पैदा किसने किया ? या फिर यह महज़ एक भ्रम की स्थिति है जो हमारी आँखों की पुतलियों पर बिछा दी गई है ? समय क्या इतना बदल गया है ?"

संन्यासी ने कहा, "इस बात से तनिक भी इनकार नहीं किया जा सकता। दरअसल, यह समय सब कुछ खुली आँखों से देखने के बजाय पलकें बंद

करके देखने के लिए कहीं ज़्यादा उपयुक्त है। इसलिए, थोड़ी देर के लिए हम सभी को आँख और कान बंद कर लेने चाहिए। जो दृश्य हमें दिखाया जा रहा है और जो बातें सुनाई जा रही हैं, वो ज़रूरी नहीं की सच हों।"

"क्यों?" लड़के ने पूछा।

संन्यासी ने कहा, "क्योंकि सच्चाइयाँ अदृश्य होती हैं। बहुत गहरे में उतरकर समय और उनमें घटित घटनाओं की पड़ताल करनी होती है।"

"लेकिन एक संतुलित समाज से इतनी ईमानदारी की उम्मीद तो की ही जानी चाहिए?" लड़के के चेहरे पर अपेक्षा का एक भाव दिखा।

संन्यासी ने अपना सिर उठाकर पश्चिम की तरफ़ देखा तो सूरज के अस्त होने में कुछ ही वक़्त शेष बचा था। दोनों ने गंगा आरती की और उसके पश्चात आश्रम की तरफ़ लौटने लगे। इस लौटने के भी कितने विस्तृत रहस्य हैं! क़दमों के लौटने का मतलब हर बार महज़ घर पहुँचना नहीं होता! कई बार हम ख़ुद में भी लौटते हैं!

संन्यासी को लड़के की बात बार-बार याद आती रही–'बुद्ध होना सिर्फ़ अपने राज-पाट, पत्नी को छोड़ना भर नहीं है। बुद्ध होने का एक मतलब है कि कभी नहीं लौटना। और यह कभी नहीं लौटना एक साधना है जिसका एक अर्थ यह भी है कि ख़ुद का हो जाना। ख़ुद का हो जाना यानी कि ईश्वर का हो जाना या फिर ईश्वर हो जाना है।'

'क्या मैं सचमुच ईश्वर हो चुका हूँ?' संन्यासी ने अपने-आपसे सवाल किया और ईश्वर होने के अंदेशे मात्र से बुरी तरह से डर गया। यह डर ही शायद उसका निर्वाण था। वह अब लौटना चाहता था। यह लौटना शाम ढलने से पहले संन्यासी के लिए अपने एक और जीवन में लौटने सरीखा था। इस लड़के के माध्यम से वह एक बार फिर से अपने वर्षों पीछे छूट चुके जीवन में दोबारा लौटने का साहस जुटा सका और एक ऐसे अपराधबोध से मुक्त हो सका जिसे उसने किया ही नहीं था।

सच्चे रूप में देखा जाए तो यात्रा करने का मतलब चलना अथवा दूरियों को नापने तक सीमित नहीं होता। यात्रा का मतलब निकलना भी होता है। हर यात्रा थोड़े समय के लिए ही सही हमें निकालकर दूसरी दुनिया में ले

जाती और इस दूसरी दुनिया में प्रवेश करने के दौरान एक साथ हमारी कई और दुनिया के दरवाज़े खुलने लगते हैं। अपनी यात्राओं के दौरान इंसान एक अंतरयात्रा में भी होता है। यह अंतरयात्रा ही हर यात्रा का मूल है।

अगर किसी यात्रा में आपके अंदर सोचने की विवशता नहीं पैदा हुई। मन के अंदर भटकाव नहीं पैदा हुआ और इस भटकाव के बाद आप किसी निष्कर्ष पर नहीं पहुँचे तो आपकी यात्रा पूरी होकर भी समझो कि पूरी नहीं हो पाई है।

लड़के की यात्राओं में उसकी सारी छटपटाहट ख़ुद से बाहर निकलने की रही। पर वह यह नहीं समझ पाया कि एक युवा लड़के से इतर है कौन? एक लेखक या फिर घुमक्कड़? वह स्वयं तक को भी नहीं समझ पा रहा था। उसे समझ में नहीं आ रहा था कि मैंने अपने अंदर इतने चरित्र क्यों पैदा कर लिए? मैं होकर भी मैं क्यों नहीं रह पाया?

लड़के ने संन्यासी को बताया, "मैं घूमता हूँ, नयी-नयी जगहों पर जाता हूँ, लोगों से मिलता हूँ, संवाद करता हूँ और ख़ुद से बाहर निकलना चाहता हूँ। कभी एक लेखक के रूप में, कभी एक घुमक्कड़ के रूप में, तो कभी एक संन्यासी के रूप में। अपनी बनाई इस छोटी-सी वैचारिक दुनिया में मैं ही सिद्धार्थ हूँ, मैं ही सिद्धार्थ गौतम और मैं ही महात्मा बुद्ध।"

और इसी मध्य एक मौन भी है, जो हर रोज़ मुखर होना चाहता है।

01

हमारा ईश्वर हमारे अंदर है!

दोनों ने आश्रम पहुँचकर विश्राम किया और कुछ देर बाद घूमते हुए चौरासी कुटिया की तरफ़ निकल गए। यह जगह शांति और साधना के काफ़ी अनुकूल है। हालाँकि यह बीटल्स आश्रम के नाम से ज़्यादा मशहूर है। संन्यासी के मन में अभी भी उस लड़के को लेकर चंद सवाल थे और यह सवाल जन्म, मृत्यु, अतीत और भविष्य से नहीं बल्कि वर्तमान से जुड़े हुए सवाल थे। लेकिन सवाल यह है कि वर्तमान को अतीत और भविष्य से पृथक किया जा सकता है क्या?

या फिर जीवन को जन्म और मृत्यु से अलग करके रखा जा सकता है?

हम अतीत को छोड़कर सब कुछ बदल सकते हैं! हम पन्ना-दर-पन्ना अपने अतीत को ही तो पलट रहे हैं। बावजूद इसके कुछ भी नहीं बदलने वाला। चीज़ें जस की तस जीवन प्रयंत और जीवन के बाद भी बनी रहेंगी।

अतीत बिलकुल स्थिर है।

पीछे छूट गए लड़के के कुछ सवालों पर प्रतिक्रिया देते हुए संन्यासी ने कहा, "कभी-कभी दूसरों से किए गए सवालों के माध्यम से ख़ुद के जीवन में पहुँच जाते हैं। मैं भी तुम्हारे सवालों के माध्यम से अपने जीवन में पहुँच गया हूँ।"

लड़के ने कहा, "सबका अपना-अपना अतीत होता है और हर चीज़ के अपने-अपने मायने।"

"तुम्हारे लिए घर के क्या मायने हैं?" संन्यासी ने पूछा।

"किसी के लिए भी घर के क्या मायने हैं?" लड़के ने प्रतिक्रिया देने के बजाय संन्यासी के सवाल पर लौटने की कोशिश की।

"नहीं, मैं सिर्फ़ तुम्हारा मतलब जानना चाहता हूँ।" संन्यासी ने कहा।

लड़के ने कहा, "यह कभी मेरे लिए एक जैसा नहीं रहा। समय-समय पर इसका अर्थ बदलता रहा है। इसलिए कोई एक अर्थ ढूँढ़ पाना मेरे लिए मुश्किल है। परंतु यह कभी भौतिक नहीं रहा है। पहले लगता था कि जहाँ दिमाग़ ठहरता है वह मेरा घर है। फिर कुछ दिनों बाद ऐसा लगने लगा कि जहाँ दिल को सकून मिले वह घर है। पर अब ऐसा लगता है कि पूरी दुनिया ही मेरा घर है। कितना अच्छा होता न कि यह दुनिया बिना किसी बाउंड्री के सभी के लिए खुली होती। हम अपनी पसंद की जगह चुन सकते, दुनिया घूमते, अपना-अपना काम करते, संचय जैसी कोई प्रवृत्ति नहीं होती। सोने के लिए बिस्तर और खाने को दो रोटी ही तो चाहिए? पर हम सब एक-दूसरे के प्रति दुख और द्वेष से भरे हुए हैं। इस धरती पर हम मनुष्यों को सबसे ज़्यादा ख़तरा हम मनुष्यों से है।"

इस ख़तरे को संन्यासी भी समझ रहा था। और लड़के के अंतर्मन और आंतरिक लड़ाइयों को भी। पर असल सवाल ये था कि लड़के के अब तक के जीवन को वह तनिक भी समझ पाया? शायद, हाँ! शायद, नहीं भी! पर दोनों की आपसी बातचीत एक संवाद के स्तर पर जा पहुँची थी।

लड़के की लड़ाई महज़ एक व्यक्ति की लड़ाई नहीं थी। न ही किसी एक जीवन की। उसके अंदर की लड़ाई सिर्फ़ मानव को नहीं मानवता को बचा लेने की थी। वह समय को नहीं संपूर्ण समयकाल को दर्ज करना चाहता था। वह किसी घटना को नहीं बल्कि संपूर्ण घटनाक्रम को समझना चाहता था। वह जानता था कि हम तमाम इंसानों के जीने-मरने से इस सृष्टि का कुछ नहीं होगा। लाखों लोग हर रोज़ मरते और पैदा होते हैं। यह एक जैविक प्रक्रिया है। बात है मानवता के मरने की। यह शब्द मर गया तो यह दुनिया ही ख़त्म हो जाएगी। इस दुनिया को यदि किसी चीज़ ने बचा रखा है तो वह है मानवता और हम इंसान अभी भी इससे दो क़दम दूर हैं। हम अभी भी मानव होने के क़रीब खड़े हैं।

संन्यासी एक हद तक लड़के की आंतरिक लड़ाइयों के बारे में जान गया था। अब वह लड़के के सामाजिक और पारिवारिक जीवन के बारे जानना चाहता था।

"क्या बाहरी दुनिया से तुम्हारा कोई संबंध है?" संन्यासी ने पूछा।

"बाहरी दुनिया? क्या बाहरी दुनिया को हम अपनी अंदर की दुनिया से पृथक कर सकते हैं?" लड़के ने प्रतिक्रिया दी।

संन्यासी ने कहा, "नहीं, लेकिन आँखें बंद कर लेने की सहूलियत हम सभी के पास है। मेरा मतलब बाहरी दुनिया की गतिविधियों और ख़बरों से है। क्या तुम देश दुनिया की ख़बरों पर नज़र रखते हो?"

लड़के ने कहा, "दो-चार वैश्विक घटनाएँ मुझे याद हैं। जैसे कि पेशावर में आर्मी स्कूल पर हमला और डेढ़ सौ से ज़्यादा बच्चों की मौत। या फिर अदनान नामक उस दुनिया के सबसे छोटे बच्चे की समुद्र के किनारे लाश का मिलना। रोहिंग्या मुसलमानों, अफ़गानिस्तान-तालिबान, रूस-यूक्रेन, इजरायल-हमास का मुद्दा, इस्लामिक स्टेट के उत्पात आदि-आदि। मैंने इन पर काफ़ी कुछ पढ़ा, समझा और जाना भी है। अपने आपसे बहुत सारे सवाल भी किए हैं। परंतु बार-बार मेरे मन पर एक ही सवाल हावी रहा है कि हमारी लड़ाई किससे है? मानवता के ख़िलाफ़? अपने आपसे या फिर किसी और से? अंत में मुझे लगा कि अपने आपसे।"

संन्यासी ने पूछा, "क्या तुम मुझे बता सकते हो कि अपने-आपसे लड़ाई का क्या मतलब है?"

लड़के ने कहा, "यही कि ख़ुद से लड़ना, ख़ुद के विचारों का विद्रोह करना, ख़ुद के ख़िलाफ़ जाना। यह लड़ाई नहीं एक तरह की अंतर्द्वंद्व की स्थिति है। ...और अंतर्द्वंद्व हमेशा मन का होता है।"

संन्यासी ने कहा, "तुम्हारी लड़ाई किसके ख़िलाफ़ है?"

"ईश्वर के।" लड़के ने फ़ौरन कहा।

"नहीं, तुम्हारी लड़ाई कभी भी ईश्वर के ख़िलाफ़ नहीं रही। तुम्हारे मन और आत्मा के बीच ईश्वर तो कभी था ही नहीं। तुम्हें बस एक ऐसा कमज़ोर दुश्मन चाहिए था जिसे तुम हर बार जीत सको। इसलिए तुमने एक ईश्वर पैदा किया और हर बार उसे मार दिया। जबकि तुम्हारी भावनाएँ, तुम्हारे विचार, तुम्हारे मन का अंतर्द्वंद्व यह साफ़ तौर पर ज़ाहिर करता है कि तुम हमेशा से ख़ुद के ख़िलाफ़ लड़ते रहे हो।"

"तुम अपने व्यवहार, अपने स्वभाव, अपने विचार, अपने आदर्शों के ख़िलाफ़ लड़ते रहे हो।"

"तुम्हारी लड़ाइयाँ ज़मीनी लड़ाइयाँ हो सकती हैं, सतही नहीं। तुम अपने आपको झुठला रहे हो। तुमने कभी ख़ुद को नहीं मारा। ख़ुद को नहीं नुक़सान पहुँचाया, ख़ुद को नहीं ख़त्म किया। दरअसल, तुम चाहते ही नहीं कि यह लड़ाई ख़त्म हो। तुम्हें बस कुछ प्यादे और मोहरे चाहिए ताकि हर बार यह लड़ाई तुम्हारे पक्ष में रहे। क्या तुम अपने अंदर पल रहे सात साल के बच्चे को मार सकते हो?" संन्यासी के इस सवाल के साथ ही लड़का गंभीर हो गया।

देर तक दोनों शांत रहे। फिर संन्यासी ने चुप्पी को तोड़ते हुए कहा, "हम सबकी लड़ाइयाँ ऐसी ही हैं। हम सब भी ऐसा करते हैं। इस लड़ाई में तुम हारोगे कुछ नहीं, अगर ख़ुद को झुठलाना बंद कर दिया तो एक दिन सब कुछ जीत लोगे। तुम्हारी शिकायतें अपने आपसे कम हो जाएंगी। तुम शांत होना चाहोगे। यह बातें थोड़ी अजीब हैं लेकिन कभी ख़ाली समय में तुम ख़ुद को टटोलकर देखना। ऐसी ही कुछ स्थितियों से होकर कभी मेरा भी गुज़रना हुआ था तब जाकर समझ में आया कि हमारा कोई ईश्वर होता ही नहीं। सिर्फ़ हम होते हैं, जो ख़ुद से ही लड़ते, हारते, जीतते और मरते रहते हैं।"

लड़के को संन्यासी की इन बातों और जीवन में काफ़ी विरोधाभास दिखा तो उसने पूछा, "तो क्या मैं जान सकता हूँ कि आप किसे पूजते हैं? किसे ढूँढ़ते हैं? वर्षों से किसे पाने की कोशिश कर रहे हैं, जब कोई ईश्वर होता ही नहीं?"

संन्यासी ने कहा, "मैं इसे महज़ कुछ शब्दों अथवा वाक्यों में नहीं बता पाऊँगा। वह एक लंबा अतंराल था जब मुझे इस बात का बोध हुआ कि हमारा ईश्वर हमारे अंदर है। जब हम कहते हैं कि हमारा कोई ईश्वर नहीं है, इसका असल अर्थ भी यही है कि हमारा ईश्वर हमारे अंदर है।"

"ये बोधगम्यता कब की बात है?" लड़के ने पूछा।

संन्यासी ने कहा, "तक़रीबन पंद्रह साल पहले की। मेरी स्थिति बिलकुल तुम जैसी थी। तुम्हारी ही तरह मेरे पास भी घर छोड़कर भाग जाने के अलावा कोई दूसरा विकल्प नहीं था। बावजूद इसके महीनों तक एक कमरे में पड़ा

रहा और ऐसा लगने लगा कि हमारे भीतर कितना कुछ ख़त्म हो चुका है। एक वक़्त ऐसा आ गया जब मेरे अंदर एक भी ज़िंदा ख़याल नहीं बचा। मैंने ख़ुद को मरा हुआ मान लिया लेकिन शायद यही मेरा निर्वाण था। यहीं से बुद्ध होने का मुझे वास्तविक अर्थ मिला और मैंने चलना शुरू किया और वर्षों तक चलने के बाद आख़िरकार मुझे एक राह मिल गई जो जीवन तक जाती थी।"

"संन्यास की राह?" लड़के ने पूछा। संन्यासी ने जवाब नहीं दिया।

फिर कुछ देर ठहरकर कहा, "सचमुच वह एक अजीब स्थिति थी। मैंने ख़ुद को टटोलना शुरू किया तो ऐसा लगा कि नहीं अभी भी मैं अपने-आप में ज़िंदा हूँ। इस बात को महसूस कर पा रहा हूँ कि हमारे आस-पास की स्थितियाँ पूरी तरह से ठीक नहीं हैं। बात सिर्फ़ सही ग़लत, अच्छे बुरे की नहीं, बल्कि इससे कहीं ज़्यादा गंभीर और ख़तरनाक है। कभी-कभी हमें इस पर विचार करना चाहिए। अपनी छाती में हाथ डालकर ख़ुद को टटोलना चाहिए कि हम कौन-सी और किस बात की लड़ाई लड़ रहे हैं? जब अपने अंदर के इंसान होने तक को ही सुरक्षित नहीं रख पा रहे? अपनी आस्था, अपने विश्वास, अपने अंदर के ईश्वर तक को नहीं बचा पा रहे हैं? आख़िरकार, घूमा-फिराकर दोबारा बात वहीं आ जाती है कि इस समय ख़ुद को बचा लेना नितांत ज़रूरी है। हमारी और तुम्हारी सभी तरह की लड़ाइयाँ महज़ ख़ुद को बचा लेने की हैं।

"तुम क्यों घूमना चाहते हो? तुम क्यों लिखना चाहते हो? मैं क्यों धर्म पालन में लगा हूँ? मैं क्यों अपनी आत्मा को केंद्रित कर रहा और अपने पूर्व के सारे अपराधबोधों से मुक्त करना चाहता हूँ? लोग क्यों तरह-तरह की गतिविधियों में लगे हुए हैं? लोग क्यों बड़ी-बड़ी लड़ाइयाँ लड़ रहे हैं?"

लड़के ने कहा, "सबकी लड़ाइयाँ महज़ ख़ुद को बचा लेने की है। लेकिन यह एकपक्षी लड़ाई है। हमें दूसरी तरफ़ भी देखना होगा। हमें समझना चाहिए कि स्थितियाँ, परिस्थितियाँ और समय कैसे भी हों, सब कुछ दाँव पर नहीं लगा देना है।"

02

इंसान बने रहना

संन्यासी ने कहा, "इस दुनिया में एक इंसान का हर हाल में इंसान बने रहने के इतर कुछ भी ज़रूरी नहीं। अपने-आपको टटोलने की ज़रूरत है। इस एहसास के साथ कि हम सब अभी ज़िंदा हैं कि पूरी तरह से मर अथवा मार दिए गए! तुम ज़िंदा हो क्योंकि तुम हँस, बोल और सुन सकते हो, तुम्हारे पास सवाल हैं। मैं ज़िंदा हूँ क्योंकि मैं हँस, बोल और सुन रहा हूँ, मेरे पास सवाल हैं। लेकिन उनका क्या जो असीम क्षमता के बावजूद हँस, बोल, सुन नहीं सकते हैं, जिनके पास सवाल नहीं हैं, जो एक तरह से मर चुके हैं?

"तुमने कहा कि तुम किसी गहरी नींद में हो। यह ख़याल कि तुम किसी गहरी नींद में हो बहुत ही अच्छा है। क्योंकि नींद और सपने जीवन की ज़मीनी हक़ीक़त हैं। हमें पता है कि यह घड़ी-दो घड़ी में ही टूट जाते हैं। इसलिए मेरा कहना है कि कुछ और सपने देखो, कुछ ख़्वाब पालो, ख़यालों को पनपने का ख़ुद में मौक़ा दो। हाँ, बस उनकी ग़ुलामी मत करो। तुम्हें यह देखना होगा कि वास्तविक रूप में तुम्हारे लिए सार्थक और उपयुक्त क्या है। हर बार वही हमारे सुकून का कारण नहीं होता जिसे हम वर्षों से करते आए हैं। कई बार उस काम को थोड़े समय के लिए नहीं करना अथवा दूसरे तरीक़े से करना भी सुकून का कारण होता है। कभी-कभी नहीं लिखना, नहीं घूमना, नहीं पढ़ना भी लिखने, घूमने और पढ़ने से ज़्यादा सुकून देता है।

"अभी हम इंसानों को मन, वचन और कर्म से थोड़ा और आज़ाद, थोड़ा और उन्मुक्त, थोड़ा और खुलने की ज़रूरत है। उड़ने के लिए पंख फैलाना जितना ज़रूरी है, उतना ही पंखों को समेटना भी। नये परिंदों के उड़ान का यह पहला सूत्र है।"

लड़के ने संन्यासी की बातों पर हामी भरी।

संन्यासी ने फिर कहा, "तुम भी एक नये परिंदे हो। इतना छोटे होते हुए भी आकाश के सापेक्ष खड़े होने की कोशिश कर रहे हो। ये जानते हुए भी कि एक दिन तुम इस संसार में खो जाओगे। तुम्हारे पूरे जीवन को मापने की एक इकाई–जिसे दिन, महीने, साल कहते हैं–में पिरो दिया जाएगा। तुम्हारे नहीं होने पर लोग कहेंगे कि उस अमुक इंसान ने अस्सी साल की उम्र पाई।

"बात सच है लेकिन मैं इतना नहीं जीना चाहता।" लड़के ने संन्यासी को बीच में ही टोका।

"फिर?" संन्यासी ने पूछा।

लड़के ने कहा, "थोड़ा इससे कम।"

संन्यासी ने पूछा, "कितना? 55 या फिर थोड़ा इससे भी कम?"

"52 मान लीजिए।" लड़के ने कहा।

लड़के की बात सुनकर संन्यासी हतप्रभ हुआ। बावजूद इसके उसके सम्मुख अपनी सहजता को बनाए रखा और पूछा, "क्या तुम्हें पता है, नींद भी एक सूक्ष्म मौत है?"

लड़के ने कहा, "नहीं, लेकिन अगर ऐसा है भी तो हम मौत को एक लंबी नींद कह सकते हैं।"

संन्यासी ने कहा, "नहीं कह सकते, क्योंकि नींद से जीवन में वापस लौटने का विकल्प है। लेकिन मौत ऐसा कोई विकल्प नहीं देती। अगर ऐसा होता तो जिन्हें हम इस दुनिया में सबसे ज़्यादा प्यार करते हैं, वह हमारे पास होते।"

लड़के ने कहा, "जैसे मेरी दादी, और प्रेमिका भी।"

लड़के की बात सुनकर संन्यासी कुछ देर के लिए शांत हो गया। फिर बोला, "हाँ, इस वक़्त हम सब नींद में हैं। लेकिन कभी तो यह निद्रा टूटेगी, फिर उसके बाद का क्या?"

लड़के ने कहा, "उसके बाद भी ऐसा ही सब कुछ चलता रहेगा।"

संन्यासी ने कहा, "ये तुम कैसे कह सकते हो? इसका आधार क्या है?"

लड़के ने कहा, "हम इंसान ख़राब से ख़राब, स्थितियों-परिस्थितियों को देखने और झेलने के आदी हो चुके हैं। अब बड़ी-से-बड़ी घटना भी

हम सबको प्रभावित नहीं करती। लड़के की बात पर संन्यासी ने भी अपनी सहमति जताई और दोनों पैदल चलते-चलते दोबारा उसी जगह पर पहुँच गए जहाँ कुछ दिन पहले मिले थे।"

संन्यासी ने सीढ़ियों से उतरकर नदी में प्रवेश किया। दिन-प्रतिदिन की तरह गंगा में दो डुबकी लगाया। लड़का नदी की सीढ़ियों पर देर तक चुपचाप बैठा रहा। वह एक बार फिर से अपने आपको अच्छी तरह से टटोलना चाहता था। वह इस बात को महसूस कर रहा था कि अब उसे अपना एक एकांत चाहिए जहाँ बैठकर वह अपने अब तक के जीवन का सही-सही लेखा-जोखा या मूल्यांकन कर सके। इसलिए योग और ध्यान की अहमियत को उसने अपने जीवन में अनायास ही स्वीकार कर लिया।

संन्यासी के स्नान करके निकलने के बाद वह दोनों स्वर्गाश्रम भी गए। लड़के ने संन्यासी को बताया कि वह बस हिमालय की जगहों पर साधु-संतों की संगत में रहकर कुछ वक़्त बिताना चाहता है, कुछ और लेखकों और घुमक्कड़ों से मिलना चाहता है। तब संन्यासी ने पूछा, "और किताब?"

लड़के ने कहा, "लिखना और घूमना मेरी सबसे बड़ी प्राथमिकताओं में है। लेकिन अभी फ़िलहाल सिर्फ़ घूमना और लोगों से मिलना चाहता हूँ। लिखने से पहले उन तमाम छोटी-छोटी चीज़ों और बातों को अपनी डायरी में दर्ज करना चाहता हूँ जो एक अच्छी किताब लिखने के लिए ज़रूरी हैं।"

संन्यासी को यह जानकर अच्छा लगा कि लड़के ने उसकी बात पर अमल किया। साथ ही उसने कुछ साधु-संतों और घुमक्कड़ों का उसे पता भी बताया। संन्यासी के मन में लड़के के बारे में और जानने की उत्सुकता फिर भी बनी रही। दोनों देर तक गंगा के किनारे टहलते रहे। इस दौरान दोनों के मध्य घर, परिवार और जीवन से जुड़ी बातें हुईं।

संन्यासी को लड़के से एक तरह का गहरा लगाव हो गया था जो परस्पर मोह में बदलता दिखा। वह इन सब से बचना चाहता था पर बच नहीं पाया। मीलों तक दोनों बस चलते रहे और फिर थककर नदी के छोर पर बैठ गए। कुछ देर बाद संन्यासी ध्यान मुद्रा में आ गया। लड़का कुछ देर तक गंगा में उठती-गिरती जलतरंगों को देखने के बाद वहाँ से उठकर आश्रम की तरफ़

चल पड़ा। लड़के के जाने के कुछ देर बाद संन्यासी का ध्यान टूटा।

यह बात संन्यासी को पूरी तरह से समझ में आ गई थी कि लड़का एक घुमक्कड़ और लेखक बनने की लंबी राह पर है। वह अपने जीवन में वही करना चाहता है जिसे वास्तव में करना उसे अच्छा लगता है। वह दुनियादारी से कोसों दूर है, भौतिक प्रलोभनों में भी नहीं पड़ना चाहता है। जीवन उसे प्रिय लगता है और वह उसी जीवन को जीना चाहता है।

इस तरह संन्यासी के मन में उस लड़के को लेकर काफ़ी बातें स्पष्ट हो चुकी थीं। पर एक सवाल जो उसके मन को बार-बार कुरेद रहा था, वह यह कि वह लड़का जन्मजात घुमक्कड़ है या फिर किसी बोझ को उतार फेंकने के लिए यहाँ आया है?

घुमंतू लड़के की यह यात्रा पूरी हो चुकी थी और इस तरह एक शाम वह चला गया। कहाँ चला गया? यह किसी को भी नहीं पता। लड़के के चले जाने के कुछ दिन बाद इस सवाल को न पूछ पाने का संन्यासी को अफ़सोस हुआ।

वक़्त और परिस्थितियों ने कहीं उसके दिल और दिमाग़ पर क़ब्ज़ा तो नहीं कर लिया है? संन्यासी ने इस सवाल का दूर तक पीछा किया और तरह-तरह के विचारों से होकर गुज़रा। एक विचार उसके मन में संन्यासी होने और उस लड़के के घुमंतू होने के संबंध में भी था।

एक साधु और घुमक्कड़ में बहुत सारी समानता होने के बावजूद सबसे बड़ी भिन्नता यह होती है कि एक घुमक्कड़ अपनी मामूली ज़रूरतों को साथ लेकर चलता है; साधु निरा ही फक्कड़ होता है, उसे किसी चीज़ की फ़िक्र नहीं होती है। यह समानता और भिन्नता संन्यासी ने अपने आप और उस घुमंतू लड़के के मध्य भी देखी। संन्यासी को लड़के के साथ अपनी पहली मुलाक़ात याद आई।

कई बार उसे लगा कि उन दोनों की यह मुलाक़ात एक संन्यासी एवं घुमक्कड़ की मुलाक़ात न होकर घुमक्कड़ी और फक्कड़ी का संयोग है। लड़का कोई विचारक या दार्शनिक नहीं था लेकिन उसमें एक सोच और विचार काम कर रहा था। संन्यासी ने भविष्य में कुछ यात्राएँ उसके साथ

करने के बारे में सोचा लेकिन लड़का दुबारा लौटेगा भी, इस पर संदेह था।

'आख़िर सिद्धार्थ भी तो नहीं लौटे थे?'

संन्यासी के मन में सवाल उठा। फिर उसे उस लड़के की ये बात याद आई कि वह बुद्ध होने से डरता है। वह इन राहों पर चलते हुए कभी बुद्ध नहीं होना चाहता। संन्यासी होने का सारा सिद्धांत–तन वैरागी, मन वैरागी, जीवन वैरागी– इन्हीं तीनों पर आधारित होता है। हालाँकि एक बोझ के साथ यात्रा करना उसे अपने संन्यासी स्वभाव के लिहाज़ से कभी उपयुक्त नहीं लगा।

लड़के का मानना था कि एक इंसान संन्यास अथवा घुमक्कड़ी की तरफ़ अपना रुख़ त्याग की भावना से करता है इसीलिए निरा फक्कड़ी का जीवन चुनता है। फक्कड़ होना साधु होने की पहली शर्त है। लेकिन फक्कड़ हो जाना, अपनी ज़रूरतों को उतारकर फेंक देना भर नहीं है। बहुत कुछ ऐसा होता है जो अनदेखी और अपरिभाषित स्थितियों की तरफ़ हमारे जीवन को ले जाता है। यह एक ऐसा मार्ग है जहाँ पर अपने क़दमों से चलकर पहुँचना होता है। यह मार्ग दिखने में आसान मगर आत्मसात करने के लिहाज़ से बेहद ही कठिन है। भूख, प्यास और थकान से भारी देह को लेकर चलना बेहद कठिन और दुर्लभ होता है लेकिन यही वह तप का मार्ग है जो हमें संयमित होना सिखाता है।

यह बात हर किसी को नहीं समझ में आती है। इसलिए वह इंसान गृहस्थ जीवन का त्याग कर देने के पश्चात भी उसी के इर्द-गिर्द उलझा रहता है। साधुओं का तो सारा भटकाव ही इसी भार को ख़त्म करने और अपने जीवन को संयमित करने के लिए ही होता है।

सीढ़ियों से उठकर अपने कमरे की तरफ़ बढ़ते हुए संन्यासी ने सोचा। स्मृतियों के भीतर गहरे तह में उतरने के पश्चात उसे एक ऐसा धागा मिल ही गया जिसके सहारे वह अपने गुज़रे हुए वक़्त में प्रवेश कर सकता था।

लड़का जा चुका था लेकिन उसका चेहरा अब भी संन्यासी की आँखों में था।

03

देह का भार

संन्यासी को याद आया कि वर्षों तक इधर-उधर भटकने और तप-संयम के बाद जब देह का भार थोड़ा हल्का हुआ तो उसने किस तरह से संन्यास धर्म को अपनाकर ख़ुद के लिए साधु होना चुना था और इस आश्रम की एक छोटी-सी कुटी में अपना एक स्थायी ठिकाना बना लिया।

लड़का भी भटकाव के उसी मोड़ पर था। लड़के और संन्यासी के जीवन में कोई बहुत बड़ा अंतर नहीं आया था। दोनों एक ही रास्ते पर थे। दोनों के ही जीवन में कुछ आंतरिक और बाहरी यात्राएँ शामिल थीं। दोनों को ही एक लड़की की तलाश थी जिसका नाम अनिका था।

एक अपनी यात्राओं में अपने बचपन की चाहत को ढूँढ़ रहा था, दूसरा अपनी यात्राओं में अपनी उस बेटी को जो कि वर्षों पहले घर छोड़कर जा चुकी थी।

एक तरह से देखा जाए तो उस लड़के ने संन्यासी के ध्यान नहीं बल्कि निद्रा को तोड़ने का काम किया था। लड़का नींद में नहीं, बल्कि वह संन्यासी नींद में था। स्पष्टता की ज़रूरत उस लड़के को नहीं उस संन्यासी को थी। उसे अपने संन्यासी बनने से पूर्व का जीवन याद आया। और अतीत के एक दुख ने उसे पूरी तरह से जकड़ लिया।

यह वही दुख था जो उस लड़के को जकड़े हुए था। शायद, यही बात संन्यासी को लड़के से जोड़ रही थी और उससे असीम लगाव की कारण थी। संन्यासी को अपने जीवन का कुछ नहीं पता लेकिन वह लड़के की आगे की यात्रा के बारे में जानता था। उसे मालूम था कि एक दिन वह लड़का अपने देह का भार कम होने के पश्चात उसके जैसे ही किसी निश्चित जगह पर पहुँच जाएगा। उसकी तरह ही वह भी एक संन्यासी अथवा लेखक का

जीवन चुन लेगा, उसके जीवन में भी ठहराव आ जाएगा लेकिन यह पथ उतना आसान भी नहीं था।

संन्यासी को अपना संघर्ष और त्याग याद आया। घर से निकलने और यहाँ तक पहुँचने की कहानी के मध्य इतनी कहानियाँ, इतने मोड़ थे कि उसका गला रुंध गया।

यह मार्ग उतना भी सहज नहीं है जितना हम सोच लेते हैं। वह जब घर से निकला था तो उसकी देह पर दो वस्त्र के अलावा कुछ भी नहीं था। वह अपना घर और पीछे का सारा जीवन-संसार महज़ एक लम्हे में सदा के लिए त्याग दिया और फिर कभी पीछे मुड़कर नहीं देखा।

इस जीवन में जो छूट जाता है, वह बस छूट जाता है। बिखरी हुई ज़िंदगी को समेटने का दोबारा कभी मौक़ा ही नहीं मिलता। लेकिन लड़के से हुई मुलाक़ात ने संन्यासी को अपने जीवन को दोहराने का एक मौक़ा दे दिया था। शायद, इसीलिए संन्यासी ईश्वर से कहीं ज़्यादा उस लड़के का शुक्रगुज़ार था।

संन्यासी को लड़के के साथ की पहली मुलाक़ात याद आई। उससे मिलना, उसकी बातें, उसका संशय, उसका संदेह, जीवन, प्रेम, उसका विद्रोह, उसका बचपन और उसकी यात्राएँ। आश्रम में जब कुछ दिन पहले वह दाख़िल हुआ तो उसके पास एक साइकिल थी और आश्यकता से कहीं ज़्यादा सामान। ...और एक बिल्ली भी थी जिसका वह बिलकुल भी ध्यान नहीं रखता था। वह जब कहीं होता तो बिल्ली उसके साथ होती थी और जब आराम कर रहा होता तो उसके पीठ अथवा पेट पर सोया करती थी। बिल्ली का नाम गिल्लो था। वह उसे अपनी हिमालय यात्रा के दौरान घायल अवस्था में मिली थी। जब वह पूरी तरह से ठीक हो गई तो वह उसे दोबारा जंगल में छोड़ देना चाहता था जहाँ वह मिली थी। छोड़कर आया भी लेकिन वह दोबारा उसके पास लौट आई और पूरी यात्रा में उसके साथ रही।

आश्रम में रहते उसे कई दिन हो गए थे लेकिन एक लम्हे के लिए भी संन्यासी ने उसके चेहरे पर आश्वस्ति के भाव नहीं देखे तो उसके अंदर एक विचार ने जन्म लिया कि कहीं वह लड़का किसी बात को लेकर बहुत ज़्यादा

परेशान तो नहीं? उसकी चुप्पियों में कहीं ज़माने भर का शोर तो नहीं भरा है? इसलिए उस लड़के के आस-पास संन्यासी की विशेष दृष्टि बनी रही।

लड़का हर दिन कहीं जाने के लिए आश्रम से निकलता और शाम को वापस लौट आता था।

एक दिन संन्यासी के मन में उससे बात करने की उत्सुकता पैदा हुई तो वह यह जान पाया कि वह घूमने के लिए निकला है, रास्तों के बंद हो जाने से दुखी है। लड़के से यह संन्यासी का पहला सहज संवाद था और फिर कुछ ही दिनों में इतना बड़ा हो गया था कि अब उसमें संन्यासी को अपना जीवन नज़र आने लगा था और वह लड़का अब जब चला गया तो उसके बारे में सोचकर दुखी हो रहा है। पर लड़के को अपना रास्ता पता था। उसे पता था कि कहाँ जाना है और कब, कहाँ कितनी देर रुकना है।

संन्यासी ने अपने मन की हलचल को मंदिर के प्रांगण में बैठे-बैठे ख़ुद से ज़ाहिर किया।

04

संन्यासी होने की यात्रा

मुलाक़ात के पहले ही दिन लड़के ने एक साँस में अपने जीवन को खोलकर संन्यासी के सामने रख दिया था। दादी की मौत, प्रेमिका का चले जाना, ईश्वर के साथ उसकी लड़ाइयाँ, उसका लिखना-पढ़ना और घूमना अब सब संन्यासी के आँखों के सामने था। इस वजह से लड़के के प्रति संन्यासी का लगाव बढ़ता गया।

संन्यासी उसे उसकी ज़िंदगी के उलझाव से बाहर निकालना चाहता था। इसीलिए वह लड़के को बड़े इत्मीनान से सुनता रहा। इसी क्रम में एक सप्ताह का वक़्त बीत गया। एक दिन जब वह आश्रम से निकला तो संन्यासी को ऐसा लगा कि वह कुछ देर में ही हमेशा की तरह वापस लौट आएगा। लेकिन नहीं लौटा तो उसके मन में दो तरह के भाव पैदा हुए। एक में निश्चिंतता थी, दूसरे में डर। एक में भविष्य की प्रेरणा थी, दूसरे में अतीत के हार की अनुभूति। इन दोनों भावों ने मिलकर संन्यासी के मन में एक संदेह का वातावरण बना दिया।

लड़के और उसकी सुरक्षा को लेकर उसकी चिंताएँ बढ़ने लगीं। कुछ तो ऐसी बात थी उस लड़के में जो संन्यासी के मन को उस लड़के से जोड़ रही थी। नहीं तो हर रोज़ आश्रम में सैकड़ों लोग आते-जाते रहे हैं। कभी किसी की शायद ही उसे इतनी फ़िक्र हुई हो। संन्यासी ने उस धागे को पकड़ने की कोशिश की और कुछ देर बाद उसे समझ में आया कि वह उस लड़के को नहीं, बल्कि उस लड़के के जीवन में उतरकर ख़ुद के जीवन को ढूँढ़ रहा है। वह लड़का ही नहीं बल्कि संन्यासी ख़ुद भी अपनी दो-दो आत्माओं के साथ ज़िंदा है। वह एक ही शरीर में एक आम इंसान और एक संन्यासी की आत्मा के साथ वास कर रहा है। हालाँकि वह इस बात को झुठलाना भी चाहा लेकिन

बार-बार चाहकर भी अपने अतीत को झुठला नहीं पाया।

संन्यासी को पूरी तरह यह समझ में नहीं आया था कि वह लड़का क्या है? कौन है? उसका जीवन और उसके जीवन का उद्देश्य क्या है? पर इतना तो पता चल गया था कि वह उसे मुक्ति की राह दिखाने आया है। उसे उस पश्चात्ताप से मुक्त करने आया है जिसे वह जीता आ रहा था और चाहकर भी पूरी तरह से मुक्त नहीं हो पाया था।

इस बात का ख़याल आते ही उसका जीवन उसके सामने टुकड़ा-टुकड़ा करके खुलने लगा। वह अपने संन्यासी होने से पूर्व के जीवन के बारे में सोचने लगा। उसे समझ में आया कि वो वह होकर भी अब वो नहीं रह गया है जो कभी था। जिस तरह से लड़के ने अपने ईश्वर को मारा उसी तरह उसने भी तो अपने अंदर के इंसान को मारा था। वह ख़ुद की मौत का दोषी है। मगर इस ख़याल को हर बार की तरह इस बार भी उसने दूर झटक दिया।

आख़िर एक संन्यासी का भी तो अपना जीवन होता है और एक साधारण मनुष्य से संन्यासी बनने की यात्रा भी। उसी मामूली धागे के सहारे संन्यासी ने वर्षों बाद अपने जीवन में एक बार फिर से उतरने का एक सार्थक प्रयास किया तो उसे याद आया कि जब वह घर से निकला था तो उसकी उम्र महज़ 36 साल थी, अब 51 साल का हो चुका है। जीवन के पंद्रह साल संन्यासी धर्म का पालन करते हुए हो गया पर उसे अभी तक मुक्ति का मार्ग नहीं मिला।

न चाहते हुए भी संन्यासी के भीतर एक आत्मकथात्मक द्वंद्व शुरू हो गया और उस लड़के का जीवन और उसकी कहानी कहीं पीछे छूट गई। वह धीरे-धीरे अपने जीवन में प्रवेश करने लगा। संन्यासी की आँखों में पल भर में ही वह सब कुछ तैरने लगा जो 15 साल पहले घटित हुआ था और वह बिना किसी अवरोध के समय के एक-एक पर्दे को हटाकर अपनी पूर्व की स्मृतियों में दाख़िल होता गया। बिलकुल उस लड़के की तरह उसका ख़ुद का जीवन उसकी आँखों में उतर आया।

सचमुच, वह एक बहुत ही अजीब और अलग रात थी। रहस्यों से भरी हुई जो अभी भी मेरे ज़ेहन में ऐसे शामिल है जैसे कि अभी कल की बात हो।

संन्यासी ने अपने आपसे कहा और समय की एक-एक परत को पलटता चला गया।

वह कुछ पल के लिए अपने संन्यासी होने तक को भूल गया और ख़ुद से कहा– हर दिन मैं उसी रहस्य को सुलझाने की कोशिश करता हूँ लेकिन कोई-न-कोई धागा हर बार ऐसे उलझ जाता है कि अपनी लाख कोशिशों के बावजूद बाहर नहीं निकल पाता हूँ। मुक्ति के मार्ग पर हूँ लेकिन कई सालों के तप, संयम के बाद भी मुक्ति प्राप्त करने की जो आदर्श स्थिति होती है उससे कोसों दूर हूँ। वह सवाल मुझे हर बार कहीं-न-कहीं उलझा देता है। एक संन्यासी होने के बावजूद मैं अपने अतीत और भविष्य के मध्य में कहीं आज भी उलझा हुआ हूँ और यह उलझाव एक ऐसी कहानी का हिस्सा है जो कि पंद्रह साल पहले उत्पन्न हुआ था।

अतीत की उन यादों को सहेजते हुए संन्यासी की आँखें डबडबाईं और क़दम-दर-क़दम वह उसी अतीत की गहराइयों में उतरता चला गया। यहाँ पर उसके आँसू पोछने वाला कोई नहीं था। संन्यासी को लगा कि उसके ऊपर पूर्व की स्मृतियों का एक बोझ है। वह ख़ुद भी तो उस लड़के की ही तरह आज़ाद होना चाहता था, पर कोई उपाय समझ में नहीं आ रहा था। वह सोचने लगा– उस लड़के का और मेरा जीवन बिलकुल एक जैसा है– और अपने अतीत की पगडंडियों पर पैदल चल पड़ा।

लोग जो पहाड़ के बारे में नहीं जानते उन्हें लगता है कि पहाड़ों पर सब अच्छा ही अच्छा है लेकिन ऐसा नहीं है। पहाड़ों के भी अपने हिस्से के कुछ दुख हैं। जो बर्फ़ समतल जगह पर रहने वाले लोगों की ख़ुशी, रोमांच और सकून लेकर आती है पहाड़ों पर रहने वालों के जीवन में दुख, आफ़त और निराशा लेकर आती है।

ऐसे ही किसी एक दिन की याद अचानक उसकी आँखों में उतर आई।

वह सर्दियों की रात थी। सब कुछ अच्छा तो नहीं लेकिन जीवन ठीकठाक चल रहा था। दरवाज़े पर अचानक ही किसी की दस्तक हुई। कौन हो सकता है ? यहाँ तो कोई नहीं आता। ज़ेहन से एक आवाज़ आई तो लगा कि उसका ख़ुद का वहम होगा। यह अकेलेपन का वहम भी न! कहते हुए दरवाज़े तक

जाकर भी वह वापस लौट आया। कुछ देर बाद फिर से ऐसा हुआ। इस बार आगे बढ़कर दरवाज़ा खोला तो सामने कोई परिचित-सा इंसान खड़ा दिखा।

संन्यासी अपने अतीत के दलदल में परस्पर धँसता चला गया– उन दिनों मैं ऋषिकेश से पचपन किमी दूर एक गाँव में रह रहा था। बाहर सर्दी कुछ ज़्यादा ही थी। मैंने उस परिचित से अंदर आने को कहा।

"क्या तुम कुछ लोगे? चाय, काफ़ी, कहवा?" औपचारिकतावश मैंने उससे पूछा लेकिन आगंतुक ने नहीं में सिर हिलाया। मैंने अपने पीछे की स्मृतियों को खंगालने की कोशिश की। बहुत देर तक दिमाग़ पर ज़ोर डालने के बाद भी जब यह बात समझ में नहीं आई कि इस इंसान से मैं कब और कहाँ मिला तो आख़िरकार उससे ही पूछना पड़ा, "क्या हम एक-दूसरे को जानते हैं? क्या हम पहले कभी मिल चुके हैं?"

आगंतुक ने कहा, "नहीं, मैं पहली बार इस तरफ़ आया हूँ और पूरी घाटी में किसी भी व्यक्ति को नहीं जानता। मुझे बस रात गुज़ारने के लिए एक ठिकाना चाहिए। घर के सामने की ख़ाली जगह उपयुक्त लगी। बस इजाज़त लेने के लिए दरवाज़े तक आ गया, पर अंदर आकर अच्छा लग रहा है। दरअसल, बाहर की अपेक्षा यहाँ तापमान ज़्यादा है। पर, मेरे पास आसमान के नीचे रात गुज़ारने के लिए मामूली इंतज़ाम हैं। मुझे बस इजाज़त चाहिए। क्या मैं बाहर अपना टेंट लगा सकता हूँ?"

सर्दी से उसका बुरा हाल था। ज़ुबान पूरी तरह से साथ नहीं दे रही थी। मैंने उसकी देह की कँपकँपी को अपने भीतर महसूस किया और उससे बस इतना ही पूछा, "कौन-सा महीना है?"

आगंतुक ने कहा, "फ़रवरी।"

"दिन?"

"मुझे याद नहीं, और पूरी निश्चिंतता के साथ यह भी नहीं कह सकता कि यह महीना फ़रवरी का ही है। कुछ हद तक संभव है कि यह जनवरी या फिर मार्च हो।"

उसकी आँखों में अपनी ही कही बातों को लेकर संदेह था।

मैं उससे पूछना चाहता था कि तुम कौन हो और कहाँ से आए हो?

पर नहीं पूछ पाया। शायद उस वक़्त यह सवाल उतना ज़रूरी नहीं लगा था जितना कि बाद में बन पड़ा। शायद, मैं उस ठंड में कँपकँपाते इंसान का नाम-गाँव पूछकर असहज नहीं करना चाहता था। आख़िर, वह एक रात का ठिकाना ही तो माँग रहा था!

मैंने अपना गणित लगाया और कहा कि फ़रवरी ही होगी क्योंकि तीन महीने पहले जब अंतिम बार मैं घर से बाहर निकला तो वह नवंबर का महीना था। जनवरी में यहाँ काफ़ी बर्फ़ पड़ती है, मार्च आते ही मौसम में भारी तब्दीली आ जाती है। फ़रवरी ही होनी चाहिए।

आगंतुक मेरी बात को सुनता रहा, मगर बोला कुछ भी नहीं। यह भी नहीं कि तुम इतने दिनों से बाहर क्यों नहीं निकले? जबकि इस तरह के सवाल की मुझे उससे पूरी अपेक्षा थी।

मैं उस ठंड में ठिठुरते हुए इंसान से सांत्वना की उम्मीद कर रहा था। मैं सोच रहा था कि वह अजनबी मुझसे पूछेगा कि तुम इतने दिनों से घर से बाहर क्यों नहीं निकले तो मैं उसे वह सब कुछ बता दूँगा। अजनबियों के सामने ख़ुद को ज़ाहिर करना कितना आसान होता है। ख़ासकर, उस समय में जब आप वर्षों का एकाकीपन भरा जीवन जी रहे होते हैं। हमें इस बात की उम्मीद रहती है कि वह हमारी बात को बेहद ही इत्मीनान से सुनेगा और फिर अगली सुबह चला जाएगा। शायद, इसीलिए हम उससे वह सब कुछ कह देते हैं जो वास्तव में कहना चाहते हैं। घुमक्कड़ दुनिया के लोग अक्सर ऐसा ही करते हैं और इसीलिए व्यावहारिक और नैतिक रूप से काफ़ी सहज होते हैं।

आगंतुक ने कोई सवाल नहीं किया बावजूद इसके मुझे अपनी पत्नी की मौत और बेटी का घर छोड़कर चले जाना याद आया। मैंने अपने और उस अजनबी के लिए शराब का एक पेग बनाया और बात को आगे बढ़ाते हुए कहा, "यहाँ फ़रवरी में ठंड ज़्यादा होती है। तुम चाहो तो बाहर टेंट लगाने के बजाय इस घर के अंदर भी रात गुज़ार सकते हो। दूसरा कमरा ख़ाली है, यहाँ मेरे अलावा कोई दूसरा नहीं रहता।"

मेरी बातों को वह आगंतुक गंभीरता से सुन रहा था बावजूद इसके उसने कोई ख़ास दिलचस्पी नहीं दिखाई। इस सहृदयता के लिए उसने महज़ एक

शब्द में मुझे शुक्रिया कहा और अपने बाहर रखे सामान को अंदर लाने के लिए बढ़ गया। वह दोबारा अंदर आया तो उसका पूरा शरीर कंबल से ढका हुआ था और एक मामूली झोले के अलावा उसके पास कोई विशेष सामान नहीं था। आधी रात बीतने को थी। एक बार मैंने उससे दोबारा कहा, "तुम्हें भूख लगी होगी। तुम चाहो तो अपने लिए कुछ रोटियाँ सेंक लेना। किचन में ज़रूरत भर की सभी चीज़ें मौजूद हैं।"

"हाँ, बिलकुल।" कहकर उसने मुझे आश्वस्त किया और कुछ देर बाद हम अपने-अपने कमरे में सोने के लिए चले गए।

टेबल पर उसका पेग जस का तस पड़ा रहा। उसने कोई औपचारिकता नहीं निभाई। ये तक नहीं कहा कि मैं शराब नहीं पीता। उसकी पूरी की पूरी भेषभूसा साधुओं या फिर घुमक्कड़ों जैसी जान पड़ी थी लेकिन साधु होने के उसमें कोई गुण धर्म मुझे नज़र नहीं आया। ना ही वह पूरी तरह घुमक्कड़ जान पड़ा। अजनबी निरा अजनबी ही था लेकिन किसी सर्द में ठिठुरते इंसान को सहारा देकर मुझे उस दिन काफ़ी अच्छा लगा था।

हम लोग धरती के अलग-अलग हिस्सों में रहते हैं। यह अलग-अलग हिस्से अलग-अलग द्वीप हो सकते हैं, महाद्वीप हो सकते हैं, देश हो सकते हैं। परंतु घुमक्कड़ों और साधुओं का अपना देश होते हुए भी कोई निश्चित ठिकाना नहीं होता। वह बस भटकते रहते हैं।

यह सब कुछ जब मैं सोच रहा था तो मुझे इस बात का तनिक भी अंदाज़ा नहीं था कि आगे चलकर इन्हीं किसी में से एक की जीवनशैली को मैं अंगीकार करने वाला है। रात को यही सब सोचते-सोचते मुझे एक बार अपनी बेटी और पत्नी की याद आई और फिर नींद ने अपने आग़ोश में ले लिया।

मेरी बेटी का नाम भी अनिका था और उसका भी जिसके बारे में लड़के ने पहली मुलाक़ात में बताया था इसीलिए उस दिन लड़के की ज़ुबान से अपनी बेटी का नाम सुनकर मैं असहज हो गया था। मैंने कई बार इस संबंध में भी सोचा कि दोनों एक ही तो नहीं? लेकिन एक ही नाम के तो कई लोग हो सकते हैं।

संन्यासी को लड़के की बहुत याद आई।

सुबह तक़रीबन छह बजे आँख खुली। बिस्तर से उठकर मैंने दो कप चाय बनाई। दूसरे कमरे में पहुँचा तो देखा कि कमरे में सारी चीज़ें दुरुस्त हैं पर वह अजनबी इंसान ग़ायब है। आख़िर इतनी सुबह कहाँ गया होगा? मेरे मन में सवाल उठा। फिर लगा कि भोर का वक़्त है आस-पास ही सैर के लिए निकला होगा। लेकिन वह काफ़ी देर बाद भी नहीं लौटा तो उसकी चिंता हुई। एक बार फिर से कमरे में गया तो पाया कि कंबल के अलावा पूरा सामान एक कोने में पड़ा हुआ है।

मेरा संदेह गहराया। अगर वह चला गया तो अपना सामान भी तो ले जाना चाहिए?

स्थिति उलझी हुई लगी। मैंने उस सामान को आलमारी में रखकर ताला लगा दिया। पहले लगा कि वह लौट आएगा। कम-से-कम अपना झोला लेने तो कभी-न-कभी वह आएगा ही। लेकिन तीन दिन बाद भी नहीं लौटा तो धीरे-धीरे यह बात समझ में आने लगी कि मुसाफ़िर था अपने रास्ते पर बढ़ चला होगा।

05

सवाल जो पीछे छूट गए थे

कुछ दिन बीता तो वह अजनबी इंसान मुझे दुबारा याद आया। एक अजीब-सी व्याकुलता अंदर कहीं हावी होती लग रही थी। पत्नी और बेटी के जाने के बाद अपने जीवन में केंद्रित हो चुका मेरे अंदर का इंसान उस दिन जगा। मैं कई दिनों बाद घर से बाहर निकला और बिना किसी को कुछ बताए बाज़ार में उस अमुक व्यक्ति को ढूँढ़ता रहा, पर वह नहीं मिला। आख़िर वह कौन था और कहाँ गया होगा ? यही सवाल मुझे बार-बार खाए जा रहा था।

यह छोटा-सा सवाल जो उस रात निरर्थक-सा जान पड़ा था, महज़ एक सप्ताह बाद बहुत ज़रूरी और बड़ा बन गया था। यह सवाल मानो मेरे अंदर घर कर गया हो। उस सवाल का मैं पंद्रह सालों से पीछा कर रहा हूँ और वही एक बार फिर से मुझ पर हावी होता दिखाई दे रहा है। शुरू में मुझे लगा कि यह एक सामान्य इंसान से संन्यासी बनने की यात्रा है, पर अब तो मैं संन्यासी बन चुका हूँ, पर वह सवाल जस का तस है। यह तप, संयम और भक्ति का मार्ग है लेकिन वह सवाल आज भी मुझे उतना ही परेशान करता है जितना कि उन दिनों करता था।

मैंने शुरुआती तौर पर इस घटना को बहुत ही छोटा करके देखा था। इस तरह की बातें सामान्य ही तो होती हैं। कोई आए एक रात ठहरने का ठिकाना माँगे और सुबह होने से पहले रहस्यमय तरीक़े से ग़ायब हो जाए। इसमें भला एक मेज़बान की क्या भूमिका हो सकती है ? किस तरह की जवाबदेही बनती है ? इस बात को मैं समझता था इसलिए इस घटना ने मेरे भीतर उस दिन एक संदेह और डर पैदा किया था।

छोटे-छोटे सवाल कब बड़े हो गए मुझे कुछ पता ही नहीं चला। आख़िर, उसे बताकर तो जाना चाहिए। कुछ नहीं तो एक पर्ची ही लिखकर छोड़

जाता। कितना लापरवाह इंसान होगा। सिर्फ़ इतना ही तो कहना था कि जा रहा हूँ।

कई दिनों तक बस ऐसी ही कशमकश मेरे दिमाग़ में चलती रही थी।

ख़ैर, शहर से दूर पहाड़ पर स्थित यह एक सुरक्षित जगह है। यहाँ मैं तब आया था जब मेरी पत्नी इस दुनिया को छोड़ चुकी थी और बेटी ने घर छोड़ दिया था। ज़िंदगी में काफ़ी उथल-पुथल चल रही थी। मैं अपने अकेलेपन को एकांत से भरना चाहता था। हर तरफ़ बिखराव ही बिखराव दिख रहा था। कुछ दिनों तक स्थितियों और परिस्थितियों के बीच जूझते रहने के बाद एक रात ख़याल आया कि मैं यहाँ क्यों हूँ? पत्नी और बेटी के जाने के बाद घर में क्या ऐसा बचा है जिसकी वर्षों से मैं रखवाली कर रहा हूँ? और अगली सुबह उस घर को छोड़कर देहरादून पहुँच गया।

इस शहर में एक अच्छा-ख़ासा समय बिताया। कुछ दिन के भटकाव के बाद जब मुझे दोबारा एकांत की आवश्यकता महसूस हुई तो इस जगह दुबारा लौटा और एक छोटा-सा घर बनाकर रहने लगा। फिर कभी देहरादून नहीं लौटा। यह जगह काफ़ी हद तक मेरे मन के मुताबिक़ है। इस जगह पर रहते हुए वर्षों हो गए थे कोई भी ऐसी अप्रिय घटना नहीं घटी थी जो मन में डर पैदा करे। बावजूद इसके मन के किसी एक कोने में डर ने अपनी जगह बना ली थी और कुछ दिनों के भीतर ही इस डर की वजह से मुझे दोहरी ज़िंदगी जीने की एक आदत-सी पड़ गई। मैं एक ही समय में दो इंसानों जैसा व्यवहार करने लगा।

इस डर ने जाने-अनजाने मुझमें ख़ुद से बात करने की एक प्रवृत्ति पैदा कर दी। मैंने पाया कि मेरे देह के एक हिस्से में चोर बसा है, दूसरे में एक बेहद ईमानदार शख़्स और मन का चोर ईमानदार इंसान को अक्सर डराता रहता था। यह प्रवृत्ति मेरे लिए फ़ायदेमंद थी कि नुक़सानदेह? उस वक़्त स्पष्ट नहीं हो पाया! लेकिन वहम की जो स्थिति मेरे अंदर पैदा हुई थी वह कभी भी कोई बड़ा नुक़सान कर देगी, इसका अंदेशा मुझे पहले से था।

मेरे मन का चोर जब उस ईमानदार शख़्स पर हावी होने लगा तो मुझे ये बात समझ में आने लगी कि यह वहम किसी दिन मुझ पर अचानक ही

भारी पड़ जाएगा। मैं इन सबसे उबरना चाहता था परंतु मुझे कोई मार्ग नहीं दिखा। मुझे अपने आपसे पार पाना होगा? इस तरह के गंभीर सवाल मेरा पीछा करने लगे।

ओह, मैंने दवा लेना भी तो छोड़ रखा है? हाँ, सही किया इस उम्र में भला कौन ब्लडप्रेशर की दवा खाता है? लेकिन डॉक्टर से क्या बोलूँगा? डॉक्टर से क्या बोलना? इस बार स्पष्ट रूप से कह दूँगा कि यह दवा-दुआ का खेल मुझसे अब और नहीं होने वाला है। मुझे किसी भी तरह की कोई बीमारी नहीं है। अब मेरा इलाज यहीं बंद कर देना चाहिए। आख़िर मुझे परेशानी क्या है? किस चीज़ की दवा मुझे हर रोज़ खानी पड़ती है? डिप्रेशन, नहीं यह डिप्रेशन नहीं है। किसी अजनबी इंसान का रातों-रात कमरे से ग़ायब हो जाना मामूली घटना नहीं लगती है। क्या पता उसे किसी राजनीतिक साज़िशवश ग़ायब किया गया हो? हर दिन दुनिया से सैकड़ों लोग ग़ायब होते हैं।

एक दिन मैंने डॉक्टर को बताया कि उस घटना का प्रभाव मुझ पर हावी है। मैं एक इंसान के खो जाने के महज़ झूठे अपराधबोध को जी रहा हूँ। लेकिन उसके ग़ायब होने में मेरी कोई भूमिका नहीं। बावजूद इसके पता नहीं क्यों इस पूरे मामले से ख़ुद को बरी नहीं कर पा रहा हूँ। क्या आप मुझे किसी ऐसी दुनिया का पता दे सकते हैं जहाँ खोए हुए लोगों के घर हों? क्या मैं सचमुच उसके ग़ायब होने का दोषी हूँ?

डॉक्टर ने कहा, "नहीं।"

"फिर?" मैंने सवाल किया।

"बस थोड़ी-सी मानसिक परेशानी है। क्या पता वह शख़्स ग़ायब ही न हुआ हो? वह महज़ रात भर के ठिकाने की नीयत से घर में ठहरा हुआ था। उसे तो अगली सुबह जाना ही था वह चला गया। ये तो बहुत ही सामान्य और सहज-सी बात है। क्या पता नींद खुली हो, अपना झोला उठाकर वह चल दिया हो।"

मुझे पता था कि झोला तो यहीं पर है लेकिन मैंने डॉक्टर को नहीं बताया।

"और वह लड़की?" मैंने पूछा।

"कौन-सी लड़की?" डॉक्टर ने पूछा।

"नहीं, नहीं उसने जाने से पहले बाक़ायदा ख़त लिखा था कि अब वह कभी नहीं लौटेगी।" मैं मन में ही बुदबुदाया।

"आप किस लड़की की बात कर रहे?" डॉक्टर ने पूछा।

मैंने कहा, "नहीं, किसी लड़की की नहीं, कोई वर्षों पुराना ख़याल दिल और दिमाग़ पर हावी हो रहा है।"

डॉक्टर ने मुझे चेताया, "मैंने इलाज शुरू करने से पहले आपको बताया था कि आपको अपने और अपने जीवन के बारे में सब कुछ साफ़-साफ़ बताना होगा। घर-परिवार, शादी, बच्चे सब।"

"मैंने बताया तो..."

"फिर यह लड़की कौन है? अगर आप नहीं बताएँगे तो हम आपकी ज़्यादा मदद नहीं कर पाएँगे।"

मैंने कहा, "ऐसा कुछ बताने के लिए अब है ही नहीं।"

डॉक्टर ने कहा, "इसका मतलब यह कि आप इस स्थिति से उबरना ही नहीं चाहते।"

दोनों के मध्य स्तब्धता फैल गई।

एक लंबी ख़ामोशी के बाद मैंने कहा, "वह मेरी बेटी है। अनिका नाम था उसका, ऐसे ही किसी एक रात ग़ायब हो गई। सुबह उठा तो देखा कि वह कमरे में नहीं है। मैंने पूरे घर को छान मारा।"

"तो आप किसी अजनबी नहीं, उस अजनबी में अपनी बेटी के खो जाने के अपराधबोध को जी रहे हैं। मुझे तो लगा कि आप उस अजनबी के ग़ायब होने से दुखी हैं। ख़ैर, वह मिली? उसका कोई हाल-पता? कहाँ रहती है वह आजकल?" डॉक्टर ने पूछा।

"नहीं, वह नहीं मिली। मुझे यह भी नहीं पता कि कहाँ है वह? उसके चले जाने के कुछ दिन बाद चौखट के बाहर रखे गमले में एक ख़त ज़रूर मिला था। उस ख़त में लिखा था कि मैं जा रही हूँ, मुझे मेरी दुनिया मिल गई है, इंतज़ार मत करना, शायद ही कभी लौटूँगी।" मैंने डॉक्टर को बताया।

"क्या वह प्रेम में थी?" डॉक्टर ने पूछा।

"नहीं, वह थोड़ी अजीब थी, अजीब नहीं अलग।" मैंने अपनी कही बात

में शब्द प्रयोग को दुरुस्त किया।

डॉक्टर ने कहा, "फिर भी कोई ऐसा कैसे कर सकता है? अपना घर, अपना परिवार छोड़कर कोई कहाँ जाता है?"

"वह दुखी थी। जन्म के साथ ही उसने अपनी माँ को खो दिया था और लंबे समय तक उसने सिर्फ़ दुखों को जिया। वह कभी हँसना नहीं सीख पाई और न ही उसे मुस्कुराना आता था। वह बहुत उदास थी। ऐसा लगता था कि वह इस दुनिया के लिए बनी ही नहीं है और एक दिन अपने बैग में कुछ मामूली किताबें रखकर चल पड़ी।"

"कोई संपर्क?" डॉक्टर ने पूछा।

"वह साल में सिर्फ़ एक पत्र लिखती थी और अपने जीवन और देश दुनिया के बारे में बताती रहती थी। एक ख़त में उसने जीवन के बारे में लिखा था। एक ख़त में उसने प्रेम के बारे लिखा था। एक ख़त में उसने मौत के बारे में लिखा था। इस तरह उसने कुल तीन पत्र लिखे। मैंने उसके एक भी ख़त का जवाब नहीं दिया। ऐसा लगता था कि मेरे शब्द मर चुके हैं। वह हिमाचल के किसी सुदूर गाँव में रहती थी। वह जगह उसे पसंद थी, गाँव के बच्चों को वह कविताएँ, कहानियाँ और भाषा पढ़ाती थी। और फिर कुछ महीने बाद मेरा पता बदल गया।"

"क्या वह ज़िंदा है?" डॉक्टर ने पूछा।

"हाँ, बिलकुल।" मैंने जवाब दिया।

"लेकिन आप इतने यक़ीन के साथ कैसे कह सकते हैं?" डॉक्टर ने पूछा।

"क्योंकि वह मर नहीं सकती। वह किताबों में डूबी रहती थी, उसे लंबे समय से जीवन की तलाश थी। उसकी उदासी ख़ुद से थी, जीवन के प्रति वह कभी उदासीन नहीं रही। वह जीवन को लेकर उन्माद से भरी हुई थी।" मैंने कहा।

"यह कब की बात है?"

"बमुश्किल चार साल पहले की।"

"क्या कोई पुलिस रिपोर्ट दर्ज कराई?" डॉक्टर ने पूछा।

"किसलिए?" जवाब में मैंने पूछा।

डॉक्टर ने कहा, "क्या आपको सचमुच इस बात का एहसास नहीं है कि आपकी बेटी ग़ायब हो चुकी है और आप एक अजनबी के ग़ायब होने की व्यर्थ की बात को अपनी मानसिक पीड़ा बना चुके हैं?"

मैंने कहा, "नहीं, वह ग़ायब नहीं हुई। एक बार उसने कहा था कि अगर मैं कभी घर से निकलूँ और वापस नहीं आऊँ तो पुलिस कंप्लेंट मत करना। मैं हर हाल में सुरक्षित और ख़ुद को ख़ुश रखूँगी।"

"फिर उसने कोई ख़त लिखा? दोबारा?" डॉक्टर ने पूछा।

मैंने कहा, "नहीं। पिछले कई सालों से उसने कोई ख़त नहीं लिखा और लिखा भी हो क्या पता क्योंकि कुछ समय बाद ही मेरा वह पता बदल गया। मैंने उस घर को छोड़ दिया, वह ख़ाली घर मुझे काटने को दौड़ता था।"

"वैसे वह इस वक़्त कहाँ हो सकती है? कुछ अंदाज़ा है? कुछ भी?" डॉक्टर ने पूछा।

मैंने डॉक्टर को बताया, "नहीं, शायद पहाड़ों में, पर मुझे पता है कि वह सुरक्षित होगी। वह अपना ख़याल रख सकती है। जब वह बहुत छोटी थी तो अक्सर कहा करती थी कि वह अकेले दुनिया घूमना चाहती है। उसे नयी-नयी जगहों के बारे में जानना है। उनके संबंध में बात करना अच्छा लगता है। वह छोटी बच्ची हर महीने अपनी डायरी को ट्रैवल जनरल में परिवर्तित कर देती थी। चित्र बनाना उसे पसंद था। वह स्केचिंग करती, रास्तों के, जगहों के, भूभागों के चित्र बनाया करती थी। सौ से भी कहीं ज़्यादा उसकी ड्रीम डेस्टिनेशन थी। एक-एक करके अपने हर साल के ट्रैवल जनरल में उन जगहों को उसने मार्क किया था और एक दिन उन्हीं अनदेखी अनजान जगहों की तलाश में निकल गई।"

"बिना बताए?" डॉक्टर ने पूछा।

मैंने कहा, "हाँ, बहुत सारे लोग हैं जो बिन बताए चल पड़ते हैं। जैसे कि उस अजनबी को ही देख लो।"

डॉक्टर ने कहा, "दोनों में फ़र्क़ है। वह आपकी अपनी बेटी थी। आपकी चिंता का बड़ा विषय वह फक्कड़ी नहीं आपकी अपनी बेटी का ग़ायब होना

है। आपकी सारी चिंताओं में उसका चेहरा होना चाहिए, आपको उसकी फ़िक्र होना चाहिए।"

"हाँ, पर वह जन्म से ही अलग थी, उसने अपनी दुनिया को चुन लिया। घर से भागी नहीं, न ही उसने मुझे धोखे में रखा। वह एक आश्वस्ति के साथ गई।" मैंने कहा।

"यह कोई सामान्य स्थिति नहीं है।" डॉक्टर के मुँह से निकला।

मैंने कहा, "हाँ, यह सामान्य स्थिति नहीं है मैं महसूस कर सकता हूँ। परंतु सचमुच मुझे उसकी कभी चिंता नहीं हुई। और तुम यह कैसे कह सकते हो कि वह कोई निहायत ही फक्कड़ इंसान था?"

डॉक्टर मेरी बात सुनकर हँसा, जैसे कि मेरा उपहास उड़ा रहा हो। हालाँकि वह चिंतित था। डॉक्टर को लग रहा था कि मैं उसकी बात को नहीं समझ पा रहा हूँ और मुझे लग रहा था कि डॉक्टर मेरी बात को नहीं समझ पा रहा है। कुछ देर की गहरी ख़ामोशी पसरी रही। फिर उसने उस घटना का संदर्भ देते हुए एक और घटना का ज़िक्र किया।

"एक चर्चित लेखक कभी भी किसी के घर पहुँच जाता था। लोगों को अपने घर की चौखट पर इतने बड़े लेखक को देखकर ख़ुशी होती थी। वह एक-दो दिन रहता और अचानक ही बिना कुछ बताए ग़ायब हो जाता था और जाता तो जो कुछ भी देह पर होता– शॉल और कंबल– उसे भी उठा ले जाता। संपर्क करने का कोई ज़रिया नहीं था इसलिए लोग उसे ढूँढ़ते और परेशान होते लेकिन वह नहीं मिलता। फिर महीनों बाद उस लेखक के कहीं किसी और के घर होने की ख़बर मिलती। यह ख़बर ही उसके ज़िंदा होने की आश्वस्ति थी, पर जब तक लोग उस तक पहुँचते वह उस जगह को छोड़कर कहीं और जा चुका होता था।

"वह अपनी जवानी के दिनों में एक नामी-गिरामी और प्रतिष्ठित लेखक था, पर उम्र बढ़ने के साथ-साथ उसकी मनोदशा में अजीबो-ग़रीब परिवर्तन देखने को मिला। इसलिए, एक दिन वह अपने घर से निकल पड़ा और बस इसी तरह से भटकाव ही उसका जीवन बन गया। हालाँकि उसकी लिखी किताबें सभी अच्छी थी पर जीवन बहुत ही रहस्यमय रहा। उसने कई अच्छी

किताबें लिखी, अच्छे-अच्छे लोगों से मिला। वह हर किसी के घर गया जो उसे प्रेम करता था। पर कहीं भी किसी तरह की औपचारिकता नहीं निभाई। लोगों से मिला, एकाध रात बिताई और फिर निकल गया। लोगों को उसने हर किताब में अचंभित किया और अच्छा जीवन जिया।"

"और मौत?" मैंने सवाल किया।

"मौत का नहीं पता। बाद के दिनों की उसकी बस कहानियाँ हैं। वह ज़िंदा है या मर चुका, इसका किसी को कुछ अंदाज़ा नहीं। पिछले तीन साल से उसकी कोई ख़बर नहीं। लेकिन लोगों को लगता है कि वह कभी भी उनके बीच लौट सकता है। कुछ लोग कहते हैं कि वह अमर हो गया। परंतु असलियत में कुछ नहीं पता। लोग उसे उसकी लिखी किताबों में ढूँढ़ते हैं, पर उसका मिलना असंभव है।"

"इस घटना का संबंध किससे है? उस अजनबी आगंतुक से या फिर मेरी बेटी से?" मैंने पूछा।

डॉक्टर ने कहा, "मुझे नहीं पता। यह कहानी महज़ एक संदर्भ है। वह लेखक जो खो गया वह एक घुमक्कड़ के रूप में आपकी बेटी का रूपक भी हो सकता है और वह अजनबी आगंतुक भी। जीवन को यदि कहानी मान लिया जाए तो ये सब उसी कहानी के किरदार हैं।"

"तो आपको क्या लगता है? मैं क्या किसी कहानी को जी रहा हूँ?" डॉक्टर की बात सुनकर मैंने उससे सवाल किया। मेरे चेहरे पर कठोरता और आवाज़ में थोड़ी तल्ख़ी थी। ठीक, इसके विपरीत डॉक्टर की बातों में नरमी।

उसने कहा, "नहीं। आप किसी कहानी को नहीं जी रहे हैं। दरअसल, दिमाग़ की कुछ अलग-अलग स्थितियाँ होती हैं। यह एक तरह की मानसिक अवस्था है। इस तरह की स्थितियाँ और अवस्थाएँ मानव मस्तिष्क में बनती और दुरुस्त होती रहती हैं।"

मुझे डॉक्टर की बताई कुछ-कुछ बातें ही समझ में आईं।

मैंने कहा, "हाँ, मैं थोड़ा हताश हूँ। मुझमें जीवन को लेकर एक गहरी उदासी है। यह बिना किसी दवा और बिना किसी इलाज के ही धीरे-धीरे ख़त्म हो जाएगी।"

डॉक्टर ने मुझको समझाया और उस निराशा के वातावरण से बाहर निकलने के लिए प्रेरित किया जो मेरे आस-पास अपनी जगह पुख़्ता कर चुका था। वह इस बात पर भी ज़ोर देता रहा कि इस वक़्त मुझे बेटी की फ़िक्र होनी चाहिए। पर यह मेरे अवसाद को और ज़्यादा बढ़ा सकती थी। इसलिए, सबको जानते हुए भी सिर्फ़ और मेरे आस-पास एक स्वस्थ्य वातावरण बनाने का प्रयास किया।

उन दिनों मैं सचमुच परेशान था। मन में यह भी ख़याल आया कि क्यों न कुछ दिनों के लिए घर से बाहर कहीं बहुत दूर निकल जाऊँ। लेकिन भागकर भी कहाँ और कितनी दूर जाऊँगा? यही बात डॉक्टर ने भी समझाई।

"अपनी प्रतिदिन की जीवनशैली में बदलाव लाकर मन को शांत कर सकते हैं, बाहर जाना इतना ज़रूरी नहीं है जितना की इलाज। कुछ दिनों तक आराम की ज़रूरत है। आपकी बेटी का लौटना आपको इस स्थिति से बहुत जल्दी बाहर निकाल देगा, परंतु दवा बंद नहीं होनी चाहिए।"

डॉक्टर की बात मुझे अच्छी लगी। सबसे पहले मैंने घर की सारी बंद खिड़कियों को खोला, फिर दरवाज़ों को और वक़्त-बेवक़्त जब भी मन परेशान होता घर से बाहर निकलने की कोशिश में लग गया। सुबह शाम सैर पर निकलता। लोगों से मुस्कुराकर बातें करता। कम-से-कम हर दिन दो किमी दूर सड़क पर पैदल चलता, चाय पीता, कुछ देर तक वहीं रुककर एक चाय की दुकान पर समाचार-पत्र पढ़ता और फिर घर लौट आता। देर शाम तक कोई-न-कोई किताब पढ़ता रहता। सच कहूँ तो दैनिक जीवन में आए इस परिवर्तन से ज़िंदगी कुछ हद तक लौट रही थी। मैंने कई बार अनिका से संपर्क साधने की कोशिश भी की। परंतु मुझे उसकी कोई सही-सही जानकारी नहीं मिल सकी। पर मैं ख़ुश था, ऐसा लग रहा था कि मैं अपने जीवन में पुनः लौट रहा हूँ। लेकिन, जब सब कुछ सामान्य हो रहा था तभी ऐसा कुछ हुआ कि मैं दोबारा उसी स्थिति में पहुँच गया। यह स्थिति पहले से कहीं ज़्यादा गंभीर और ख़तरनाक थी।

रोज़ की तरह मैं उस दिन भी निकला था। चाय पीते-पीते समाचार पत्र पढ़ रहा था कि नज़र अचानक एक ख़बर पर जाकर ठहर गई। कुछ दिनों

पहले एक व्यक्ति के ग़ायब होने की ख़बर थी। ख़बर का शीर्षक पढ़ते ही सब कुछ मानो बदल गया। मेरा डर एक गहरे संदेह में बदल गया। फ़ोटो पर नज़र पड़ी तो मेरे पैरों के नीचे से ज़मीन खिसक गई। अरे, यह तो वही व्यक्ति है, मेरे मुँह से अनायास ही एक चीख़-सी निकल पड़ी। पूरी देह सुन्न हो गई, पैर जहाँ के तहाँ जमे रह गए। चाय की गर्म गिलास महज़ एक पल में बर्फ़ के गोले जैसी ठंडी हो गई। मेरी देह ऐसे जम गई जैसे कि काटो तो ख़ून नहीं।

आख़िरकार, मेरा संदेह सच निकला। यह वही व्यक्ति था जो उस रात मेरे घर आया था। मैंने समाचार-पत्र को तोड़-मरोड़कर जेब में घुसेड़ा, तेज़ी से भागते हुए घर पहुँचा।

06

खो जाने का डर

मैंने डॉक्टर को उस रात कई बार फ़ोन लगाया। लेकिन बार-बार घंटी जाने के बाद भी दूसरी तरफ़ से फ़ोन नहीं उठा, वह कहीं शहर से बाहर था। कुछ ही दिनों में मेरा अपराधबोध पहले से चार गुना ज़्यादा बढ़ गया। आस-पास अब कोई नहीं बचा था, जो मुझे इस स्थिति से बाहर निकाल सके। सबसे बड़ी और दुख की बात यह कि यह बोध कहीं-न-कहीं मुझे अपनी बेटी के ग़ायब होने और अपनी पत्नी की मौत तक ले जा रहा था। कहानी वही थी, बस चरित्र बदलते जा रहे थे।

मैं अपनी बेटी के चले जाने से बेहद हताश, निराश और दुखी था। अक्सर इस कोशिश में रहता कि कहीं कोई बात, कहीं कोई ऐसा विचार सामने आ जाए जो थोड़ा ढाँढ़स बँधाए कि सब कुछ दुरुस्त है और उस अमुक के ग़ायब होने में मेरी कोई भूमिका नहीं है। इस कोशिश में हर रोज़ दबे पाँव निकलकर उस दुकान पर सिर्फ़ न्यूज़पेपर देखने के लिए जाता और बिना चाय पीए पूरा पेपर उलटने-पलटने के बाद वापस घर लौट आता था। कभी-कभी मुझे लगता कि यह सब कुछ मेरा वहम है, कभी लगता कि नहीं मैं किसी बहुत बड़ी साज़िश का शिकार हो चुका है।

मेरे मन के चोर ने हर पल मेरा साथ देने की कोशिश की। लेकिन यह संशय तब और भयावह हो गया जब एक दिन मैंने घाटी में एक के बाद एक तीन अज्ञात लोगों की लाश मिलने की ख़बर पढ़ी। क्या वह मर गया? मैंने ख़ुद से पूछा। इस डर में मेरी बेटी की मौत का भी डर शामिल था।

मैंने ख़ुद को घर के अंदर क़ैद कर लिया और खिड़की-दरवाज़े सब बंद कर दिए। मेरा अख़बार पढ़ना उस दिन के बाद से बिलकुल ही छूट गया और देखते-ही-देखते मेरे सारे पूर्व के दुख एक बहुत बड़े डर में तब्दील हो गए।

मुझे कई रातों तक नींद नहीं आई। मेरी कोई ग़लती नहीं है यह जानते हुए भी कभी डर तो कभी संदेह के साए में ज़िंदगी कटने लगी। एक अपराधबोध ने ऐसे घेर लिया जैसे कि मैं ही उस व्यक्ति का क़ातिल हूँ। सब कुछ सामान्य होते हुए भी मुझको अपने आस-पास के वातावरण में एक गहरी चुप्पी दिखाई देने लगी। दरवाज़े पर हर किसी की दस्तक मेरे लिए डर की वजह बन गई। खिड़की भी हिलती तो लगता कि कोई अंदर झाँक रहा है। कई बार रास्ता चलता तो ऐसा लगता कि कोई पीछा कर रहा है। जबकि मैं उस पूरी घाटी में अकेला रहता था। आस-पास दूर-दूर तक कोई नहीं होता था। मुझे पता था कि वह उस कमरे में नहीं है, पर दिन में कई-कई बार उस कमरे में जाता और कोने-अतरे में उस अमुक को ऐसे ढूँढ़ने की कोशिश करता जैसे कि उसकी कोट का कोई छोटा-सा बटन टूटकर गिर गया हो। महीनों तक उसे ढूँढ़ता रहा, पर वह नहीं मिला और हर दिन उसका डर बड़ा होता गया।

एक दिन उस कमरे में मैंने ताला लगा दिया और फिर हफ़्तों तक नहीं खोला। मेरे मन का चोर हर घड़ी सतर्क रहने लगा। इसी दौरान बंद खिड़की की अधखुली पटकनी से एक दिन मैंने कुछ पुलिस वालों को सड़क से गुज़रते देखा। उन सभी के हाथ में काग़ज़ का एक टुकड़ा था। मुझे लगा कि यह उसी अजनबी व्यक्ति की तस्वीर होगी जो ग़ायब हो गया था और पुलिस तहक़ीक़ात करते-करते कभी भी मुझ तक पहुँच सकती है। इसलिए यह जगह अब मेरे लिए सुरक्षित नहीं है। उस दिन मुझे मेरी बेटी और उसकी बनाई तस्वीरें मुझे बहुत याद आईं। इस घर में उसकी बहुत यादें थीं। मुझे हर पल यही लगा कि वह कहीं-न-कहीं अपनी तस्वीरों के संग मौजूद है। लेकिन यह असुरक्षा का बोझ उसकी यादों पर हर दिन भारी पड़ता गया। उस दिन मैंने शाम होने तक का इंतज़ार किया। अँधेरा जब थोड़ा गहरा गया तो एक छोटे से झोले में उस अजनबी के कंबल डाले, घर में ताला लगाया और सुनसान रास्ते पर निकल पड़ा।

कहाँ जाना है यह नहीं पता था। वह घर कहीं पीछे छूट गया। कई सालों तक हिमालय में इधर-उधर भटकता रहा। मुझे समझ में नहीं आया कि मैं क्यों भाग रहा हूँ! और इस भटकाव की वजह क्या है? क्या वह अमुक व्यक्ति

जो उस रात अचानक ग़ायब हो गया था या फिर कोई और? बस मेरे पास एक तस्वीर थी।

कभी किसी अनजान जगह पर जाता तो लोगों से पूछता कहीं तुमने इस लड़की को देखा है? कोई जवाब नहीं मिलता और मैं आगे बढ़ जाता। मैं समझ नहीं पा रहा था कि मेरे साथ क्या हो रहा है? मेरे तब और अब के जीवन में काफ़ी फ़र्क़ आ गया था। मैं वह होकर भी वह नहीं रह गया था जो कि कुछ दिन पहले तक था। इन सबके बीच अच्छी बात यह हुई कि यहाँ हर दिन नया था। यहाँ के समय में गति थी और मौसम में बदलाव की अनुभूति झलक रही थी। एक दिन ऐसे ही भटकते हुए मैं एक अनजान घाटी में पहुँच गया जहाँ पहाड़ी पर एक ख़ूबसूरत युवती मिली जिसका चेहरा हूबहू मेरी पत्नी से मिलता था। यह देखकर मुझे बड़ा आश्चर्य हुआ।

मैं कई दिनों से भूखा था। युवती ने मुझे खाना खिलाया और अपने घर लेकर गई। मैं उस युवती के साथ महीनों तक उसके घर में रहा। वह एक ख़ूबसूरत और नेक दिल इंसान थी। पूरी घाटी में अकेले रहती थी। कभी-कभी मैं उसके साथ जंगल में लकड़ियाँ लेने जाता तो पाता कि उसको प्रकृति से बात करने का हुनर आता है, वह जंगल के जीव-जंतुओं से बहुत ही आसानी से संवाद कर लेती थी। परिंदे उसकी आवाज़ को पहचानते थे।

एक रात जब हमारे शरीर एक-दूसरे से लिपटे हुए थे और देह की दूरी दोनों के बीच बिलकुल ही नगण्य हो गई तो हम दोनों को आध्यात्मिकता का बोध हुआ। अगली सुबह हम दोनों ने देह से इतर हृदय, आत्मा और वैराग्य की बातें की। युवती ने बताया कि उसका पति पिछली सर्दियों में एक शाम घर से दूर अपनी बेटी को लेने गया था और फिर कभी वापस नहीं लौटा। युवती ने उसे अपने पति और बेटी की तस्वीर दिखाई जो हूबहू मुझसे और मेरी बेटी से मिलती थी। मुझे आश्चर्य हुआ और हैरत भी।

मैंने पूछा, "तुम्हारी बेटी का नाम क्या है और कहाँ रहती है?"

उसने कहा, "अनिका!"

नाम सुनकर मैं चौंक-सा गया। युवती ने कहा, "वह दूर के पहाड़ में बच्चों को पढ़ाने का काम करती है। कभी-कभी ही आती है, वह गाँव में बच्चों

के साथ ख़ुश है, कहती है कि अब वही उसकी दुनिया है। वह शादी नहीं करना चाहती। उसके पिता हूबहू तुम्हारे जैसे थे। वह बहुत अजीब है। उसने अपनी अलग दुनिया बना रखी है। वह उसी दुनिया में रहती है।"

युवती की बात सुनकर मैं ठिठक-सा गया। वह जो कुछ भी बता रही थी वह सब कुछ मेरे जीवन का सच था। पूरी तरह से मेरी बेटी के बारे में था। परंतु मैंने कोई प्रतिक्रिया नहीं दी।

"वह कहाँ रहती है?" मैंने पूछा।

युवती ने कहा, "सुदूर पहाड़ की घाटी के मध्य एक छोटा-सा घर है, जहाँ बादल उतरते हैं, जहाँ आसमान झुका हुआ दिखाई देता है। उस घर में किताबें और बच्चे रहते हैं।"

यह सुनकर मैं एक बार फिर से ठिठका। वह लड़का भी तो यही कह रहा था कि एक लड़की जिसका घर सुदूर पहाड़ की घाटी के मध्य में स्थित है, जहाँ बादल उतरते हैं, जहाँ आसमान झुका हुआ दिखाई देता है।

इस घटना के साथ ही मुझको उस लड़की और मेरे जीवन का एक सार मिल गया। मुझे समझ में आ गया कि मेरी यात्रा का अगला पड़ाव क्या था।

मेरी बेटी उस वक़्त मुझे इतनी शिद्दत से याद आई जितनी कि अभी आ रही है। मैंने उस युवती की बात को बहुत ध्यान से सुना। वह मुझे प्रेम करने लगी थी।

मैंने कहा, "मैं तुम्हें प्रेम नहीं कर सकता।"

"और देह? उस देह का क्या जो महीनों तक भोगते रहे?" युवती ने सवाल किया।

मैंने कहा, "देह अस्थायी है, एक दिन मिट्टी में मिल जाएगी।"

"और भोग?" युवती ने पूछा।

मैंने कहा, "यह तो हम ख़ुद तय करते हैं कि सत्य, संयम, भोग इन सबमें से हम क्या चुनते हैं।"

"तुमने सिर्फ़ भोग को चुना? और प्रेम क्या है?" युवती चिल्लाई।

मैंने कहा, "प्रेम और वैराग्य दोनों ही स्थायी भाव हैं।"

"तुम इन दोनों में किसे चुनते हो?" युवती ने पूछा।

मैंने कहा, "वैराग्य को।"

युवती ने कहा, "पर एक स्त्री तो हमेशा प्रेम चुनती है।"

मैंने कहा, "पर मैं वैराग्य को चुनूँगा।"

युवती ने उसी रात मुझे धकेलकर घर से बाहर निकाल दिया। मैं पूरी रात कमरे के बाहर ठिठुरता रहा और सुबह होने से पहले चल पड़ा। न तो कोई मंज़िल थी और न ही कोई ठिकाना। बस भटकता रहा। इस तरह से वर्षों तक भटकने के बाद अंततः एक दिन हरिद्वार पहुँचा और फिर ऋषिकेश। तब से लेकर अब तक ऋषिकेश में ही हूँ।

ऋषिकेश आकर मुझे लगा कि मेरी यात्रा ख़त्म हो गई है। लेकिन यात्रा ख़त्म नहीं हुई थी बस उसका बोध ख़त्म हो गया था। उस घुमंतू लड़के के आने के पश्चात वह बोध एक बार फिर से जगा तो मेरे अंदर उस अधूरी यात्रा को पूरा करने की ललक पैदा हुई जो कि भौतिक रूप से शायद ही संभव थी, पर आंतरिक यात्रा का मार्ग तो सदैव ही खुला रहता है।

मेरी सारी बाह्य यात्राएँ समाप्त हो चुकी हैं। शायद, इन दिनों मैं एक आंतरिक यात्रा पर हूँ।

इन बीते 15 सालों का हासिल सिर्फ़ इतना है कि मैंने अपने डर को अब जीत लिया है। मौत का डर अंदर से पूरी तरह से ख़त्म हो चुका है। मन ईश्वर की भक्ति में लग चुका है। अब तो मुझे ऐसा लगता है कि यह आश्रम ही मेरा अपना घर है। और वह घर जो छूट गया? उस पर अभी भी ताला लगा हुआ है।

वह कौन था? संन्यासी ने ख़ुद से ही सवाल किया। मैं! ख़ुद उसके अंदर से एक आवाज़ आई। फिर उसने कहा, मैं नहीं वह कोई और था। मैंने अपना अलग संसार चुन लिया है। अब मैं एक संन्यासी हूँ।

वह लड़की जो मेरी बेटी थी, वह अब कहाँ है नहीं पता! उसने भी मेरी तरह अपना संसार चुन लिया होगा, अपनी एक अलग दुनिया बना ली होगी।

वह अजनबी जिसके मौत के संदेह में यहाँ तक पहुँचा? वह अभी भी अज्ञात है।

कई बार दिल में आया कि एक बार उस जगह, उस घर से होकर आते

हैं। लेकिन पता नहीं क्यों यह अब तक संभव नहीं हो सका है। कई जगहें ऐसी होती हैं, जहाँ इंसान कभी नहीं लौटना चाहता। ख़ास करके, ऐसी जगहें जहाँ से कुछ दुखद और सुखद स्मृतियाँ जुड़ी हों। लेकिन अजनबी जगहों पर इंसान कई-कई बार लौटता है।

नियति का बदा टाल सकें ये हम इंसानों के बस की बात नहीं। क्या पता ज़िंदगी जिस तरह यहाँ लेकर आई मौत एक बार फिर वहीं ले जाए जहाँ मेरा जन्म हुआ था! भविष्य तो अनिश्चिताओं का एक घर है।

07

हर भटकाव गहरा रहस्य है

जीवन का सबसे बड़ा और मौलिक सच यह है कि अपना घर-बार छोड़ यूँ ही कोई नहीं निकलता। जो लोग भटक रहे हैं, उनके इस भटकाव के पीछे एक लंबी कहानी और सैकड़ों रहस्य छुपे हैं। इस वक़्त संन्यासी के लिए यह जानना ज़्यादा ज़रूरी था कि लड़के के जीवन का यथार्थ क्या है? वह क्यों भटक रहा है और इसके पीछे की कहानी क्या है? वह अपने जीवन के किन-किन रहस्यों को समेटे आगे बढ़ रहा है? लड़के का जीवन कहीं मेरे साथ घटी उस घटना की पुनरावृत्ति तो नहीं? उसकी वह तलाश? वह लड़की जिसका घर दो पहाड़ियों के बीच में स्थित था, जहाँ आसमान झुकता था, जहाँ बादल उतरते थे, उसका नाम भी तो अनिका था!

इस विचार के साथ वह ख़याल संन्यासी के ऊपर फिर से हावी हुआ कि उस लड़के को जिस लड़की की तलाश है वह कहीं उसकी अपनी बेटी तो नहीं है? यदि हाँ तो दोनों की तलाश एक ही है। संन्यासी एक पल के लिए गंभीर हो गया। लेकिन वह लड़के के देखे किसी सपने पर विश्वास नहीं करना चाहता था। इसलिए, इस ख़याल को दूसरे ही पल अपने दिमाग़ से दूर झटक दिया। बावजूद इसके लड़के के जीवन में उसकी आस्था बनी रही।

संन्यासी को लगा लड़का हो न हो मेरी जैसी किसी परिस्थिति या मनोदशा में निकला हो। उसे उस लड़के की चिंता होने लगी। क्योंकि उसकी चिंता में उसकी अपनी बेटी और उस अमुक इंसान की चिंता शामिल थी।

जीवन की हर कहानी एक अधूरी कहानी है जिसे पूरा होने का हर किसी को वर्षों से इंतज़ार है। अब तो यह बात भी अच्छी तरह से समझ में आने लगी है कि हम सब कोई कहानी नहीं, अपनी-अपनी कहानियों के महज़ एक पात्र हैं!

यह सब सोचते हुए संन्यासी ने एक गहरी साँस ली और बोला– महज़ इतना ही तो है मेरा जीवन। इतना कहकर उसने कमरे की सिटकनी खोली और बाहर निकल आया। दोनों पैरों पर उसने पानी डाला। मुँह पर पानी के छींटे मारे और नदी की तरफ़ चल पड़ा लेकिन उसका बीता हुआ कल उसके साथ हो लिया। जिन स्मृतियों ने उसके लिए यादों का झरोखा खोला था उन्होंने ही उसके लिए मानो कोई वर्षों से बंद अतीत का दरवाज़ा खोल दिया हो। इस अध्याय के जुड़ने के साथ मानो वह ख़ुद उस अनलिखी किताब के एक चरित्र के रूप में शामिल हो गया हो।

कितना अजीब है ये कि किताबें जीवन से भी कहीं ज़्यादा रहस्मयी होती हैं। कब कौन-सा दरवाज़ा खुलेगा, कब किस दुनिया में हम प्रवेश कर जाएँगे ये किसी को नहीं पता होता। हम सब आख़िरकार अपने-अपने जीवन तक पहुँचने की कोशिश में ही तो हैं, फिर चाहे कोई संन्यासी हो या फिर घुमक्कड़। फिर चाहे कोई रहस्मयी पथिक हो या फिर दस साल की बच्ची, जो एक दिन घर से निकले और वापस ही नहीं लौटे। यदि जीवन एक यात्रा है, यदि हम सभी को किसी-न-किसी चीज़ की तलाश है, तो उस संन्यासी की तलाश क्या होगी?

वह ईश्वर को तलाश रहा है या फिर ग़ायब हुई अपनी बेटी को?

वह औरत कौन थी जिसने उसे अपने घर से बाहर निकाल दिया था?

वह आगंतुक कौन था, जिसने उसे आधी उम्र का भटकाव और फिर शांत जीवन दिया?

किसी अपने को खोकर एक इंसान भला इतने लंबे वक़्त तक कैसे ज़िंदा रह सकता है? शायद, इसीलिए उसने ख़ुद को मार लिया होगा। यह संन्यासी होना उसका दूसरा जन्म है।

इन्हीं सब बातों के मध्य कई दिनों तक वह खोया रहा और जब लड़का कुछ दिनों बाद आश्रम लौटा तो उसने उसे यह सब कुछ बताया।

लड़के ने कहा, "तो वह अमुक कोई और नहीं आप ही थे। यह आपका पुनर्जन्म है। लेकिन आपने पूर्व की स्मृतियों का क्या किया? और क्या यह वास्तविक ज़िंदगी में संभव है? आख़िर यह भी एक तरह का बुद्धत्व है।

दूसरे शब्दों में कहा जाए तो विस्थापन। यह आपके जीवन में कब आया? उस स्त्री के घर से निकाल देने के पश्चात?"

संन्यासी ने कहा, "उस पल एक तरह के दुख और अजीब-सी आत्मग्लानि से भर गया था। रात भर दरवाज़े पर बैठा रहा और सुबह उठकर दुबारा अपने उसी भटकाव भरे जीवन में आ गया। मुझे लगा कि यह जीवन बेकार है। जो भी जितना भी था सब खो चुका हूँ। इसका अब कोई अर्थ नहीं रह गया है। आत्महत्या करना चाहता था। उस रात, बस मुझे एक उपयुक्त जगह की तलाश थी। पूरे दिन चलता रहा और शाम हो गई। मुझे मरने के लिए कोई जगह नहीं मिली। रात मैंने एक बड़े से पत्थर के नीचे बिताई और दूसरे दिन भी ऐसे ही चलता रहा, पर कोई जगह नहीं दिखाई दी। एक महीने तक भटकने के बाद मुझे एक उपयुक्त जगह मिली। मैंने तय किया कि जो ऊँची पहाड़ी है सुबह को उस पर चढ़कर जान दे दूँगा। उस आख़िरी रात मुझे नींद नहीं आई। पूरी रात अपने जीवन के बारे में सोचता रहा। न जाने कितनी स्मृतियाँ, न जाने कितने सच और झूठ! लगा कि रात मेरी उम्र से भी कहीं ज़्यादा बड़ी हो गई है। जैसे-तैसे सुबह हुई। मैं आगे बढ़ने लगा। चलता रहा, चलता रहा, पर चढ़ाई तो दूर आधा रास्ता भी नहीं पूरा कर पाया और वापस उसी गाँव में लौट आया जहाँ पिछली रात ठहरा हुआ था। पर रात ज़्यादा हो गई थी इसलिए गाँव के बाहर बने मंदिर में रुक गया और उसी रात भारी बारिश के बाद बादल फटा और पूरा गाँव बह गया।

"सुबह उठा तो आस-पास सिर्फ़ बिखरे घर और मरे हुए लोग थे। कई दिनों तक भटकता रहा। आस-पास कोई भी ज़िंदा इंसान नहीं दिखा। मुझे लगा कि मैं वह नहीं हूँ जो था और पूर्व के जीवन से पूरी तरह से विरक्ति हो गई। मैंने मान लिया कि उस रात वह एक और इंसान जो वर्षों से मुझमें शामिल था उसी गाँव में रुका था और हादसे के दौरान वह मर गया। और अगले दिन अख़बार में तमाम मरे हुए लोगों की लिस्ट में अपना नाम देखा। मैं पाप-पुण्य, दुख-दर्द सबको भूल गया और अपने लिए एक नयी जगह चुनी। यह मेरा नया जीवन है। इस शहर ने मेरा जीवन ही नहीं बल्कि सब कुछ बदल दिया।"

यह कहते हुए उस संन्यासी ने बीते पंद्रह साल की यादों में खो गया।

शाम का समय था, हल्की-हल्की बूँदाबाँदी हो रही थी। वह नयी जगह जहाँ पहुँचा, ऋषिकेश थी। कई दिनों तक इधर-उधर भटकने के पश्चात उसे इस जगह और यहाँ के महंत के बारे में पता चला था।

"अपने लिए वृद्धा आश्रम ढूँढ़ने आया हूँ।" संन्यासी ने कहा।

वह चुप रहे और बोले, "तुम तो जवान हो!"

संन्यासी ने कहा, "मैं ठीक इसी उम्र में बूढ़ा होना चाहता हूँ।"

वह संन्यासी की तरफ़ देखते हुए हँसे और फिर बोले, "आज से यह आश्रम जितना हम सबका है, उतना ही तुम्हारा।"

संन्यासी ने अपना झोला पीठ से उतारकर एक कोने में रख दिया। हिमालय की खाक छानने के बाद ऋषिकेश में यह उसका पहला दिन था। सामने गंगा बह रही थी। उसने चेहरे पर ठंडे पानी के छींटे मारे और एक पेड़ की सूखी जड़ पर बैठ गया। उसका अतीत मानो बार-बार उसका पीछा कर रहा था! बहुत सारी पूर्व की बातें याद आईं। वह उनमें खो गया।

08

मृत्यु पूर्व निर्धारित है

'सूर्य की किरणों का नदी के साथ क्या रिश्ता है यह नहीं पता लेकिन कल-कल की ये मधुर ध्वनि इस वक़्त जो सोए हुए कानों में पड़ रही है उसमें से एक बहुत ही माधुर्य संगीत फूट रहा है। ऐसा लग रहा है कि किसी और लोक की यात्रा कर रहा हूँ। इस शहर में वह सब कुछ है जो एक फ़क़ीर को चहिए। आख़िर एक घुमक्कड़ फ़क़ीर ही तो होता है?' यह सोचते हुए आश्रम की सीढ़ियों से उतरकर लड़का घाट पर पहुँच गया।

कुछ नावें मानो उसके ही इंतज़ार में ठहरी हुई थीं। लड़के ने अपनी अँजुरी में नदी को उठाकर अपनी देह पर छिड़का और नाव की तरफ़ बढ़ चला। सुबह का स्नान, ध्यान और आरती, गंगा का किनारा ऋषिकेश के लोगों के जीवन में बहुत ही गहरे तक बसा हुआ है। हर दिन की तरह प्रातः उठकर उसने भी स्नान और ध्यान किया।

संन्यासी अभी भी ध्यान में था।

लड़के ने काफ़ी वक़्त तक संन्यासी के ध्यान टूटने का इंतज़ार किया और दूसरे पहर के प्रारंभ होने से पहले अपनी यात्रा का सामान व्यवस्थित करने में बिताया और उनका ध्यान फिर भी नहीं टूटा तो वह दुबारा अपनी मंज़िल की तरफ़ बढ़ चला।

तक़रीबन तीन दिन बाद संन्यासी का ध्यान टूटा तो उसने लड़के के बारे में पूछा। संन्यासी उस लड़के को रोकना नहीं चाहता था और न ही उससे किसी तरह का सवाल-जवाब करना चाहता था लेकिन उसकी उन्हें चिंता थी। उन्होंने उसके लौटने का हर दिन इंतज़ार किया। हर दिन कुछ लम्हे उस लड़के की फ़िक्र करने में बिताए।

संन्यासी इस बात को बहुत ही अच्छी तरह से जानता था कि वह लड़का

ईश्वर में किसी तरह की आस्था नहीं रखता बावजूद इसके उसका हृदय निर्मल और पवित्र है। उसके हृदय की ये कोमलता बनी रहे उन्होंने प्रार्थना की और कहा कि उसे इस बात में भी पक्का विश्वास है कि बड़ी यात्राएँ इंसान को बदल देती हैं। उम्मीद है कि इस राह पर चलते हुए ईश्वर के प्रति उस लड़के की नाराज़गी कम होगी और वह एक दिन अपने ईश्वर को सच्चे मन से प्रेम करने वाला बच्चा साबित होगा।

कुछ दिन बाद ठीक यही हुआ।

लड़का कुछ महीनों बाद दुबारा आश्रम में लौटा तो ईश्वर के प्रति उसकी शिकायतें कम हो गई थीं। शायद वह इस बात को समझ चुका था कि उसकी नाराज़गी किसी और से नहीं बल्कि ख़ुद से है, उसकी सारी लड़ाइयाँ ख़ुद से और ख़ुद के लिए हैं।

ख़ैर, वह लौटा तो उसके कपड़े मटमैले, जूते गंदे और चेहरा धूल से पटा हुआ था। बाल पहले से ज़्यादा बड़े और घने हो गए थे। चेहरे की मासूमियत का स्थान मन की आश्वस्ति ने ले लिया था। अभी साइकिल को खड़ा भी नहीं किया था कि बिल्ली उस लड़के की बड़ी-सी जेब से कूदकर बाहर आ गई। संन्यासी ने उस बिल्ली को अपने हाथ में उठा लिया और एक बार फिर से उन दोनों के मध्य सवालों का सिलसिला शुरू हो गया।

"तुम कहाँ थे इतने दिनों तक ?" संन्यासी ने पूछा।

लड़के ने पहले तो कोई जवाब नहीं दिया कुछ देर बाद बोला, "घूम रहा था।"

"इतने दिनों तक ?" संन्यासी की आवाज़ में थोड़े आश्चर्य और थोड़े संदेह का पुट था।

लड़के ने कहा, "दिन का तो मुझे नहीं पता लेकिन अब यही मेरा जीवन है। इतने दिनों में मैंने काफ़ी कुछ देखा। नदी, पहाड़, झरने, जीव जंतु, वनस्पतियाँ, मंदिर, मठ, चर्च, मस्जिद और गुरुद्वारे तरह-तरह के जीव-जंतु और लोग। मेरा धर्म बहुत अलग है।"

संन्यासी ने कहा, "कौन-सा धर्म ? तुम किस धर्म को मानते हो ?"

लड़के ने कहा, "घुमक्कड़ को। इस धर्म का मैं बचपन से अनुयायी रहा

हूँ। हाँ, बीच में थोड़े समय के लिए भटक गया था। मगर जीवन के प्रारब्ध से ही मेरे तप, संयम और मुक्ति का मार्ग यही घुमक्कड़ी ही समझ में आती है। अब मुझे मेरा मार्ग मिल गया है।"

संन्यासी ने कहा, "मेरी बेटी का भी धर्म घुमक्कड़ी ही था। क्या पता वह तुम्हें किसी मोड़ पर भटकते हुए मिले! यदि मिले तो उसे कहना कि मैं ख़ुश हूँ। उसे बहुत याद करता हूँ। मुझे मेरी राह मिल गई है। मैंने अपना जीवन चुन लिया है।"

"और यदि वह लौटना चाहे तो?" लड़के ने पूछा।

संन्यासी ने कहा, "वह भला क्यों लौटेगी? उसका अपना जीवन होगा। अपनी यात्राएँ होगी। उससे कहना कि तुम अपना जीवन जीना और हमेशा ख़ुश रहना। लेकिन ऐसा शायद ही होगा। मैं जागती आँखों से महज़ एक सपना देख रहा हूँ। तुम्हें पाकर पता नहीं क्यों ऐसा लग रहा है कि मैं ख़ुद से मिल रहा हूँ। या फिर अपनी बेटी से मिल रहा हूँ।"

संन्यासी को समझ में आ गया था कि लड़के के मन में विरक्ति का भाव पैदा हो रहा है। फिर भी उसने लड़के के बारे में जानने की कोशिश की।

"और तुम्हारा परिवार?" संन्यासी के इस सवाल पर लड़का ठहर-सा गया। संन्यासी ने फिर पूछा, "क्या हुआ?"

"पूरी दुनिया ही मेरा कुटुम्ब है।" लड़के ने सामान्य-सा जवाब दिया।

"क्या तुम सचमुच नहीं समझ पा रहे हो कि मैं क्या जानना चाहता हूँ, या फिर मुझे मेरे ही सवालों से भटकाने की कोशिश कर रहे हो?"

"उत्तर प्रदेश के एक गाँव में मेरा घर है।" लड़के ने जवाब दिया।

"तुम वहाँ लौटना चाहते हो?" संन्यासी ने पूछा।

लड़के ने कहा, "नहीं, मैं सिर्फ़ जीवन जीना, घूमना और लिखना चाहता हूँ।"

संन्यासी ने पूछा, "यह काम तो तुम घर से भी कर सकते हो न?"

लड़के ने कहा, "घर के बाहर निकले बिना कैसे घूमा जा सकता है? यह मुझे अभी नहीं मालूम। अगर घुमक्कड़ी एक धर्म है तो इसके साधकों को साधना के लिए कभी न कभी तो निकलना ही पड़ेगा। इसमें बुराई क्या है?"

संन्यासी ने कहा, "बात अच्छे और बुरे की नहीं है। मैं यह महज़ जिज्ञासावश पूछ रहा हूँ। तुम्हें यह जानकार हैरत होगी कि पहली बार घर से मैं छत्तीस साल की उम्र में निकला था अभी 51 का हूँ। पंद्रह साल हो गए, कभी लौट नहीं सका।"

संन्यासी की तरह ही उस लड़के को भी शायद उसकी बातों में कोई समानता दिखी। चेहरे का भाव थोड़ा-सा बदला और संन्यासी की बातों में उसने अपनी दिलचस्पी दिखाई।

(और उस अनलिखी किताब का एक और पन्ना पलट दिया।)

"मैं एक संन्यासी हूँ। जिस तरह से एक घुमक्कड़ के तौर पर तप, संयम और मुक्ति का मार्ग घुमक्कड़ी है। मेरा तप, संयम और मुक्ति का मार्ग संन्यास है। हम सब अपने-अपने धर्म का पालन कर रहे हैं लेकिन इस बीच यह भी समझने की ज़रूरत है कि कहीं ऐसा तो नहीं कि हम अपनी ज़िम्मेदारियों से भाग रहे हैं?"

"कौन-सी ज़िम्मेदारी?" लड़के ने सवाल किया।

संन्यासी ने कहा, "क्या तुम सचमुच किसी प्रकार की ज़िम्मेदारी में विश्वास नहीं रखते?"

लड़के ने कहा, "नहीं। पता नहीं। शायद, मुझे ज़िम्मेदार होना आता ही नहीं। शायद, मैं भाग रहा हूँ।"

"क्या तुम वापस लौटना चाहते हो?" संन्यासी ने पूछा।

लड़के ने कहा, "नहीं, मुझे इन ख़ाली रास्तों से प्यार है। बावजूद इसके ऐसा प्रतीत होता है कि कुछ पीछे छूट रहा है।"

"क्या तुम अपने अतीत को लेकर अभी भी परेशान हो?" संन्यासी ने पूछा।

लड़के ने कहा, "शायद। बहुत कुछ ऐसा है जिसे मैं भुला देना चाहता हूँ। लेकिन मेरी यह कोशिश मेरी सोच के विपरीत काम कर रही है।"

"तुम चाहो तो अपनी बात मुझसे साझा कर सकते हो।" संन्यासी ने कहा।

संन्यासी की बातों को टालते हुए लड़का अपनी साइकिल से सामान

उतारकर आश्रम के अंदर लाया। संन्यासी ने उसे पानी का मग पकड़ाया। चेहरा धुलने के बाद दोनों आश्रम से निकलकर लक्ष्मण घाट की तरफ़ बढ़ चले। सामने गंगा कल-कल के शोर के साथ बह रही थी। दोनों घाट पर बैठ गए।

संन्यासी ने आगे बताया कि लड़के के पास साझा करने के लिए काफ़ी कुछ था। लड़के ने अपने बचपन, दादी और प्रेमिका की मौत और उस लड़की के बारे में बताया जो उसे हर इतवार ख़त लिखा करती थी। संन्यासी ने दोनों घटनाओं पर उसके लिए दुख ज़ाहिर करते हुए अपनी संवेदना व्यक्त की और उस ख़त लिखने वाली लड़की के बारे में जानने की उत्सुकता ज़ाहिर की। भारी मन से उस लड़की के बारे में बताते हुए लड़के ने ईश्वर के प्रति अपनी नाराज़गी को ज़ाहिर किया और कहा कि काश मैं अपने मरे हुए ईश्वर को एक बार फिर से मरा हुआ घोषित कर पाता जो तीन-तीन मौतों का दोषी है।

संन्यासी ने कहा, "मृत्यु तो पूर्व निर्धारित है।"

"और जीवन?" लड़के ने पूछा।

"जीवन भी।" संन्यासी ने जवाब दिया।

"हम इंसानों के हाथ में फिर क्या है?" लड़के ने पूछा।

संन्यासी ने कहा, "बस प्रार्थना। क्या तुम प्रार्थना के बारे में जानते हो?"

"नहीं।" लड़के ने जवाब दिया।

संन्यासी ने कहा, "सिद्ध ज्ञानियों ने कहा है कि जीवन एक प्रार्थना है और प्रार्थना कभी भी और हर समय, कहीं भी और हर जगह, किसी भी कारण से और सभी कारणों से की जा सकती है। संन्यासियों की भाषा में–जब हम भगवान से बात करते हैं तो उसे प्रार्थना कहा जाता है। इसलिए, यह प्रत्येक मिनट, प्रत्येक पल की तरह ये हमारे जीवन में शामिल होनी चाहिए। प्रार्थना हमें ईश्वर के प्रति जागरूक बनाती है; यह हमें दिव्य संबंध में लाती है। यह हमारा ध्यान भौतिक दुनिया से दूर आध्यात्मिक दुनिया की तरफ़ ले जाती है। यह हमें अपने हर दिन को प्रार्थना से शुरू करने, प्रार्थना से पूरा और समाप्त करने की सीख देती है। इसलिए इसे अनिवार्य रूप से हमें करना चाहिए।

क्योंकि ईश्वर किसी एक का नहीं हम सबका है।"

"हाँ, यह उसके लिए है जिसकी आवाज़ को ईश्वर सुनता है। मुझे किसी भी प्रकार की किसी ईश्वरीय सत्ता में विश्वास नहीं। हाँ, अगर ईश्वर ज़िंदा है तो उसे ज़िंदा दिखना चाहिए।" लड़के ने कहा।

संन्यासी ने कहा, "हाँ, माना कि ईश्वर मर चुका है। लेकिन इसके बाद का क्या? क्या तुम अपनी दादी को वापस ला सकते हो? अपनी प्रेमिका को? नहीं, तुम बस उस लड़की को ढूँढ़ने की कोशिश कर सकते हो जो तुम्हें ख़त लिखती थी।"

लड़के ने कहा, "हाँ, मुझे भी कभी-कभी यही लगता है कि मेरे जीवन का सारा भटकाव उसी लड़की की देन है। लेकिन सबसे अच्छी बात यह है कि इस भटकाव में गहरा सकून है।"

लड़का देर तक नदी की उठती-गिरती तरंगों को देखता रहा। उसके पास ख़त लिखने वाली लड़की का कोई चेहरा नहीं था। बावजूद इसके उससे मिलने की चाह थी। अपने जीवन में वह कम-से-कम एक बार उससे मिलना चाहता था और उस लड़की से भी जिसका घर दो घाटियों के बीच में था। जहाँ हर रोज़ बादल उतरते थे–'अनिका था उसका नाम।'

वह लड़की जो उससे प्रेम करती थी, उसे याद करने भर से व्यथित हो उठता था उसका हृदय। जो अब इस दुनिया में नहीं रही। उसकी प्रेमिका मायरा। लड़का अब उसे भूलना चाहता है।

"मुझे जहाँ तक समझ में आता है, हमारे दुख की सारी वजह ही प्रेम है।" संन्यासी बुदबुदाया और दोनों आश्रम लौट आए।

अगली सुबह ध्यान और स्नान के बाद उस लड़के ने अपने जीवन की कुछ और गाँठें खोलीं।

लड़के ने पूछा, "क्या मैं ईश्वर को परास्त कर सकता हूँ?"

संन्यासी ने कहा, "तुम ऐसा क्यों करना चाहते हो?"

लड़के ने कहा, "कारण नहीं पता। बस मैं ऐसा करना चाहता हूँ।",

संन्यासी ने कहा, "मरे हुए ईश्वर को दोबारा मारकर तुम्हें क्या हासिल होगा? कितनी बार तो तुम उसे मार चुके हो, अब एक बार और क्यों?"

लड़के ने कहा, "कुछ नहीं, पर हर काम क्या हम कुछ हासिल करने के लिए ही करते हैं?"

संन्यासी ने कहा, "नहीं लेकिन हर काम का कोई-न-कोई निश्चित उद्‌देश्य होता है। मैं नहीं चाहता कि तुम किसी भी तरह के दुख और अपराधबोध में अपना जीवन ख़र्च कर दो। यह जीने के लिए है, तुम्हें अच्छे से अपने जीवन को जीना आना चाहिए।"

"और वह सब कुछ जो हमारे अतीत का हिस्सा रहा है?" लड़के ने पूछा।

संन्यासी ने कहा, "अतीत कितना भी ख़ूबसूरत क्यों न हो, हमेशा दुख के साथ हमारे जीवन में आता है। हम सभी किसी-न-किसी दुख के साथ ज़िंदा हैं। तुम इस दुनिया में अकेले नहीं हो जिसने जीवन में सिर्फ़ दुख ही दुख देखा हो!"

"आपका भी अतीत है? क्या वह आपके जीवन में दुख के साथ कहीं छुपा बैठा है?" लड़के ने पूछा।

संन्यासी ने कहा, "हाँ, मेरा भी। हम सभी अपने अतीत को खोकर ही यहाँ तक पहुँचे हैं। यूँ ही कोई फ़क़ीर नहीं हो जाता है, त्याग की बहुत बड़ी भावना है ये।"

"क्या संन्यासी होना घुमक्कड़ होने से अलग है?" लड़के ने पूछा।

संन्यासी ने कहा, "यह एक ही मार्ग के दो पड़ाव हैं। व्यक्ति अपने जीवन के तमाम झंझावतों से निकलने के लिए घुमक्कड़ बनता है और इन झंझावतों से पार हो चुका व्यक्ति संन्यास का मार्ग चुनता है। तुम अभी पहले पड़ाव पर हो।"

"और आप?" लड़के ने पूछा।

संन्यासी ने कहा, "मैं दूसरे।"

लड़के ने कहा, "क्या मैं उसके पीछे की कहानी जान सकता हूँ?"

"तुम क्यों यह जानना चाहते हो?" संन्यासी ने पूछा।

लड़के ने कहा, "शायद किसी राह या फिर किसी दर्शन की तलाश में हूँ।"

यह बात सुनकर संन्यासी ने अपनी कहानी और जीवन में चले आ रहे लंबे समय से अपराधबोध के बारे में बताया जिससे लड़के को एक-एक करके अपने सारे सवालों का जवाब मिलता गया, पर बात उस रात आगंतुक के ग़ायब होने पर आकर रुक गई।

लड़के ने ध्यान से उसकी तस्वीर को निहारा और फिर आश्वस्त होते हुए कहा, "यह तो वही व्यक्ति है जो पहली बार एक भिखारी और बाद में संन्यासी के रूप में मिला था, पर इस बार तो वह मुझे कुछ और ही रूप में मिला जिस पर विश्वास करना मेरे लिए काफ़ी मुश्किल रहा।"

लड़के की बात सुनकर संन्यासी सोच में डूब गया और कहा, "वह व्यक्ति अभी भी ज़िंदा है यह तुम कैसे कह सकते हो?"

"क्योंकि मैं उससे मिलकर आया हूँ।" लड़के ने स्पष्ट तौर पर कहा।

संन्यासी ने कहा, "नहीं मुझे इस बात पर भरोसा नहीं।"

फिर उस लड़के ने अपनी जीवन यात्रा के बारे में बताते हुए उत्तरकाशी प्रवास के दौरान घटित उस घटना का ज़िक्र किया तो संन्यासी को लगा कि इतने सालों बाद से चली आ रही उसके जीवन की कहानी को एक बहुत ही ख़ूबसूरत और सकून भरा अंत मिल गया।

लड़के ने बताया कि वह कालसी में तीन दिन तक रहा। यमुना का दर्शन किया और उसी के तीरे-तीरे आगे बढ़ने लगा। कुछ दूर चलने के पश्चात उसे एक बुज़ुर्ग ने बताया कि यह बहुत ही कम लोगों को पता है कि देहरादून ज़िले में भी हरिद्वार कभी एक बहुत विराट और भव्य नगर हुआ करता था जो समय के गर्त में कहीं खो गया।

लड़के ने उनसे पूछा, "क्या आप हरिपुर की बात कर रहे हैं?"

बुज़ुर्ग ने कहा, "हाँ, हरिद्वार और हरिपुर दोनों ही नामों में कितनी समानता है न? क्योंकि दोनों ही जगहों का संबंध देश की दो ख़ूबसूरत और जीवनदायिनी नदियों से है। कहते हैं कि यह जगह कभी दुनिया के नक़्शे पर बहुत बड़े धार्मिक केंद्र के रूप में विख्यात थी। लेकिन अब वहाँ गुज़रे हुए समय की निशानियों के अलावा कुछ भी नहीं। बावजूद इसके तुम्हें उस समय में प्रवेश करने की कोशिश करनी चाहिए जो सदियों पहले इस जगह से होकर

गुज़र गया और फिर कभी नहीं लौट सका। तुम्हें यमुना माता के उस खोए हुए मंदिर को ढूँढ़ना चाहिए जो समय के गर्भ में आज भी कहीं खोया हुआ है।

"क्या तुम्हें पता है कि इस जगह पर यमराज और शनि की पूजा की जाती थी? मृत्यु के भय से बचने के लिए लोग देश के कोने-कोने से आते थे और यमराज की बहन पवित्र यमुना में बहुत ही श्रद्धा के साथ डुबकी लगाते थे। देवी यमुना का दर्शन करने और नहाने के बाद ही लोग आगे यमुनोत्री दर्शन को जाते थे। परंतु यमुना में आई एक भयंकर बाढ़ में सब कुछ तहस-नहस हो गया। भूस्खलन के बाद पूरा नगर मिट्टी में दब गया और धीरे-धीरे इस नगर को भुला दिया गया।"

मैंने उनसे कहा, "यह सब मुझे आप क्यों बता रहे हैं?"

बुज़ुर्ग ने कहा, "एक खोए हुए शहर को ढूँढ़ने आए हो कम-से-कम कुछ प्रश्न लेकर तो जाओ।"

इतना कहकर वह बुज़ुर्ग वहाँ से चला गया।

लड़के ने संन्यासी को इसके आगे की बात बतानी शुरू की।

"बुज़ुर्ग के जाने के बाद मैं कुछ देर के लिए शांत बैठ गया। अब मेरा अगला पड़ाव यमुना का उद्गम था। कई दिनों की पैदल यात्रा के बाद मैं यमुनोत्री पहुँचा। वहाँ पर एक बहुत ही भ्रामक स्थिति उत्पन्न हो गई थी। मेरी एक युवक से मुलाक़ात हुई जिसका चेहरा बिलकुल उस बुज़ुर्ग से मिल रहा था। मैंने उस युवक से कहा कि मैं तुमसे पहले मिल चुका हूँ। दरअसल, यह वही व्यक्ति था जो मुझसे हरिद्वार में पहले एक भिखारी के रूप में मिला था और फिर हरिपुर में बुज़ुर्ग के भेष में और अब वही व्यक्ति एक अलग रूप में मिल रहा था। न जाने उस एक इंसान के कितने रूप थे!"

इतना कहकर लड़का चुप हो गया। संन्यासी ने भी उससे कुछ नहीं पूछा।

09

बूढ़ा मुसाफ़िर

संन्यासी को लड़के की बात पर पूरा भरोसा था। लेकिन वह बस इस बात को नहीं समझ पा रहा था कि यह सब वह तभी क्यों नहीं समझ पाया जब घटित हुआ और अब 15 साल बाद इन सबका क्या अर्थ है?

लड़का संन्यासी को आगे की बात बताने लगा।

मुझे वह दिन के पहले पहर में एक साधु के वेश में मिला था। हम दोनों ने एक साथ चाय पी थी। बहुत देर तक पैदल चले थे। रात का खाना साथ खाया था। फिर अँधेरे रास्तों पर सुनसान सड़क पर चलते हुए बातें कर रहे थे। कुछ देर तक वह अपने घर-परिवार और बीवी-बच्चों के बारे में बताया। फिर गाँव और खेत-खलिहान के बारे में बताता रहा, पर अपना ज़िक्र नहीं किया। मुझे उसके बारे में जानने की उत्सुकता पैदा हुई। मैंने उससे कहा, "तुम अपने बारे में कुछ बताओ।"

मेरा सवाल सुनकर वह थोड़ी देर तक शांत रहा। फिर बोला, "मैंने तीन हत्याएँ की है।"

मैं उसकी बात सुनकर पहले हतप्रभ हुआ। फिर ज़ोर से हँसा। मैंने सोचा कि वह भी थोड़ी देर बाद मेरी तरह ज़ोर से हँसेगा और कहेगा कि वह मज़ाक़ कर रहा है, परंतु ऐसा हुआ नहीं।

कुछ अंदर मानो अटक-सा गया हो। वह देर तक शांत ही रहा। हम दोनों तक़रीबन चार घंटे तक साथ बैठे रहे। कोई बात हमारे बीच नहीं हुई। हम दोनों वापस अपने-अपने कमरे में पहुँचकर सो गए। अगली सुबह जब वह जाने लगा तो मैंने बस इतना पूछा, "तुमने ऐसा कैसे किया?"

उसने कहा, "क्या एक और दिन हम साथ घूम सकते हैं?"

दिमाग़ की त्वरित प्रतिक्रिया नहीं थी। हृदय हाँ कह रहा था। मैंने ख़ुद को

थोड़ी देर के लिए संयमित किया। बोला, “हाँ क्यों नहीं।”

फिर पहले दिन की ही तरह हम दोनों ने चाय पी, बहुत देर तक पैदल चलते रहे, रात का खाना भी साथ खाया। परंतु उस चुप्पी को नहीं तोड़ पाए जो पिछली रात गले में अटक गई थी। हम दोबारा उसी सुनसान रास्ते पर बढ़ रहे थे जिस पर उस रात निकले थे। वह जगह आई तो वह रुक गया। बोला, “अपनी अधूरी बातों को ख़त्म या पूरा करने के लिए हर बार उसी जगह पर लौटना होता है, जहाँ बातें छूटी होती हैं। ऐसा करने से बातचीत को आगे बढ़ाने का एक सिरा मिल जाता है।”

मैंने कहा, “ऐसा ज़रूरी नहीं है।”

उसने पूछा, “क्या यह वही जगह है जहाँ हम दोनों कल बैठे हुए थे?”

मैंने ऊपर से नीचे की तरफ़ बहती यमुना मइया की अविरल धारा को देखा और हामी भर दी। तब मेरी आवाज़ में आश्वस्ति थी।

“तुम इतने विश्वास के साथ कैसे कह सकते हो कि यह वही जगह है जहाँ हम कल बैठे थे?” ठीक उसी जगह पर बैठते हुए उसने पूछा।

मैंने कहा, “मुझे अपनी स्मृतियों पर भरोसा है।”

“और पैरों पर भी?” उसने फ़ौरन पूछा।

मैंने कहा, “हाँ, स्मृतियों से भी ज़्यादा। ये अँधेरे में भी देख सकते हैं।”

“तुमने चलना कब सीखा?” उसने फिर सवाल किया।

मैंने कहा, “नहीं पता।”

उसने कहा, “मैंने कुछ महीने पहले ही सीखा है। तक़रीबन छह महीने पहले जब पहली बार त्याग की भावना ने मुझमें जन्म लिया। मेरे पैर अभी इतने अभ्यस्त नहीं जो अँधेरे में भी देख सकें। यह अभी भी कच्चे रास्तों पर लड़खड़ा जाते हैं। यह अभी अपने किशोरावस्था में हैं और मेरी देह के भार को सँभालना सीख रहे हैं। कुछ दिनों से मैंने यह भी महसूस किया है कि पैरों पर देह का भार कम हुआ है। यह अब पहले की तरह थकते नहीं, न ही अब मेरी साँस फूलती है। शायद, आत्मा भी मज़बूत हुई है।”

मैंने अपने आपको टटोला, “इस तरह से देखा जाए तो मैंने अभी दो दिन पहले ही चलना सीखा है?”

उसने कोई जवाब नहीं दिया।

उत्तरकाशी में मेरा वह तीसरा दिन था, इससे पहले मैं कभी इस तरह घुमक्कड़ी की नीयत से कहीं नहीं गया जिसमें त्याग और तप शामिल हो। लेकिन बात यहीं नहीं ख़त्म हो जाती, इसका दूसरा एक और पहलू है। क्योंकि घूम तो मैं बचपन से ही रहा हूँ, परंतु बोध बहुत ही सूक्ष्म टुकड़ों में हुआ है। इतना सूक्ष्म कि ज़्यादातर बार महसूस ही नहीं कर पाया।

"आख़िर इंसान चलना कब सीखता है?" मैंने उसकी ही बात को आगे बढ़ाना चाहा।

उसने कहा, "जब त्याग की भावना आ जाती है, जब हम अपना सब कुछ छोड़ने के लिए ख़ुद को तैयार कर लेते हैं।"

"क्या यह हत्याएँ करने से आती है?" मेरी आवाज़ में एक शालीन उपहास था।

इस सवाल के जवाब में उसने सिर्फ़ 'नहीं' कहा।

मैंने कहा, "क्या यह कोई आत्मिक प्रक्रिया है?"

उसने कहा, "हाँ, क्योंकि यहाँ दैहिक कुछ नहीं। मैंने अभी-अभी तो तुम्हें बताया कि मेरे पैरों पर देह का भार कम हुआ है। देह बहुत हल्की हो गई है। इतनी हल्की कि कभी भी आत्मा इसका त्याग कर सकती है।"

उस युवक की बातें मुझको थोड़ी अजीब लगीं। मैंने पूछा, "क्या तुम मरने की बात कर रहे हो?"

उसने कहा, "मरने की नहीं मुक्ति की।"

"यह मुक्ति मौत से अलग कैसे है?" मैंने सवाल किया।

उसने कहा, "क्योंकि मौत में इंसान को शरीर का त्याग करना पड़ता है। मुक्ति के संदर्भ में यह ज़रूरी नहीं है। ज़िंदा इंसान भी मुक्ति का मार्ग चुन सकता है।"

अब उसकी बातें लड़के को कुछ हद तक प्रभावी लगने लगी थीं। वह किसी महात्मा की तरह ज्ञान और आत्मज्ञान की बातें कर रहा था। उस समय उसकी अंदर तक धँसी हुई आँखों में एक ग़ज़ब की रौशनी थी। लड़के ने उसके चेहरे को देखा और पूछा, "तुम्हारी उम्र क्या है?"

"एक सौ चार वर्ष।" उसने जवाब दिया।

मैंने कहा, "क्या तुम मरने वाले हो?"

मेरी बात सुनकर वह हँसा। कहा, "नहीं, पर तुम ऐसा क्यों कह रहे हो?"

मैंने कहा, "मेरी दादी एक सौ चार वर्ष की थी। अब वह इस दुनिया में नहीं रही। उन्हें मरे पंद्रह साल हो गए।"

"और तुम्हारे ईश्वर को?" उसने फ़ौरन पूछा।

उसका यह सवाल सुनकर लड़का चौंका। सचमुच उसके इस अप्रत्याशित सवाल ने लड़के को आश्चर्यचकित कर दिया। वह अंदर तक हिल-सा गया। यह तो बहुत ही निजी और आंतरिक बात है जो उस लड़के के अलावा और किसी को नहीं मालूम थी कि वह अपने ईश्वर को मार चुका है। हाँ सिर्फ़ उस संन्यासी को उसने बताया था।

वह कुछ देर तक लड़के की तरफ़ देखता रहा। शायद, उसे अभी भी जवाब का इंतज़ार था। लड़का अपनी स्मृति से वापस आया तो संन्यासी ने उसके कंधे पर हाथ रखकर तसल्ली दी।

लड़के ने संन्यासी से कहा, "मेरे पास उसे जवाब देने के लिए कोई शब्द ही नहीं बचा था। मैं पूरी तरह से भाव शून्य होकर उसके सामने खड़ा था। मुझे आज तक सिर्फ़ यही लगता रहा था कि दादी और मेरे अलावा ईश्वर की मौत का कोई और गवाह नहीं है।"

संन्यासी ने उसे आगे की बात बताने के लिए कहा। लड़का बताने लगा।

"ईश्वर की कोई उम्र नहीं होती।" लड़के ने पूरे संयम के साथ कहा।

उसने कहा, "नहीं, यह सही नहीं है। क्या तुम यह मानते हो कि हम सभी का अपना अलग-अलग ईश्वर होता है?"

लड़के ने कहा, "हाँ।"

"यदि ऐसा है तो तुम्हें समझना चाहिए कि तुम्हारा ईश्वर बिलकुल तुम्हारी उम्र का होगा या फिर तुमसे भी छोटा। जानते हो क्यों? क्योंकि हम सबने अपने-अपने दिलों में अपने-अपने ईश्वर को ख़ुद ही पैदा किया है। मेरा ईश्वर मेरी उम्र का है। हम अपने ईश्वर को ख़ुद पैदा करते ख़ुद ही मार देते हैं। हर हत्या से पहले मैंने भी कुछ ऐसा ही किया। अपने हृदय में एक ईश्वर पैदा

किया और फिर मार दिया। इस तरह से मैंने कुल तीन हत्याएँ की और तीन बार अपने ईश्वर को मारा। मुझे इस बात का अफ़सोस है लेकिन मैं किसी अपराधबोध में नहीं हूँ।" उसने बताया।

"क्या हर मौत तुम्हें नहीं मारती?" लड़के ने धीरे से पूछा।

उसने कहा, "नहीं।"

"क्यों?" लड़के ने पूछा।

उसने कहा, "क्योंकि एक ही बार में हमारे अंदर का इंसान मर जाता है। इसे बार-बार मारने की ज़िल्लत नहीं उठानी पड़ती।

लड़के ने कहा, "और ईश्वर?"

वह हँसा और बोला, "इस बात को तुमसे बेहतर भला कौन जानता होगा? तुमने भी तो अपने ईश्वर को कितनी बार मारा है!"

लड़के ने उससे कहा, "तुम एक पापी और हत्यारे हो।"

उसने कहा, "देखा जाए तो तुम मुझसे भी बड़े हत्यारे हो। तुमने बचपन में ही अपने ईश्वर को मार दिया। तुमने अपनी आस्था को ख़त्म कर दिया। तुम्हारा हृदय मुझसे भी ज़्यादा सूखा और वीरान है।" इतना कहकर वह एक बार फिर से मुझ पर हँसा। हँसी बंद हुई तो बोला, "हत्या तो हत्या ही है, फिर तुम चाहे इंसान को मारो या फिर ईश्वर को।"

"बावजूद इसके तुम्हें अफ़सोस होना चाहिए।" लड़के ने कहा।

उसने कहा, "अगर तुम ईश्वर को मारकर अफ़सोस नहीं कर सकते तो मैं इंसानों को मारकर अफ़सोस क्यों करूँ?"

मैंने कहा, "क्योंकि यह मौत भौतिक है।"

"हा हा हा।" वह ज़ोर-ज़ोर से हँसने लगा।

थोड़ी देर बाद उसने कहा, "दर्द, आह और कराह तुम्हें विचलित करती है। मौत सवाल नहीं है तुम्हारे लिए, पीड़ा को तुम केंद्र में रखकर बात कर रहे हो। तुम जानना चाहोगे कि पीड़ा क्या होती है? इसके कितने रूप, कितने आयाम होते हैं? तुम कभी नहीं सुन सकोगे। तुम अभी बच्चे हो और जीवन जीना सीख रहे हो। मैंने एक लंबी उम्र जी है। यदि तुम किसी को सिर्फ़ मार देने को ही हत्या मान रहे हो तो यह सही नहीं। कई बार नहीं बचा पाने का

अपराधबोध भी हत्या जितना भारी हो जाता है।"

"वह कैसे?" लड़के ने सवाल किया।

उसने कहा, "कई ऐसे मौक़े जब मैं किसी मरते हुए इंसान को बचा सकता था, पर मुझसे नहीं हुआ। मैंने अपना हृदय पत्थर कर लिया और लोगों को मरते देखता रहा। मैं उनकी हत्या के लिए उनको नहीं जो मार रहे थे, ख़ुद को हत्यारा मानता हूँ। मैं उन्हें बचा सकता था। मेरी एक आवाज़, एक चीख़ उनको ज़िंदा रख सकती थी लेकिन मैंने ऐसा नहीं किया। इसलिए, मुझे अभी तक यही लगता है कि दोषी हूँ।"

लड़का इतना कहकर चुप हो गया और कुछ देर तक चुप रहा। संन्यासी बहुत ही ध्यान से लड़के की बात सुन रहा था। कुछ देर बाद लड़के ने संन्यासी से पूछा, "क्या आपका अपराधबोध इस तरह का है? क्या आप भी किसी को नहीं बचा पाने के दुख को जी रहे हैं? या फिर सब कुछ एक संदेह अथवा भ्रम तक ही सीमित है?"

संन्यासी ने कहा, "नहीं मालूम। शायद वह एक मानसिक स्थिति थी, किसी प्रकार का अपराधबोध नहीं। क्योंकि मैं चाहकर भी उसे नहीं बचा सकता था। किसी के मन की थाह भला और कोई कैसे लगा सकता है? वह एक अजनबी था जिसे मेरे यहाँ एक दिन का ठिकाना चाहिए था। इसके इतर उसकी ज़िंदगी में क्या चल रहा है मुझे इस बात का तनिक भी अंदाज़ा नहीं था।"

"शायद, उसे अंदाज़ा रहा होगा इस बात का।" लड़के ने कहा।

संन्यासी ने कोई जवाब नहीं दिया। फिर लड़के ने उस अजनबी युवक के बारे में आगे बताना शुरू किया।

युवक ने मुझसे कहा, "तुम्हें मुझमें दिलचस्पी क्यों है? अगर मैं सही हूँ तो इसलिए क्योंकि तुम यह जानना चाहते हो कि मैंने हत्या क्यों की? तुम्हें समझना होगा कि हम इंसान की दिलचस्पी चरित्रों और कहानियों में होती है, अंकों में नहीं। मैंने एक को मारा, दो को मारा या फिर दस-बीस लोगों को मारा। किसे फ़र्क़ पड़ता है? यह संख्या दो, चार, दस, बीस से बढ़कर सौ-दो सौ भी हो जाए तो इससे उन लोगों को क्या फ़र्क़ पड़ता है जो इन्हें नहीं जानते

हैं? हाँ, इनमें से अगर हम किसी एक के बारे में भी जानते हैं तो फ़र्क़ पड़ता है। क्योंकि वह हमारे लिए चरित्र है, वह बोल सकता है, बातें कर सकता है, हमारे ज़हन में उसकी कुछ कहानियाँ हैं, वह नहीं होते हुए भी अपने नहीं होने के ग़म को हम पर छोड़ जाता है। हम उसकी चीख़, उसकी चिंघाड़, उसके दर्द को नहीं बर्दाश्त कर पाते। हम इंसान होने की बात करते हैं लेकिन हमारी संवेदनाएँ बहुत ही सीमित और व्यक्ति केंद्रित होती हैं। हम सभी के बारे में एक जैसा नहीं सोच पाते। हम अपने-अपने हिसाब से अपनी-अपनी प्राथमिकता तय करते हैं।"

लड़के ने उसकी बातें ध्यान से सुनने के बाद कहा, "ऐसा नहीं है। मुझे अगर तुम्हारी कहानियों में दिलचस्पी होती तो यह जानना चाहता कि क्यों किया? मेरा सवाल अभी भी वही है कि कैसे किया?"

इस सवाल पर वह हँसा, फिर कुछ देर तक शांत रहा। थोड़ी देर बाद बोला, "अपने हृदय में एक ईश्वर पैदा किया और फिर मार दिया। मैंने तीन हत्याएँ की और तीन बार अपने ईश्वर को पैदा किया और मारा। मेरी आत्मा क़ब्रिस्तान बन चुकी थी इसलिए उसी रात घर से भाग आया जिसके पीछे एक बहुत बड़ी कहानी है।"

लड़के ने पूछा, "क्या तुम पुलिस के डर से भाग रहे हो कि पकड़े न जाओ?"

उसने कहा, "नहीं, मैं भाग नहीं रहा यात्रा कर रहा हूँ।"

लड़के ने कहा, "यात्रा नहीं कर रहे, तुम भाग रहे। कम-से-कम ख़ुद से सच बोलना सीखो।"

उसने अपने आपको टटोला फिर बोला, "सचमुच, भाग ही तो रहा हूँ। नहीं पीछा कर रहा हूँ। पीछा करना भी एक तरह का भागना ही होता है?"

इस सवाल पर लड़के ने बहुत ही स्थिरता से उसकी तरफ़ देखा।

उसने कहा, "हाँ, तो तुम पुलिस से पकड़े जाने के डर की बात कर रहे थे? एक बात तुम्हें समझना चाहिए कि डर किसी और का नहीं हमेशा अपना अथवा ख़ुद का दिया हुआ होता है। तीन हत्याओं के बाद मैं ख़ुद से डर गया। यह डर मुझे अपराधबोध तक के प्रलोभन तक ले गया।"

इतना कहकर अजनबी युवक रुक गया। तभी लड़के की स्मृति टूटी जब संन्यासी बीच में बोला।

"यह तो बिलकुल तुम्हारी वाली स्थिति थी।"

लड़का बोला, "मुझे भी पहले लगा कि वह मेरी ही कहानी को दोहरा रहा है। मैंने भी तो कुछ ऐसा ही अपने ईश्वर के साथ किया था। मुझे अपने ईश्वर के विरुद्ध किए गए बर्ताव पर अफ़सोस हुआ। एक पल को लगा जैसे मैं कोई हत्यारा हूँ, जैसे कि मैंने सचमुच कोई बहुत बड़ा पाप किया है! मैंने उस युवक के सामने अफ़सोस ज़ाहिर किया कि मुझे अपने ईश्वर के प्रति इस तरह के बर्ताव से बचना चाहिए था लेकिन उन घटनाओं का क्या जो सवाल खड़े करती हैं? आख़िर ईश्वर को अपनी जवाबदेही तो तय करनी चाहिए।"

युवक ने कहा, "तुम किस ईश्वर और किस तरह की जवाबदेही की बात कर रहे हो। मैं अब पाप और पुण्य दोनों से ऊपर उठ चुका हूँ। तुम बस ये याद रखो कि इस संसार में तुम्हारा कोई ईश्वर नहीं है। ईश्वर का होना किसी दूसरे लोक की बात होगी जहाँ हम इंसान नहीं पहुँच सकते। इसलिए इस लोक में जहाँ हम सब हैं सिर्फ़ इसी लोक की बात होनी चाहिए। एक बात तुम याद रखो कि जिन चीज़ों तक हमारी पहुँच नहीं है वह सब हमारे लिए महज़ कहानी है।"

लड़के ने उस युवक के जीवन की कही बातों की सत्यता को समझने की कोशिश की तो पाया कि एक इंसान न जाने कितने लोगों की कहानियों को एक साथ जीता है।

स्मृति से बाहर आकर लड़का बोला, "ये कितनी अजीब बात है कि वह युवक मेरी और अपनी ख़ुद की कहानी को एक साथ जी रहा था। फिर उसके बाद क्या पता किसी और की कहानी को जीने लगा हो? उसका क्या, हम लोग भी तो अपने एक ही जीवन में न जाने कितने लोगों के जीवन और कहानियों को जीते हैं!"

संन्यासी ने कहा, "हाँ, ये सच है।"

लड़का फिर स्मृति में पहुँच गया। एक बार फिर से उस युवक ने अपने बारे में बताना शुरू किया।

"कई बार लगा कि मैं ख़ुद को पुलिस के सामने सरेंडर कर दूँ। लेकिन सवाल यह था कि कोई इस बात पर विश्वास करता कि मैंने तीन हत्याएँ की है? क्योंकि वास्तव में मैंने ऐसा किया भी नहीं था। वह तो महज़ एक बोध था। मैं इस बात को प्रूफ़ नहीं कर पाता। मेरा साधु होना कहीं-न-कहीं आड़े आता और मुझे बचा लेता। माना कि मैं इस बात को प्रूफ़ भी कर देता कि हत्या मैंने की है तो क्या मेरे साथ पुलिस न्याय कर पाती? नहीं कर पाती। ऐसे में मुझे कोई-न-कोई एक मार्ग ढूँढ़ना ही था। मैंने फक्कड़ी और घुमक्कड़ी का मार्ग चुना। पिछले चालीस सालों से मैं घूम ही तो रहा हूँ। जहाँ दिन ढला वहीं रात बिता देता हूँ। फिर अगली सुबह के साथ कोई नया रास्ता पकड़कर किसी नये पड़ाव पर निकल जाता हूँ।"

"लेकिन इसके पीछे की कहानी क्या है?" लड़के ने पूछा।

उसने कहा, "यह बाद में कभी बताऊँगा।"

लड़के ने कहा, "बाद में कब? क्या हम कभी फिर मिलने वाले हैं?"

"यदि तुम रास्ते पर हो तो ऐसे ही हिमालय की किसी घाटी में हम फिर टकराएँगे। मैं तुमसे फिर मिलूँगा।"

फिर संयोग ऐसा बना कि लड़के की हर यात्रा के दौरान कभी भौतिक तो कभी अपने सूक्ष्म रूप में वह उसके साथ-साथ भूखे-प्यासे घूमता रहा। उसकी बातें, उसकी कहानियाँ लड़के के जीवन में घुमक्कड़ धर्म और दर्शन की एक अलग दुनिया रचती रहीं।

वह कोई सामान्य युवक नहीं बल्कि एक बूढ़ा मुसाफ़िर था। अब वह कौन था? लड़के को भी नहीं पता था, पर उससे मिलकर ही वह जान पाया कि यात्रा तो हर कोई करता है, परंतु घुमक्कड़ी फक्कड़ों और घुमक्कड़ों के अलावा किसी और के बस की बात नहीं। वह एक पूरी जीवित कहानी की तरह था जिसे हर कोई पढ़ना चाहता था, पर पूरी कोई नहीं कर पाता था। वह सचमुच का हत्यारा था या यह उसका महज़ अपराधबोध था, लेकिन इंसान वह आत्मिक प्रवृत्ति का था।

लड़के ने अपने अंदर ईश्वर को पैदा करना, मारना तो पहले-सी सीख लिया था, फिर एक स्थायी जगह देना उसी से सीखा।

"क्या वह दोबारा मिला ?" संन्यासी ने लड़के से पूछा।

लड़के ने कहा, "हाँ, कई बार मिला और पूर्व की अपनी तमाम कहानियाँ भी साझा की। पर ये सब मैं आपको बाद में बताऊँगा।"

संन्यासी ने लड़के की तरफ़ देखा। लड़के की आँखों में सैकड़ों कहानियाँ दिख रही थीं।

संन्यासी ने लड़के से कहा, "ख़ैर, तुम उस इंसान से मिलने की बात कर रहे थे जिसे मैं वर्षों से ढूँढ़ता रहा हूँ। अब मुझे इस इंसान के बारे में जानने की कोई ख़ास दिलचस्पी नहीं।"

लड़के ने कहा, "हाँ, मैं उसी तरफ़ बढ़ रहा हूँ। अभी सिर्फ़ इतना बताना ज़रूरी है कि आपके जीवन में घटित घटना में जो आगंतुक था उसमें और जिस फक्कड़ी की बात मैं कर रहा हूँ उसमें एक व्यवहार बहुत ही कॉमन है। वह यह कि वह मेरे पास तीन-तीन दिन रुका पर कभी बताकर नहीं गया कि वह जा रहा है। न ही जाने के बाद कोई संदेश छोड़ा। हाँ, वह अपनी चीज़ें जैसे कि कंबल और शॉल अक्सर छोड़ जाता था। मैंने मन में सोचा कि कहीं दोनों घटनाएँ एक-दूसरे की पुनरावृत्ति तो नहीं इसलिए आपको बताना ज़रूरी लगा। कहीं हम दोनों की कहानी का पात्र एक ही तो नहीं है ?"

लड़के की बात सुनने के बाद उस संन्यासी को कुछ और कहने कि ज़रूरत नहीं महसूस हुई। संन्यासी ने उस लड़के से कहा, "एक ही इंसान एक साथ कितने लोगों के जीवन और कितने लोगों की कहानियों को जीता है।" इस कथन के साथ ही संन्यासी को वह सवाल याद आया जो लड़के ने उस अजनबी युवक से पूछा था कि क्या तुम पुलिस से पकड़े जाने के डर से भाग रहे हो ?

अजनबी युवक उस घुमंतू लड़के और संन्यासी दोनों का जीवन एक साथ जी रहा था और उन दोनों के डर को भी।

संन्यासी ने कहा, "लेकिन इस डर को ख़त्म करने का उपाय क्या है ?"

लड़के ने कहा, "यही कि एक बार तीनों एक जगह पर मिलें। अपने-अपने डर को साझा करें और उसे कहीं बहुत दूर निकाल फेंकें।"

"लेकिन क्या ये संभव है ?" संन्यासी ने पूछा।

लड़के ने कहा, "शायद हाँ, शायद नहीं भी। शायद, यही तो तय होना बाक़ी है।" ये कहकर लड़के ने एक गहरी और लंबी साँस ली।

लड़का और संन्यासी दोनों आश्रम से निकलकर एक समाधि स्थल तक गए और पहरों तक शांत बैठे रहे। उनके बीच कोई बातचीत नहीं हुई। अच्छी बात ये थी कि संन्यासी का ख़ुद को हत्यारा समझने का बोध मर गया। संन्यासी उस अपराधबोध से एक लम्हे के अंदर बाहर निकल आया जिसे वर्षों से जीता आया था।

घुमंतू लड़का उस संन्यासी के लिए मुक्ति का मार्ग बनकर आया था। अब वह किसी और दुविधा में नहीं रहना चाहता था इसलिए लड़के से उसने कहा, "क्या तुम्हारे पास उसकी कोई तस्वीर है ताकि मैं पूरी तरह से आश्वस्त हो सकूँ कि वह इंसान वही है जिसकी मौत के अपराधबोध ने मुझे यात्री बनाया।"

लड़का अपने भारी-भरकम बैकपैक की तरफ़ बढ़ा और उसमें से ख़ुद की बनाई एक पेंटिंग को निकालकर उस संन्यासी के सामने रख दिया।

"अरे! यह तो हूबहू वही है। इसकी उम्र मानो ठहर-सी गई है। यह बिलकुल वैसा ही है जैसा कि पंद्रह साल पहले था।" संन्यासी की आवाज़ में एक आश्चर्य, एक हँसी, एक उत्सुकता, एक विस्मय था। वह समझ नहीं पा रहा था कि वह हँसे या फिर दुख व्यक्त करे।

"क्या सचमुच यह ज़िंदा है?" लगभग चीख़ते हुए संन्यासी ने पूछा।

लड़का 'हाँ' कहकर मुस्कुराया। संन्यासी ने पूरी आश्वस्ति चाही और दोबारा पूछा। लड़के ने दोबारा हाँ कहा। और इतने भर से ही संन्यासी के अंदर का वर्षों से मरा हुआ इंसान एक बार फिर से ज़िंदा हो गया। वर्षों से वह ख़ुद की पीठ पर मानो किसी की लाश को ढो रहा था जिसे उठाकर उसने बाहर फेंक दिया और लड़के से कहा कि यह मृत्युलोक है, एक न एक दिन हम सबको मरना है पर हम सब मौत से न जाने क्यों इतना डरते हैं? मैं अपने इसी मौत के डर को मारना चाहता हूँ। मैं बिलकुल वैसे ही मरना चाहता हूँ जैसे पंद्रह साल पहले मेरे गुरु मरे थे।

10

दुख भी यात्रा है

इतना कुछ होने के बाद लड़का आश्वस्त हो गया था। शायद, उसने भी संन्यासी की ही तरह मृत्यु को जीत लिया था। उसने अपनी दादी और प्रेमिका की मौत को स्वीकार कर लिया और अपने जीवन से प्रेम करने लगा था। एक सुबह जब वह गंगा के किनारे टहल रहा था तो संन्यासी ने उससे कहा भी कि अब वह काशी की एक यात्रा करना चाहता है। मणिकर्णिका की आग देखने की उसकी प्रबल इच्छा है।

लड़के ने संन्यासी के चेहरे पर एक नज़र डाली तो ऐसा लगा कि संन्यासी 51 की उम्र से ज़िंदगी के कई पायदान नीचे उतरकर वो दोबारा अपनी 36 की उम्र में लौट आया है। फिर अचानक 104 यानी कि उस बूढ़े मुसाफ़िर और उसकी दादी की उम्र को पार कर गया जहाँ से जीवन का एक और पन्ना खुलना था। लड़के को कुछ समझ नहीं आया, पर अब उसका मन बहुत शांत था। मौत से संबंधित अब उसके मन के सारे सवाल मर चुके थे। अब वह जीवन के बारे सोच पा रहा था।

संन्यासी ने लड़के से कहा, “हर इंसान के जीवन में कोई-न-कोई दुख होता है। मैं अब अपने जीवन के सबसे बड़े दुख से बरी हो गया हूँ। वह अपराधबोध जो पंद्रह सालों से परस्पर चल रहा था उसकी कोई ठोस ज़मीन नहीं बची और देखते-ही-देखते मेरे सारे दुख धराशाई हो गए।”

लड़का ध्यान से संन्यासी की बात सुनता रहा। संन्यासी ने थोड़ा दुख भी ज़ाहिर किया कि 15 साल तक उसने ख़ुद को उस अपराध की सज़ा दी जिसे किया ही नहीं। लेकिन यह भी एक सच है कि दुख ही दुख को माजता है। संन्यासी के जीवन के तमाम शुरुआती दुखों को इस भारी-भरकम दुख ने हर दिन माजने का काम किया।

"यह मेरे जीवन का सबसे सुखद मोड़ है।" कहते हुए उसकी आँखें डबडबाईं। यह दुख के नहीं ख़ुशी के आँसू थे। संन्यासी ने उस घुमंतू लड़के के कंधे पर हाथ रखकर बार-बार शुक्रिया कहा। वैसे तो उस लड़के को यहाँ आए कुछ दिन ही हुए थे लेकिन उसके यहाँ होने का आभास वर्षों का था।

संन्यासी ने कहा, "मेरे बच्चे, यह दुख भी एक तरह की यात्रा है।"

संन्यासी सच्चे अर्थों में लड़के को पसंद करने लगा था। वह चाहता था कि वह लड़का उसके पास ही रहे ताकि वह ख़ुशी-ख़ुशी मर सके। वह बिलकुल वैसी ही मृत्यु चाहता था जैसे कि उस रात उसके गुरु की हुई थी– आश्वस्ति की मृत्यु, पर यह शायद हर किसी को नहीं मिलती। ...और अभी उसकी उम्र भी क्या थी!

लड़के ने कहा, "अभी और भी आपको जीना है, एक आदर्शपूर्ण और पश्चात्ताप रहित जीवन बाक़ी है।"

संन्यासी लड़के की बात सुनकर मुस्कुराया और कुछ दिन बाद सचमुच काशी के लिए निकल गया।

लड़का आश्रम में अकेला रह गया।

पौराणिक नगर काशी को दुनिया के सबसे पुराने नगरों में से एक माना जाता है। यह प्राचीन नगर गंगा के उत्तर तट पर वरुणा और असी नदियों के गंगा-संगमों के बीच बसा हुआ है। इस स्थान पर गंगा ने प्राय: चार मील का दक्षिण से उत्तर की ओर घुमाव लिया है और इसी घुमाव के ऊपर यह नगर स्थित है।

विश्व के सर्वाधिक प्राचीन ग्रंथ ऋग्वेद में काशी का उल्लेख मिलता है। बताया जाता है कि पहले यह भगवान विष्णु की पुरी थी। एक कथा है कि जब भगवान शंकर ने क्रुद्ध होकर ब्रह्माजी का पाँचवाँ सिर काट दिया, तो वह उनके करतल से चिपक गया। बारह वर्षों तक अनेक तीर्थों में भ्रमण करने पर भी वह सिर उनसे अलग नहीं हुआ। किंतु जैसे ही उन्होंने काशी की सीमा में प्रवेश किया, वह कपाल अलग हो गया।

यह घटना जहाँ घटी, वह स्थान कपालमोचन-तीर्थ कहलाया। महादेव को काशी इतनी अच्छी लगी कि उन्होंने इस पावन पुरी को विष्णुजी से अपने

नित्य आवास के लिए माँग लिया। तब से काशी उनका निवास-स्थान बन गया। वर्तमान में यह शिव की नगरी है और लोग इस जगह पर मुक्ति के लिए जाते हैं।

संन्यासी भी जीवन से मुक्ति की इच्छा रखता था इसलिए कुछ दिनों तक काशी में ही रहा और फिर एक दिन उसे समझ में आया कि मुक्ति नहीं उसे निर्वाण चाहिए। वही निर्वाण जो गौतम बुद्ध को प्राप्त हुआ था। वह काशी से वापस ऋषिकेश लौट आया। वापस आने के बाद संन्यासी का ज़्यादातर समय ध्यान में बीतता। वह लोगों से बहुत कम मिलता, कम बातें करता, कभी-कभी अपनी बेटी को याद करता, बाक़ी दिन पूजा-पाठ और ध्यान। इस तरह से कई महीने बीत गए।

एक दिन उसने उस लड़के के सामने समाधि लेने की इच्छा ज़ाहिर की और ध्यान में लीन हो गया।

कुछ महीने बाद सर्दियों का मौसम शुरू हुआ। पहाड़ों पर बर्फ़ गिरने लगी। नदी में जल का बहाव कम होने लगा। एक शाम एक आगंतुक ने आश्रम में प्रवेश किया। वह बिलकुल बूढ़ा हो चुका था। उसका शरीर पूरी तरह से कमज़ोर और जर्जर दिख रहा था। ठंड की वजह से वह काँप रहा था।

वह सीधे संन्यासी के पास गया और अपनी लड़खड़ाती हुई ज़बान में उसे बताया, "कुछ साल पहले तुम्हारे घर में मेरा कंबल रह गया था। मैं उसी को लेने आया हूँ।"

इस आवाज़ से एक लम्हे के अंदर पूरा दृश्य ही बदल गया। वास्तव में यह वही व्यक्ति था जो 15 साल पहले संन्यासी के घर में रुका था और बिना बताए ही कहीं चला गया था। इसी के मृत्यु के अपराधबोध में उसने अपना पूरा जीवन बिता दिया था।

संन्यासी के मन में उस आगंतुक को लेकर कई सवाल थे। लेकिन उसने सिर्फ़ एक सवाल पूछा, "अब तक आप कहाँ थे?"

"यात्रा में। हम सब अपनी-अपनी यात्रा में ही तो हैं? तुम भी तो एक यात्रा में हो? और वह लड़का जिसे मैंने तुम्हारे पास भेजा था वह भी तो एक यात्री ही है?"

"वह लड़का?" संन्यासी ने प्रश्नवाचक मुद्रा में उस आगंतुक की तरफ़ देखा।

आगंतुक ने कहा, "आज भी मुझे एक रात का ठिकाना चाहिए, पर इस बार अगर बिना बताए चला जाऊँ तो ढूँढ़ना मत। मेरे जाने को नियति का बदा मान लेना।"

संन्यासी ने उस आगंतुक को वह कंबल लौटाया और उससे पूछा, "आप कौन हो?"

उसने कहा, "ईश्वर। तुमको और उस लड़के दोनों को ज़िंदा करने के लिए आया हूँ। माँग लो जो माँगना है।"

संन्यासी ने उस लड़के के लिए जीवन और अपने लिए मृत्यु माँगा। संन्यासी की बात सुनकर आगंतुक हँसा। संन्यासी को नहीं पता था कि यह उस आगंतुक के जीवन की आख़िरी रात थी। उसने उसे खाना खिलाया, सोने को बिस्तर दिया और देर तक दोनों बातें करते रहे। फिर कुछ देर बाद दोनों को ही नींद आ गई।

सुबह हुई तो संन्यासी ने नित्य की तरह उठकर चिड़ियों को दाना डाला और अपने स्नान-ध्यान में लग गया और सूर्य के सिर पर चढ़ आने तक जब वह आगंतुक नहीं उठा तो उसके कमरे में गया और पाया कि आगंतुक किसी और दुनिया में प्रस्थान कर चुका था। उसके कंधे को झकझोरकर उसने देखा और जब कोई हरकत नहीं महसूस हुई तो अपनी जगह पर बर्फ़ की तरह जम गया और उसके मुँह से सिर्फ़ इतना निकला– "ईश्वर मर चुका है!"

तभी अचानक वह लड़का दौड़ा-दौड़ा संन्यासी के पास आया और देखा कि मरने के उपरांत उस आगंतुक की स्थिति बिलकुल वैसी ही थी जैसा कि उसकी दादी की थी। इस घटना के बाद लड़के और संन्यासी के मध्य जीवन-मरण को लेकर एक भी सवाल नहीं रह गया। दोनों के सारे सवालों का अंत हो गया। संन्यासी ने लड़के से अपने कहे आख़िरी वाक्य में सिर्फ़ इतना कहा, "जीवन संशय है, संदेह है, प्रेम और डर है; केवल मृत्यु ही आश्वस्ति है। मैं भी अब बस आश्वस्ति चाहता हूँ।" इतना कहकर संन्यासी बिलकुल मौन हो गया।

वह अब बहुत कम बात करता। एकदम चुप होकर बस देखता रहता। धीरे-धीरे उसका लड़के के साथ संवाद कम होता गया। लड़के को लगा कि अब तो उसे अपने बहुत सारे सवालों का जवाब मिल गया है। बहुत ही शांत मन से उसने अपनी दादी और प्रेमिका को आसमान की तरफ़ देखते हुए उन्हें याद किया।

मौत अब उसके लिए दुख का विषय नहीं रह गया था। फिर भी वह अपनी यात्राओं को इस मोड़ पर आकर अधूरा नहीं छोड़ सकता था।

एक चेहरा अभी भी उसके बचपन की स्मृतियों में था। कुछ दिन और बीते तो उसने संन्यासी के सामने वापस लौटने की एक सहज इच्छा व्यक्त की। लड़के के जाने की बात सुनकर संन्यासी थोड़ा भावुक हुआ और उसकी आँखों में एक बार फिर से अपनी बेटी का चेहरा उतर आया।

संन्यासी ने कहा, "कहाँ जाओगे? अब यही आश्रम ही तुम्हारा घर है।"

लड़के ने संन्यासी को आश्वस्त किया, "मैं इस बार जल्दी लौट आऊँगा।"

"और तलाश?"

"बस उस लड़की तक पहुँचकर ख़त्म हो जाएगी। मेरा आख़िरी ध्येय उस तक पहुँचना है। जिसका घर एक घाटी में दो पहाड़ियों के बीच स्थित हैं, जहाँ पर बादल उतरते हैं।"

लड़के की बात सुन संन्यासी मुस्कुराया। उसे लगा कि वह लड़का अपनी किसी वर्षों पुरानी कहानी में एक बार फिर से लौटने की कोशिश कर रहा है। क्या पता कि उसे जाने-अनजाने वह रास्ता मिल जाए जो उसकी अपनी बेटी तक पहुँचता है। आख़िर दोनों का ही नाम और जीवन एक ही तरह का तो था इसलिए इस बात की संभावना कहीं-न-कहीं प्रबल होती जान पड़ी।

"तुम्हारी अनलिखी किताब? अधूरी यात्राएँ? और आगे का जीवन?" संन्यासी के मन में उस लड़के से जुड़े ऐसे कई तरह के सवाल उठे लेकिन उसने कुछ नहीं पूछा।

वह लड़का जहाँ से आया था दोबारा वहीं लौट गया। या फिर कहीं और? ये तो किसी को भी नहीं पता। वह एक बंजारा था, जन्मजात घुमंतू।

इसलिए संन्यासी ने भी दुबारा यह नहीं पूछा कि कहाँ जाओगे। लेकिन जाते-जाते संन्यासी ने उससे अब तक का सबसे ज़रूरी सवाल पूछना नहीं भूला। उसने पूछा, "क्या तुम्हें ईश्वर ने मेरे पास भेजा था?"

लड़के ने कहा, "नहीं, वह सचमुच मर चुका है। मैं उस मरे हुए ईश्वर को अब कभी याद नहीं करना चाहता।"

इतना कहकर वह लड़का साइकिल पर बैठा और अपनी बिल्ली के साथ देखते-ही-देखते तेज़ी से आगे बढ़ गया। और फिर थोड़ी ही देर में दूर कहीं जाकर पहाड़ी रास्तों पर ओझल हो गया।

लड़का अपने तमाम सवालों के साथ संन्यासी के लिए मुक्ति का मार्ग प्रशस्त कराने के लिए आया था और उसे जीवन और मृत्यु दोनों से मुक्त करके चला गया।

...और कुछ दिन पश्चात संन्यासी की मृत्यु हो गई। नहीं, संन्यासी को मुक्ति मिल गई।

***